# GRAMMAIRE THÉORIQUE ET PRATIQUE

DE LA

## LANGUE FRANÇAISE

A L'USAGE

DES CLASSES SUPÉRIEURES DES ÉCOLES

PAR

**D. Margot,**

Directeur de l'École des paroisses réformées, et Lecteur en langue française à l'Université de Saint-Pétersbourg.

I PARTIE.

TROISIÈME ÉDITION.

ST-PÉTERSBOURG.

1875.

# GRAMMAIRE
# THÉORIQUE ET PRATIQUE

DE LA

## LANGUE FRANÇAISE

A L'USAGE

DES CLASSES SUPÉRIEURES DES ÉCOLES

PAR

**D. Margot,**
Directeur de l'École des paroisses réformées, et Lecteur en langue française
à l'Université de Saint-Pétersbourg.

I PARTIE.

TROISIÈME ÉDITION.

---

ST-PÉTERSBOURG.
Imprimerie TRENKÉ et FUSNOT, Maximilianovsky pér., 15.
1875.

# PRÉFACE.

Cet ouvrage fait suite au *«Cours élémentaire et progressif»* de l'auteur. Il n'est donc pas destiné aux commençants, mais aux élèves familiarisés avec les formes et les tournures les plus simples, ainsi qu'avec la partie la plus facile du vocabulaire de la langue française.

L'ouvrage est divisé en deux cours, rattachés l'un à l'autre autant par l'ordre des matières que par leur gradation. Chacune de ces parties forme un tout à part de nature à pouvoir être étudié séparément.

La première partie reprend et complète dans un ordre systématique les matières du *«Cours élémentaire»*. C'est donc en partie une répétition, mais une répétition à laquelle viennent s'ajouter bien des questions nouvelles, et qui suppose des élèves d'un développement déjà assez avancé.

La seconde partie présente un exposé des difficultés de la syntaxe française, et suppose, pour être bien comprise et étudiée avec fruit, la connaissance exacte et surtout bien exercée des matières contenues dans la première. Je me suis arrêté avant tout aux questions qui embarrassent les élèves étrangers, et que les grammaires publiées en France négligent comme inutiles pour les élèves auxquels elles s'adressent. — En tête de cette seconde partie, j'ai donné les principes fondamentaux de l'analyse logique, suivant, en ce point, la méthode généralement adoptée par les grammairiens modernes. Cette méthode, qui réduit la théorie de la proposition à un petit nombre de principes à la fois simples et naturels, jette un grand jour sur le mécanisme du langage. Outre qu'elle se recommande par sa simplicité et sa clarté, elle est la seule qui puisse être vraiment utile aux élèves de nos écoles, vu qu'elle est suivie dans l'enseignement des autres langues qu'ils étudient, à commencer par leur langue maternelle, et qu'elle fournit ainsi un excellent moyen de comparer ces langues entre elles.

Quant à la méthode de ce nouvel ouvrage, elle est, dans son essence, celle qui a été suivie dans le *«Cours élémentaire»*, à cette différence près que la théorie précède les exercices. Il y a, pour les élèves un peu avancés, un avantage à commencer par une exposition préliminaire des principes. Cependant, c'est en étudiant les exemples français, en les faisant traduire, analyser, transformer, qu'il faudra développer les règles, faire ressortir les analogies et les différences des deux idiomes. C'est pour faciliter cette comparaison que les exemples français donnés dans la théorie sont ordinairement accompagnés de leur traduction mise en regard. — Dans bien des cas d'ailleurs, il vaudra mieux s'attaquer droit aux exemples pour en faire déduire et formuler la théorie par les élèves eux-mêmes; les ramenant ensuite à l'exposé qui précède, ils le saisiront sans aucune peine, n'y trouvant qu'un résumé des résultats qu'ils viennent d'obtenir.

Dans tout livre d'école, et particulièrement dans une grammaire, les exercices importent plus peut-être que la théorie, et ils exigent une attention toute particulière. Les exercices pratiques de ce livre comprennent:

1) Des exemples français empruntés, à très peu d'exceptions près, aux écrivains français des 17e, 18e et 19e siècles. Ce sont des phrases détachées ou des fragments d'une certaine étendue choisis de manière à instruire et à intéresser. — Ces exemples devront être lus, traduits, analysés d'une manière exacte et méthodique, afin que l'élève soit en quelque sorte forcé de les considérer sous toutes les faces, avec toute l'attention possible (1). Ce travail d'observation et d'analyse doit former le point de départ dans l'étude des langues. C'est là un des moyens les plus efficaces de cultiver les jeunes intelligences, et l'expérience montre que, de tous les exercices intellectuels, il en est peu auxquels l'esprit des enfants se prête mieux, et cela en vertu de cette affinité naturelle qui existe entre les formes du langage, quelque diverses qu'elles soient, et la pensée humaine, dont elles sont l'expression. C'est pour avoir méconnu cette vérité, et confondu la grammaire avec la routine, que des hommes, induits en erreur sans doute par une expérience incomplète, ont porté sur l'enseignement des langues modernes un jugement qu'un maître éclairé par une longue expérience et l'amour de sa vocation, ne peut que repousser de toutes ses forces.

2) Des thèmes à traduire du russe en français pour exercer les élèves à appliquer et à reproduire ce qu'ils viennent d'apprendre. Ces thèmes se composent également de phrases détachées ou de morceaux plus étendus offrant autant que possible un contenu intéressant. — La manière dont les élèves parviennent à traiter ces thèmes, est le plus sûr moyen d'apprécier leurs capacités intellectuelles, et de juger jusqu'à quel point le but de l'enseignement est atteint. Ce travail de reproduction est certainement celui qui exige de la part des élèves l'effort d'attention le plus grand et le plus soutenu: mais c'est justement dans cet effort, dans cette activité de l'intelligence et de la mémoire qu'est la grande utilité, l'efficacité propre à l'exercice dont il s'agit. Cet exercice est le complément, la contre-partie indispensable de l'analyse qui l'a précédé. — Les élèves feront ces traductions de vive voix, puis par écrit, aidés d'abord par le maître, puis, plus tard, sans autre secours que les indications données par le livre. Les travaux par écrit devront être soigneusement contrôlés et revus, car ce n'est qu'à ce prix-là qu'on obtiendra que les élèves y mettent tout le soin dont ils sont capables (2).

La part de la réflexion faite, il ne faut pas négliger le travail de la mémoire. Des répétitions fréquentes, des exercices qui forcent l'élève à se servir de ce qu'il pourrait être sur le point d'oublier, sont le meilleur préservatif contre l'oubli. Le vocabulaire de l'élève doit s'enrichir constamment: à cet effet, il ne faut pas se lasser de faire répéter les mots, les locutions et les tournures difficiles qui ont figuré dans des exercices précédents.

Les exercices sont accompagnés des indications nécessaires pour que le travail puisse se faire sans dictionnaire. Toutefois je n'ai donné que juste ce qu'il faut pour mettre sur la voie, afin que l'élève s'habitue à compter sur ses propres forces,

(1) Dans bien des cas, il sera très utile de faire écrire sous dictée ou apprendre par cœur un choix de ces exemples.

(2) Cela ne veut pas dire qu'il faille faire traduire par écrit tout ce qui a d'abord été traduit de vive voix; le temps dont on dispose n'y suffit pas.

sachant par expérience qu'une tâche rendue trop facile laisse l'esprit distrait et inactif.

Les thèmes que donne le livre sont nombreux : il y en a à peu près le double de ce qu'il faut pour un seul et même cours. Mais ils sont multipliés à dessein, afin que, d'une année à l'autre, il soit possible de varier en alternant. Les thèmes qui roulent sur le même sujet sont composés de manière qu'il soit à peu près indifférent dans quel ordre on les traite.

3) Viennent ensuite, mais dans la première partie seulement, des exercices de conversation, où se trouvent appliquées au langage parlé les règles que les élèves sont toujours tentés de négliger quand ils s'expriment de vive voix. Ces exercices se composent de questions et de réponses qui ont d'ordinaire pour sujet le contenu des phrases françaises ou russes qui précèdent immédiatement. Ces exercices devront être appris par cœur ; ou du moins l'élève s'exercera à répondre sans hésitation aux questions posées. La réponse peut s'écarter du texte, pourvu qu'elle soit correcte. — Quant aux questions sans réponse qui suivent, l'élève y répondra soit au moyen de ce qui précède, soit en consultant ses souvenirs d'histoire, de géographie ou d'histoire naturelle. Ces réponses se feront d'ordinaire de vive voix, mais il pourra être utile aussi de les faire donner quelquefois par écrit. — Le nombre de ces questions peut être considérablement augmenté. — Dans la seconde partie, j'ai supprimé ces exercices, parce que, dans les classes supérieures auxquelles cette seconde partie est destinée, la lecture des auteurs fournit le moyen le plus naturel de les continuer. D'ailleurs, il sera facile de poursuivre pour le second cours des exercices de conversation analogues à ceux du premier ; outre que ces questions sont un excellent moyen de répétition, elles contribuent puissamment à tenir l'attention en éveil, et à rendre l'enseignement attrayant et animé.

Un mot sur la disposition des matières suivie dans cet ouvrage. — Pour le premier enseignement, une disposition trop systématique ne pourrait qu'embarrasser. Il n'en est plus de même pour des élèves arrivés à un certain degré de développement ; il est alors absolument nécessaire, pour l'intelligence aussi bien que pour la mémoire, qu'ils s'habituent à coordonner le résultat de leurs études. — L'ordre que j'ai adopté, même pour la syntaxe, est celui des parties du discours, qui m'a paru préférable à tout autre. En disposant les matières d'après leur valeur logique dans la proposition, c'est-à-dire en traitant d'abord de la proposition simple et de ses parties, puis de la proposition composée et des différentes espèces de propositions qui concourent à la former, on obtient un cadre logique et rigoureux, il est vrai, le seul qui permette, par exemple, une exposition bien nette de l'emploi des conjonctions, mais qui a l'inconvénient de trop morceler certaines théories, et de rendre l'ensemble moins simple, moins facile à consulter. Cependant, tout en adoptant l'ancienne disposition, j'ai cherché, autant que la chose pouvait se faire, à mettre à profit ce que la disposition logique offrait de plus utile (1).

Ce que j'ai donc eu en vue, c'est de faire un livre qui pût servir de base à un enseignement sérieux de la langue française, tel qu'il doit être pour les classes supérieures. Je ne me dissimule pas que, tel qu'il est, le livre donne beaucoup à faire, au maître aussi bien qu'à l'élève. A mon avis, ce n'est point un mal. Le

(1) Rien n'empêche du reste d'intervertir l'ordre des chapitres du livre. Je pense même qu'il y aurait généralement avantage à commencer par le verbe, dont la théorie forme la base de toute la grammaire.

travail sérieux est la condition de tout progrès réel, et ce serait bercer nos élèves d'une vaine illusion que de leur laisser croire qu'il y ait possibilité d'acquérir, sans étude sérieuse, une connaissance tant soit peu solide de la langue française. Bien au contraire, il faut insister, auprès de notre jeunesse, sur la nécessité d'un travail persévérant et assidu; car, dans l'étude, moins encore qu'en tout autre chose, il n'a été donné à personne, pas même aux plus capables, de recueillir sans avoir semé.

Des esprits graves reprochent aux langues modernes, et au français en particulier, de n'être pas, pour les élèves des classes supérieures, un travail intellectuel aussi efficace que celui que procure l'étude du latin et du grec. Sans vouloir contester aux langues anciennes leur supériorité au point de vue qui nous occupe, il est évident que le reproche fait à l'enseignement des langues modernes doit s'adresser à la position faite à cet enseignement dans les écoles bien plus qu'à la langue elle-même, qui, comme l'expérience le démontre, offre un moyen d'éducation des plus précieux.

On trouvera peut-être qu'en certaines parties je suis entré dans trop de détails. Mais il faut bien se dire que, dans l'étude d'une langue étrangère, les détails sont bien souvent l'essentiel. S'en tenir aux généralités n'est guère possible que quand il s'agit de la langue maternelle, vu que là les difficultés de détails sont connues par l'usage. Dans l'étude d'une langue étrangère, du français en particulier, il existe un grand nombre de distinctions, de nuances intéressantes, dont l'étude est d'autant plus importante pour nos élèves, que ces distinctions sont le plus souvent étrangères aux autres langues qu'ils étudient. Telles sont, pour en citer quelques exemples tirés de la grammaire française, l'emploi de l'article, la place de l'adjectif, la théorie des pronoms, l'emploi, si difficile pour les étrangers, des modes, des temps, des adverbes de négation. Toutes ces choses-là, et bien d'autres encore, veulent être étudiées avec exactitude, et les distinctions si variées qu'elles offrent, sont un excellent moyen d'exercer la sagacité des élèves même les plus avancés. On peut ajouter que les détails ne répugnent nullement au jeune âge; seulement il faut qu'ils soient clairement et logiquement rattachés à l'ensemble, et ne forment pas une mosaïque de faits épars et sans lien. — Au reste, bien des détails contenus dans ce livre peuvent se retrancher sans préjudice pour l'ensemble, selon les besoins de l'enseignement et les vues de celui qui enseigne: ils sont imprimés en caractères différents sous le titre de *Remarques* et d'*Observations*. Si, abordant un chapitre nouveau, l'on commence par la théorie, on fera bien, à une première lecture, de supprimer ces *Remarques*, sauf à y revenir plus tard, lorsque l'examen raisonné des exemples aura fait découvrir à l'élève des cas particuliers que les règles principales avaient passés sous silence.

Est-il nécessaire d'ajouter que, pour le maître qui veut se servir d'un livre tel que celui-ci, une certaine connaissance de la langue russe est absolument nécessaire? On ne saurait trop, sous ce rapport ainsi que sous beaucoup d'autres, recommander l'étude de la langue russe aux instituteurs qui se proposent de se vouer à l'enseignement des langues étrangères dans les écoles. Un enseignement méthodique et suivi n'est possible qu'à la condition, pour le maître, de connaître la langue maternelle des élèves. — Est-ce à dire qu'il faille, comme quelques-uns le pensent, ne se servir que de la langue russe pour enseigner les langues étrangères, et mettre entre les mains des élèves des manuels écrits en langue russe?

Ce serait passer à un extrême tout aussi dangereux que l'extrême opposé. Il faut bien que les élèves s'habituent insensiblement à entendre parler et à parler la langue qu'ils doivent apprendre: ils ne peuvent l'apprendre des yeux seulement. Et quant à ceux qui pensent que les ouvrages de la nature de celui-ci devraient être écrits en langue russe, on peut leur répondre que l'enseignement des classes inférieures aurait bien mal rempli sa tâche, si les élèves des trois ou quatre classes supérieures, auxquelles ce livre est destiné, n'étaient pas en état, aidés d'un maître connaissant leur langue, de comprendre en français les explications si simples d'ailleurs de la grammaire. La rédaction française causât-elle du reste quelque difficulté au premier abord, cet inconvénient, qui de jour en jour tend à diminuer, ne saurait entrer en comparaison avec l'avantage qui résulte pour les élèves de l'emploi d'un livre écrit en français, les premiers obstacles une fois surmontés. Les élèves s'étant peu à peu habitués à répondre en français, la leçon de grammaire devient ainsi une leçon d'usage pratique. — L'expérience au reste, qui a seule ici le droit de décider, démontre que, dans les classes supérieures du moins, le maître doit autant que possible se servir de la langue qu'il enseigne, qu'il y a un inappréciable avantage à le faire, et qu'il serait contre nature de mettre entre les élèves et lui un livre qui, au lieu de les initier et de les habituer à l'esprit et à l'emploi de la langue étrangère, les ramènerait toujours à la leur.

Dans la rédaction de ce travail, je me suis fait un devoir de consulter les ouvrages les plus importants publiés sur la langue française tant en France qu'à l'étranger. Un grand nombre des exemples français qui entrent dans la partie pratique du livre, ont été tirés des ouvrages bien connus de Bescherelle, de Poitevin, de Boniface et d'autres. J'ai aussi de grandes obligations aux excellents ouvrages publiés en Allemagne. Sans parler des admirables travaux philologiques de Diez, de Maetzner, de Fuchs, d'Orelli, de Burguy et d'autres, dont la portée scientifique dépasse l'horizon des écoles, mais que je n'en ai pas moins consultés avec fruit, je citerai, comme m'ayant été particulièrement utiles, les ouvrages de Borel, de Ploetz, de Georg, de Zand, de Keller, de Buschbeck, de Fuuge, de Suppfle, de Gruner, de Gleim, et d'autres destinés à l'enseignement élémentaire. Je me fais un devoir de reconnaître que j'ai emprunté, même textuellement, bien des choses à ces excellents modèles, et mon but serait atteint si j'avais réussi à faire pour les écoles de notre pays, ce qu'ils ont si bien fait pour celles de l'Allemagne.

*D. Margot.*

## PRÉFACE

### DE LA DEUXIÈME ÉDITION.

Cette nouvelle édition a été revue avec soin. En outre il a été fait choix, pour l'impression de la partie théorique, de caractères qui permettent de distinguer nettement la partie essentielle du texte, des *Remarques* et *Observations*, qui, tout en étant très-utiles, peuvent cependant être supprimées, sans que l'ensemble perde de sa clarté. Un certain nombre de ces remarques, jugées moins nécessaires, ont été retranchées. Quelques chapitres ont été refondus, dans le but de leur donner une forme plus précise et plus brève. — Quant aux exercices, ils n'ont subi aucun changement, si ce n'est la suppression d'un petit nombre de phrases détachées. — Ces changements n'altèrent en rien l'ordonnance du livre, et cette nouvelle édition pourra s'employer avec l'ancienne, sans qu'il en résulte aucun embarras, ni pour le maître ni pour l'élève.

***D. Margot.***

# PREMIÈRE PARTIE.

## § 1. Introduction.

1. L'expression d'une pensée, telle que: *La rose fleurit, la rose est belle,* s'appelle *proposition*, предложеніе.

2. Matériellement la proposition se compose de *mots,* слова. Les mots sont composés de *syllabes,* слоги, et les syllabes de *lettres,* буквы.

*Observation.* Les lettres *A, B,* etc., sont appelées *grandes lettres* ou *majuscules,* et les lettres *a, b,* etc., *petites lettres* ou *minuscules.*

3. **Division des lettres.** Les lettres se divisent en *voyelles* ou *sons,* гласныя, et en *consonnes* ou *articulations,* согласныя.

4. **Des voyelles.** Les voyelles sont *simples* ou *composées.* Les voyelles simples sont: *a, e, i, o, u, y.*—Les voyelles composées sont: *ai, au, ei, eu, ou,—an, am, en, em, in, im, on, om, un, um.* Ces dix dernières, qui renferment *n* ou *m,* sont appelées *nasales,* носовые звуки.

5. **Observations** *sur les voyelles.*

1) Les voyelles peuvent être *longues* ou *brèves.* Ainsi *o* est long dans *ôter* et bref dans *botte, a* est long dans *pâte* et bref dans *patte,* etc.

2) La voyelle *e* a trois sons différents.

a) On l'appelle e *muet* quand le son en est à peine sensible, comme dans *je, le, re-te-nir, pro-me-na-de.* L'*e* muet termine la syllabe, ou il n'est suivi que d'une consonne muette. *Tu me le re-de-man-des.*— A la fin d'un mot et précédé d'une autre voyelle, l'*e* muet est nul dans la prononciation; il indique seulement que la voyelle qui précède doit être longue: *Vue, vie, joie;* prononcez *vû, vî, joî.*

b) On l'appelle é *fermé* quand il se prononce la bouche presque fermée, comme dans *é-té, san-té, vé-ri-té, cé-lé-brer, vous a-vez, nez, trou-ver, pied.*

c) On l'appelle è *ouvert* quand il se prononce la bouche presque ouverte, comme dans *pè-re, mè-re, mo-dè-le, fer, dessert, vers, pro-grès, ac-cès, suc-cès, ap-pel-le, jet-te, ter-re.* — On l'appelle ê *ouvert long* quand il est surmonté d'un accent circonflexe: *tê-te, fe-nêtre.*

3) L'*y* se prononce comme un *i* dans *yeux* (= *ieux*), *style*, *cygne*, *mystère*, *symbole*, ou comme deux *i:* 1) entre deux voyelles, comme dans *voyage*, *tuyau*, *moyen* (prononcez *voi-ia-ge*, etc.) ; 2) dans *pays* et ses dérivés *paysan*, *paysage*, etc. — Dans *Mayence*, *Lafayette*, *Bayard*, *Bayonne*, *y* se prononce comme un *i:* *Ma-ience*, etc.

6. **Des consonnes.** Les consonnes sont ou *simples*, telles que *b*, *c*, *d*, etc., ou *composées*, telles que *ch*, *ph* (=f), *gn*, *th* (=*t*).

*Remarque.* Le son de *ll* dans *paiLLe*, *travaiLLer* s'appelle son *mouillé*.

7. **Observations** *sur les consonnes.*

1) La consonne *h* s'appelle *muette* quand elle permet l'élision et la liaison dans la lecture, comme si le mot commençait par une voyelle: *l'homme*, *les hommes*, *j'honore*, *nous honorons*; elle s'appelle *aspirée* quand elle ne permet ni l'*élision* ni la *liaison*: *le héros*, *les héros*, *je hais*, *nous haïssons*.

2) Les consonnes *c* et *g* ont le son dur *k*, *gue* devant les voyelles *a*, *o*, *u*, et le son doux *se*, *je* devant les autres voyelles: *cahier*, *coton*, *culture*, *ceci*, *cygne*, *gage*, *gigot*, *lugubre*, *geler*, *gymnase*.

8. **Des syllabes.** Une ou plusieurs lettres prononcées en une seule émission de voix forment une *syllabe: Vé-ri-té*, *ja-lou-si-e*, *j'ai-me-rais*.

*Obs. 1.* Dans les mots *lui*, *loi*, *loin*, *lieu*, une seule émission de voix fait entendre deux sons distincts; cette réunion de sons distincts s'appelle *diphthongue*.—On appelle *diphthongue consonne* la réunion de deux consonnes dont la seconde est une *l* ou une *r* : *tr*, *bl*, *fr*, *chr*, etc. : TROU-BLer, ê-TRE, CHRis-*tianisme*.

*Obs. 2.* Quand on sépare les syllabes dont un mot est formé, on observe les règles suivantes:

1) Dans le corps d'un mot, s'il n'y a qu'une consonne, elle commence ordinairement la syllabe: *cé-lé-ri-té*, *re-mè-de*.

2) Quand la consonne est double, ou que deux consonnes différentes se suivent, les deux consonnes se séparent: *al-ler*, *ap-pel-le*, *travail-ler*, *es-poir*, *re-gar-der*, *es-ti-mer*. — Il va sans dire que les consonnes composées *gn*, *ch*, *ph*, *th*, et les consonnes diphthongues: *bl*, *br*, *cl*, *cr*, etc., ne se divisent pas: *sa-ble*, *so-bre*, *ac-cli-ma-ter*, *é-cra-ser*, *va-che*, *vi-gne*, *stro-phe*, *ap-pren-dre*, *ins-trui-re*.

9. **Des mots.** Un *mot* est un tout syllabique exprimant une *idée*.

*Rem. 1.* Un mot s'appelle *monosyllabe* quand il n'a qu'une syllabe, et *polysyllabe* quand il en a plusieurs.

2. Du mot *riche*, par exemple, se dérivent *richesse*, *richement*, *enrichir*, etc. *Riche* est le mot *primitif* ou la *racine*, les autres sont des mots *dérivés*. La racine et ses dérivés forment ensemble une *famille de mots*.

3. Un mot est *composé* quand il est formé de plusieurs autres. Tels sont: *chef-d'œuvre*, *laurier-rose*, *bonjour*, *pourparler*, et *remettre*, *permettre*, du primitif *mettre*.

4. Des mots sont *synonymes* quand ils renferment la même idée générale et se distinguent les uns des autres par une idée particulière; tels sont: *viande, chair; an, année*, etc.

5. Des mots sont *homonymes* quand ils ont le même son sans avoir ni le même sens ni la même orthographe: *chêne, chaîne; cher, chair, chaire, chère.*

10. **Des parties du discours.** Dans la langue française on distingue, comme dans la langue russe, **dix** classes de mots, que l'on appelle *parties du discours*, части рѣчи. Ce sont:

1) Le **substantif** ou *nom*, имя существительное, qui sert à nommer les êtres: L'*homme*, le *lion*, la *forêt*, la *Néva*, la *Russie*.

*Obs. 1.* En français les substantifs sont du genre *masculin*, мужескаго рода, ou du genre *féminin*, женскаго рода: *Le roi, la reine; le crayon, la plume.* Il n'y a pas de genre *neutre*, средняго рода.

*Obs. 2.* Il y a deux *nombres*, le *singulier*, единственное число, et le *pluriel*, множественное число: *La fleur, les fleurs.*

2) L'**article**, членъ, qui accompagne le substantif pour le déterminer: **Le** *pommier*, **la** *pomme*, **les** *pommes*. **Une** *poire*.

3) L'**adjectif,** имя прилагательное, qui exprime la *qualité* du substantif: *Un* **beau** *rosier. La rose est* **fraîche.**

*Obs.* On nomme aussi *adjectif* tout mot qui se joint au substantif pour le déterminer; tels sont l'*article*, les *pronoms conjoints*: **Ce** *cheval*, **ma** *sœur*, **quel** *bonheur*, **chaque** *soldat; les noms de nombre:* **deux** *chevaux.*

4) Le **nom de nombre,** имя числительное, qui indique le nombre ou le rang des substantifs: **Trois** *messieurs. Le* **troisième** *étage.*

5) Le **pronom,** мѣстоимение, qui remplace le substantif, ou qui indique le rapport du substantif à la personne qui parle: **Il** *dort.* **Mon** *ami*, **ton** *ami*. **Cet** *oiseau*.

*Obs.* Les pronoms qui remplacent le substantif sont appelés *pronoms substantifs* ou *absolus*; ceux qui se joignent au substantif s'appellent pronoms *adjectifs* ou *conjoints*, ou, selon d'autres grammairiens, *adjectifs pronominaux*.

6) Le **verbe,** глаголъ, qui exprime l'*activité* du substantif: *Le cheval* **court.** *Les étoiles* **brillent.**

7) L'**adverbe,** нарѣчие, qui exprime sans le secours d'aucun autre mot une circonstance de l'action ou de la qualité: *Charles est* **ici** (lieu). *Il viendra* **bientôt** (temps). *Le cheval court* **vite** (manière). *Il est* **assez** *riche.*

8) La **préposition,** предлогъ, qui jointe à un substantif (ou à son remplaçant) exprime de même une circonstance de l'action ou de la qualité: *Le cheval court* **dans** *la prairie* (lieu).— *Il arriva* **vers** *les quatre heures* (temps). — *Voyager* **en** *poste. Il marchait* **à**

*grands pas* (manière). — *Il a fait cela* **par** *amitié pour vous* (cause, motif).

9) La **conjonction,** союзъ, qui sert à lier les *propositions* entre elles: *Ce garçon joue* **et** *sa sœur se promène. Je pense* **que** *vous avez raison.* (§ 63, 1. Obs.).

10) **L'interjection** ou **exclamation,** междометіе, qui exprime un mouvement subit de l'âme: **Hélas!—O** *mon fils!*

11. De ces différentes classes de mots les uns subissent des *flexions* ou *changements* pour indiquer les rapports grammaticaux, les autres restent *invariables.*

Sont *variables:* l'*article*, le *substantif*, l'*adjectif*, le *nom de nombre*, le *pronom* et le *verbe*.

Sont *invariables:* l'*adverbe*, la *préposition*, la *conjonction* et l'*interjection.*

12. **De la grammaire.** On donne le nom de *grammaire* à l'art de parler et d'écrire correctement, c'est-à-dire conformément au bon usage.

La grammaire comprend deux parties:

1) La *théorie des formes* ou *lexicographie*, этимологія, словопроизведеніе.

2) La *syntaxe*, синтаксисъ, словосочиненіе, qui enseigne comment les mots se réunissent pour former les propositions, et comment les propositions se réunissent entre elles.

# CHAPITRE I.

## § 2. DE L'ARTICLE.

1. L'article est un mot qui se place devant le substantif pour en indiquer le sens plus ou moins déterminé.

2. Il y a en français *trois* articles:

   1) L'article *défini* **le, la, les,** qui désigne l'être:

      **a)** comme un *individu déterminé*, ou déjà *connu*, *nommé*: LE *chien de Charles est enfermé.*

      b) comme représentant d'une *espèce*, d'une *classe*: LE *chien est fidèle*, c'est-à-dire le chien *en général*, *tous* les chiens sont fidèles.

   2) L'article *indéfini* **un, une,** qui désigne l'être comme individu *indéterminé*, ou nommé pour la première fois: UN *chien m'a mordu*, c'est-à-dire *un quelconque* de ces animaux qu'on appelle *chiens*, UNE *linotte avait* UN *fils.* Florian. (*)

   3) L'article *partitif* **du, de la, de l', des,** qui ne désigne ni un individu ni une classe d'individus, mais une certaine partie, une *portion* indéterminée de l'objet ou de la substance indiquée par le substantif: *Je bois* DU *vin*, DE LA *bière*, DE L'*eau*; *je mange* DES *fraises.*

## § 3. DÉCLINAISON DE L'ARTICLE.

3. Nous distinguerons quatre *cas* (падежи), savoir:

   1) Le **nominatif** ou **sujet**, qui répond à la question **qui**? ou *qui est-ce qui*? кто? pour les personnes, et **quoi**? ou *qu'est-ce qui*? что? pour les choses: MON FRÈRE *chante.* L'ARBRE *fleurit.*

   2) **L'accusatif** ou **régime direct,** qui répond à la question *qui? qui est-ce que*? кого? pour les personnes, et *quoi? qu'est-ce que?* что? pour les choses: *J'aime* MON FRÈRE. *Je vois* L'ARBRE.

      *Rem.* L'accusatif a la même forme que le nominatif. Ils ne se distinguent que par la place qu'ils occupent dans la proposition: le nominatif se place ordinairement *avant* le verbe, l'accusatif *après.*

---

(*) *Obs.* L'article *un* était dans l'origine un nom de nombre; mais actuellement l'idée de nombre est entièrement effacée de l'article *un, une.* Quand je dis: *La rose est* UNE *fleur*, *une* ne me fait penser ni à *deux* ni à *trois* fleurs: le mot *une* est article indéfini. Il n'en est pas de même quand je dis: *Je n'ai plus qu'*UNE *fleur.* Ce qui d'ailleurs montre qu'il y a une différence bien tranchée entre *un*, nom de nombre, et *un*, article, c'est qu'en russe, par exemple, le premier se traduit, tandis que le second ne se traduit pas.

3) Le **génitif (régime indirect)**, qui répond à la question *de qui? de quoi?* кого? чего? чей? чья? чье? отъ кого? отъ чего? et s'exprime par la préposition **de**: *La robe* DE LA *mère. Le fruit* DE L'ARBRE.

4) Le **datif (régime indirect)**, qui répond à la question *à qui? à quoi?* кому? чему? къ кому? къ чему? et s'exprime par la préposition **à**: *Donne ce livre* à LA *dame*, à *mon frère*, à *Louis*. À QUI *écrit-il? Il écrit* à *son père*.

*Rem.* 1) La préposition **de** sert aussi à exprimer le rapport répondant à la question *d'où?* откуда? et la préposition **à** le rapport répondant à la question *où?* гдѣ? куда? *D'où vient-il? Il vient* DE *Moscou. Elle sort* DE *l'église*. — *Où est-il? Il est* à *l'église*, à *l'école*, à *Moscou. Où va-t-il? Il va* à *l'église*, à *l'école*, à *Moscou*.

2) Devant les noms de *pays*, le rapport de *lieu* répondant à la question *où?* гдѣ? куда? s'exprime ordinairement par la préposition **en**: *Il a été* EN *France*, EN *Italie. Il va* EN *France*, EN *Italie*.

4. On peut donc poser la règle suivante: L'accusatif a la même forme que le nominatif; le génitif s'exprime au moyen de la préposition *de*, et le datif au moyen de la préposition *à*.

5. Dans la déclinaison de l'article, il y a deux choses à remarquer: l'*élision* et la *contraction*.

1) **L'élision**. Devant un mot commençant par une voyelle ou une *h* muette, les voyelles *e* et *a* de l'article *le* et *la* se retranchent et se remplacent par une apostrophe. Il en est de même pour la préposition *de* devant l'article indéfini: *L'ami, l'amie, l'habit, l'herbe, d'un soldat*.

2) La **contraction** consiste dans la réunion en un mot des prépositions *de* et *à* avec l'article *le* et *les*, savoir:

| | | | |
|---|---|---|---|
| Au singulier | **de le**<br>**à le** | se contracte en | **du**: *La voix* DU *père*.<br>**au**: *J'écris* AU *père*. |
| Au pluriel | **de les**<br>**à les** | se contracte en | **des**: *Les voix* DES *enfants*.<br>**aux**: *J'écris* AUX *parents*. |

6. *Tableau de déclinaison française.*

I. ARTICLE DÉFINI.

| | | | | | |
|---|---|---|---|---|---|
| Singulier | N. | *le* frère | *la* sœur | *l'*ami | *l'*homme |
| | G. | *du* frère | *de la* sœur | *de l'*ami | *de l'*homme |
| | D. | *au* frère | *à la* sœur | *à l'*ami | *à l'*homme |
| | A. | *le* frère | *la* sœur | *l'*ami | *l'*homme |
| Pluriel | N. | *les* frères | *les* sœurs | *les* amis | *les* hommes |
| | G. | *des* frères | *des* sœurs | *des* amis | *des* hommes |
| | D. | *aux* frères | *aux* sœurs | *aux* amis | *aux* hommes |
| | A. | *les* frères | *les* sœurs | *les* amis | *les* hommes |

### II. Article indéfini.

| | | |
|---|---|---|
| N. | *un* frère | *une* sœur |
| G. | *d'un* frère | *d'une* sœur |
| D. | *à un* frère | *à une* sœur |
| A. | *un* frère | *une* sœur |

*Remarque.* Le même mode de déclinaison s'applique aux noms propres, et à la plupart des pronoms: *Charles*, DE *Charles*, à *Charles*, *Charles*; — *mon cheval*, DE *mon cheval*, à *mon cheval*, *mon cheval*; — *cet enfant*, DE *cet enfant*, à *cet enfant*, *cet enfant*; — *quelle dame?* DE *quelle dame?* — à *quelle dame? quelle dame?* — *quelqu'un*, DE *quelqu'un*, à *quelqu'un*, *quelqu'un*, etc.

7. **Répétition de l'article.** L'article se répète devant chaque substantif; il en est de même des prépositions *de*, *à* et *en*. LE *riche et* LE *pauvre sont égaux devant Dieu. Il vient* DE *Rome*, DE *Venise et* DE *Milan. Il va* à *Moscou*, à *Kazan et* à *Astracan. Cet homme a voyagé* EN *Asie et* EN *Amérique.*

1.

La rose et la tulipe sont deux belles fleurs. — L'étude forme le cœur et l'esprit. — La forme de la terre est ronde. — Le sommeil est l'image de la mort. — Le laboureur cultive la terre. — La mort n'épargne[1] ni les riches ni les pauvres. — La Grèce est la mère des beaux-arts. — Hérodote, qui vivait au cinquième siècle avant notre ère, est surnommé[2] le père de l'histoire. — A qui envoyez-vous ces fleurs? — Je les envoie à mon ami. — J'envoie à ma sœur les plus belles fleurs de mon jardin. — Où sont les fleurs que le jardinier a apportées ce matin? — Je les ai mises sur la table du salon. — On attribue[3] aux Phéniciens l'invention[4] des lettres de l'alphabet et du verre, et la découverte[5] de la pourpre. — Le retour des hirondelles annonce le printemps. — Le froid est nuisible aux plantes délicates. — L'été succède[6] au printemps et l'hiver à l'automne. — La paix est favorable[7] à l'agriculture[8], au commerce, aux arts et aux sciences. — Le coq est le symbole[9] de la vigilance[10], parce qu'il annonce l'aube (la pointe) du jour[11] par son chant.

1 щадить; 2 прозвать; 3 приписывать; 4 изобрѣтеніе; 5 открытіе; 6 слѣдовать за...; 7 благопріятный; être favorable, благопріятствовать; 8 земледѣліе; 9 символъ; 10 бдительность; 11 разсвѣтъ.

2.

Собака — символъ вѣрности. — Ласточки возвѣщаютъ начало весны. — Соловей — пѣвецъ[1] лѣсовъ. — Нужда[2] — мать промышленности[3] и искусствъ. — Книгопечатаніе[4] — изобрѣтеніе нѣмцевъ. — Движеніе полезно для тѣла и души. — Майскіе жуки[5] вредны для (à) земледѣлія. — Изобрѣтеніемъ плуга[6] мы обязаны египтянамъ. — Морозъ[7] вредитъ цвѣту (pl.) деревъ и плодамъ земли. — День назначенъ[8] для работы, а ночь — для покоя. — Юность — весна жизни. — Учители любятъ тѣхъ (les) учениковъ и ученицъ, которые прилежны. — Богъ — всемогущій[9] Творецъ неба и земли. — Кошки похожи на тигровъ, собаки — на лисицъ и волковъ.

1 chantre; 2 nécessité, f.; 3 industrie, f.; 4 imprimerie, f.; 5 hanneton, m.; 6 charrue, f.; 7 le froid; 8 destiné à; 9 tout-puissant.

## Exercice de conversation.

| | |
|---|---|
| Que fait le laboureur? | Le laboureur cultive la terre. |
| Pourquoi l'étude est-elle utile? | Parce qu'elle forme le cœur et l'esprit. |
| A qui attribue-t-on l'invention des lettres de l'alphabet? | Aux Phéniciens. |
| Qu'est-ce qu'on leur attribue encore? | On leur attribue encore l'invention du verre et la découverte de la pourpre. |
| Pourquoi détruisons-nous les hannetons? | Parce qu'ils sont nuisibles à l'agriculture. |
| Pourquoi le coq est-il regardé comme le symbole de la vigilance? | Parce qu'il annonce la pointe du jour par son chant. |

*Autres questions*: De quoi le sommeil est-il l'image? — Quelle est la forme de la terre? — Pourquoi attendons-nous l'arrivée des hirondelles avec impatience? — A qui envoyez-vous ces fleurs? — A quelles plantes le froid est-il nuisible? — A quelle saison succède l'hiver? — A quoi la paix est-elle favorable? — Comment a-t-on surnommé Hérodote? — A quel animal ressemble le chat? — le chien? etc.

### 3.

D'où venez-vous? — Je viens de Riga. — Où allez-vous? — Nous allons à Paris. — Où est ta sœur? — Elle est à Rome. — Ce garçon vient-il de l'école? — Oui, Monsieur, il *en* vient. — Votre sœur va-t-elle à l'église? — Oui, Madame, elle *y* va. — Parle-t-on de l'exposition de tableaux? — Oui, on *en* parle encore. — Pensez-vous à vos affaires? — Oui, nous *y* pensons. — Nous passons l'hiver à la ville et l'été à la campagne. — Le soldat parle de la guerre et le marchand du commerce. — Certains peuples vivent de la pêche, d'autres vivent de la chasse. — Mon frère est à la chasse avec son ami. Nous sommes très-satisfaits de notre séjour à l'étranger. — Enfants, soyez attentifs à la lecture. — Nous sommes au mois de décembre, à la fin de l'année. — Ce village est situé au milieu de la plaine, au bord d'un lac.

### 4.

Откуда идешь ты, мой другъ? — Я возвращаюсь изъ концерта. — Была-ли (pas. indéf.) Луиза въ школѣ? — Нѣтъ, маменька, она не[1] была ни въ школѣ, ни въ церкви; она была въ саду. — Долго еще пробудете вы въ городѣ? — Нѣтъ, на будущей[2] недѣлѣ мы ѣдемъ на дачу. — Съ удовольствіемъ-ли думаете вы о своемъ отъѣздѣ?[3] — Да, я думаю съ удовольствіемъ объ этомъ. — Говорятъ-ли еще объ этомъ путешествіи? — Да, и еще долго будутъ говорить о немъ (en). — Отослалъ-ли ты свои письма на почту? — Да, я послалъ ихъ уже. — Чѣмъ живутъ эти бѣдные люди?[4] — Они живутъ доходами[5] съ рыбной ловли[6] и охоты. — Довольны-ли вы своимъ деревенскимъ домомъ? — Да, мы имъ[7] очень довольны. — Гдѣ находится (лежитъ) онъ? — Онъ стоитъ на берегу ручья[8], среди (§ 62, 7) прелестной равнины. — Жилище охотника находится среди лѣса. — Рѣка[9] течетъ у подошвы[10] горы, вдоль (§ 62, 7) прекрасной долины[11]. — О комъ вы думаете? — Я думаю о моихъ любезныхъ родителяхъ; я надѣюсь, что они въ концѣ мѣсяца пріѣдутъ изъ деревни. — Издали узнаешь[12] Москву по (à) вызолоченнымъ куполамъ[13], по великолѣпнымъ зданіямъ, особенно-же по прелести мѣстоположенія. — Дерево узнаютъ по его плодамъ.

1 ne — ni... ni, (§ 56, 4, 5); 2 prochain; 3 le départ; 4 gens; 5 le produit; 6 la pêche; 7 gén.; 8 le ruisseau; 9 le fleuve; 10 le pied; 11 la vallée; 12 reconnaître à; 13 la coupole.

### Exercice de conversation.

| | |
|---|---|
| As-tu été à l'école? | Oui, papa, j'en viens. |
| D'où venez-vous, enfants? | Nous venons de la promenade. |
| Votre frère est-il au jardin? | Non, Monsieur, il est dans sa chambre. |
| Monsieur votre père est-il à la maison? | Non, Madame, il est allé à la bourse. |
| Irez-vous à la chasse demain? | Volontiers, si vous voulez m'y accompagner. |
| Où est situé St-Pétersbourg? | St-Pétersbourg est situé à l'embouchure de la Néva. |
| Où est situé le Palais d'hiver? | Il est au bord de la Néva, sur le quai. |
| Où est situé Kazan? | Kazan est situé sur le Volga. |

*Autres questions*: Où est situé Riga? — Moscou? — Astracan? — Kiew? — Où passez-vous l'été? — A quoi pense le soldat? — Où va le chasseur? — D'où vient le chasseur? — Où tient-on le vin? — (cave, f.). — le grain? (grenier, m.) — le bois? (bûcher, m.). — D'où vient le jardinier? — le meunier? (moulin, m.). — le laboureur? (les champs). — Où va l'écolier?

### 5.

Le diamant n'est pas un métal. — Un ruisseau limpide[1] est l'image d'une vie paisible. — On doit à un Allemand l'invention de l'imprimerie, et à un Italien la découverte de l'Amérique. — La rose a sa beauté, sa fraîcheur, son parfum, mais elle a aussi ses épines[2]. — Le Rhône sort d'un glacier[3] des Alpes. — De jeunes écoliers avaient pris dans un trou un hibou et l'avaient élevé dans la cour du collége. Un vieux chat, un jeune oison, nourris par le portier, étaient en liaison avec l'oiseau. FLORIAN. — Tout le monde se plaint[4] de sa mémoire, mais personne n'est mécontent de son esprit. — Les hommes sensés[5] préfèrent leurs devoirs à leurs plaisirs. — A chaque oiseau son nid est beau. (Proverbe)[6]. — Alexandre le Grand était fils de Philippe, roi de Macédoine. — Monsieur votre oncle est-il encore à Paris? — Non, Monsieur, il a quitté Paris la semaine dernière (= passée), pour se rendre à Londres. Écrivez, je vous prie, à madame Nivet et à mademoiselle sa fille. — J'ai eu le plaisir de parler à l'aimable madame Roi. — Envoyez ces livres à la dame et à la demoiselle qui ont été ici l'autre jour[7].

1 ясный, прозрачный; 2 шипъ; 3 глетчеръ; 4 жаловаться; 5 разумный; 6 пословица; 7 недавно, на дняхъ.

### 6.

Я люблю[1] читать басни Лафонтена и Крылова. — Видѣлъ-ли (p. indéf.) ты памятники[2] Петра Великаго и Николая I? — Да, я видѣлъ ихъ и уднвлялся[8] имъ (acc.).—Почему (à quoi) ты узналъ (p. indéf.) Петра и Карла?—Я узналъ ихъ по (leur) одеждѣ[4] и по походкѣ[5].—Я получилъ эти прекрасные рисунки отъ подруги моей сестры. — Солдату нужны[6] ружье[7], сабля[8] и лядунка[9]. — Я чувствую себя[10] гораздо лучше съ тѣхъ поръ, какъ (depuis que) я въ Москвѣ. — Часто думаю я съ удовольствіемъ о (à) тѣхъ прекрасныхъ дняхъ, которые я провелъ[11] въ кругу[12] твоего семейства.—Сколькими благодѣяніями[13] обязаны мы правильной смѣнѣ[14] временъ года! — Земледѣльцы живутъ доходами съ полей и плодовыхъ деревъ.—Солнце равно свѣтитъ[15] на злыхъ и на добрыхъ. — Дитя, которое не повинуется (obéir à) своимъ родителямъ, не любитъ ихъ. — Не предпочитаешь-ли ты (une) розу тюльпану? — Роза не царица-ли цвѣтовъ, какъ орелъ царь птицъ, а (et) левъ — четвероногихъ животныхъ?

1 aimer à; 2 le monument; 3 admirer qch.; 4 le vêtement; 5 la démarche; 6 a besoin de; 7 le fusil; 8 le sabre; 9 la giberne; 10 se porter; 11 passer; 12 le sein; 13 le bienfait; 14 le changement; 15 éclairer qch.

## Exercice de conversation.

| | |
|---|---|
| A qui doit-on la découverte de l'Amérique? | A un Italien nommé Christophe Colomb. |
| Qu'est-ce que nous devons à Christophe Colomb? | Nous lui devons la découverte du Nouveau Monde. |
| Que signifie le proverbe: «A chaque oiseau son nid est beau»? | Il signifie que chacun aime et trouve beau le pays où il est né. |
| Où as-tu cueilli ces fleurs? | Je les ai cueillies dans le jardin de monsieur le docteur B. |
| A qui sont ces gants? | Ils sont à mademoiselle votre sœur. |
| Comment va votre santé? | Je vous remercie, à merveille depuis que je suis à la campagne. |
| Et vos enfants, comment se portent-ils? | L'aîné de mes fils est indisposé depuis quelques jours, mais les autres se portent bien. |

*Autres questions:* A qui doit-on l'invention de l'imprimerie? — Que dites-vous de la rose? — D'où vient le Rhône? — le Rhin? — le Danube? — la Néva? — le Volga? etc. — Qui était Alexandre le Grand? — César? — Annibal? etc. — Depuis quand cet étranger est-il en Russie? — Où irez-vous en quittant Moscou? — De quoi un soldat a-t-il besoin? — D'où vient ce monsieur? (Genève, Lyon, Angleterre). — Où va cette dame? (Dresde, Vienne, France, Italie). — Où avez-vous été? (Rome, Venise, Florence, Suisse, Allemagne).

## 7. Récapitulation.

Вся природа возвѣщаетъ[1] могущество, благость и премудрость Творца.—Корнель считается (est regardé comme) отцомъ французскаго театра[2]. — Многіе предпочитаютъ трагедіи[3] Расина трагедіямъ Корнеля. — «Вильгельмъ Телль» — заглавіе[4] одной изъ драмъ[5] Шиллера. — Мой братъ предпочитаетъ комедіи[6] Мольера трагедіямъ Корнеля. — Побѣды[7] Мильтіада возбудили[8] соревнованіе въ (gén.) Ѳемистоклѣ. — Храмъ Януса въ Римѣ былъ открытъ во время войны, на мирное же время закрывался.—Аполлонъ, сынъ Юпитера и Латоны, былъ богъ лиры[9] и лука[10]. — Я съ удовольствіемъ читалъ (p. indéf.) исторію Александра и Цесаря. — Въ Россіи всякій знаетъ и читаетъ произведенія Пушкина и Лермонтова. — Возвратился-ли (être de retour de) твой другъ изъ-за границы?[11] — Онъ вчера пріѣхалъ на (par) пароходѣ изъ Любека. — Гдѣ онъ былъ такое долгое время? — Онъ былъ въ Англіи, во Франціи и въ Италіи. — Онъ разсказывалъ (parler de) намъ много про Лондонъ, Парижъ, Римъ и Венецію. Нѣсколько мѣсяцевъ пробылъ онъ въ Неаполѣ, окрестности[12] котораго очаровали (enchanter) его. Мое послѣднее письмо получилъ онъ въ Вѣнѣ, и оттуда отправился, черезъ (par) Прагу и Дрезденъ, въ Берлинъ. Въ послѣднемъ городѣ онъ былъ въ театрѣ. Несмотря на это, онъ радъ (bien aise), что (infin.) опять въ Петербургѣ. — Не забудьте поклониться отъ меня (de ma part) вашему другу (acc.) и вашей матери. Я хотѣлъ также просить васъ, дать мнѣ адресъ того господина, котораго я видѣлъ у васъ вчера вечеромъ. — Вотъ онъ. — Очень вамъ благодаренъ; прощайте; прошу васъ, навѣщайте[13] меня почаще.

1 annoncer; 2 le théâtre, la scène; 3 la tragédie; 4 le titre; 5 le drame; 6 la comédie; 7 la victoire; 8 exciter (la jalousie); 9 la lyre; 10 arc., m.; 11 l'étranger, m.; 12 les environs, m.; 13 venir voir qn.

## § 4. ARTICLE PARTITIF.

1. Pour désigner une *partie* ou un *nombre indéterminé* d'un tout ou d'un objet quelconque, on emploie en français l'article défini précédé de la préposition **de**. On dit alors que le substantif est pris dans un **sens partitif,** et cette forme de l'article **du, de la, de l', des,** s'appelle *article* **partitif.** Ainsi quand je dis: *Je mange* DES *pommes*, DES *poires*, DE LA *viande*, j'entends par là une *partie*, *quelques-unes* de toutes les pommes, de toutes les poires; une *partie*, une *portion* de toute la viande.

Cet article ne peut par conséquent s'employer qu'avec les substantifs désignant un objet ou un ensemble d'objets susceptible d'être *divisé* en parties, en portions, savoir:

1) avec le singulier des noms de *matière*, (§ 5): DE L'*eau*, DE L'*or*, DE LA *neige*.

2) avec le singulier des noms *abstraits:* DE LA *bonté*.

3) avec le pluriel des noms *communs*: DES *fruits*, DES *dames*, DES *messieurs*.

2. L'article partitif a donc au *nominatif* et à *l'accusatif* la forme du génitif de l'article défini; on y ajoute la préposition **à** pour former le *datif*, et le génitif s'exprime au moyen de la préposition **de**, sans article.

*Singulier.*

| | | | |
|---|---|---|---|
| N. | **Du** pain, хлѣбъ. | **de la** neige, снѣгъ. | **de l'**eau вода. |
| G. | **de** pain, хлѣба. | **de** neige, снѣга. | **d'**eau, воды. |
| D. | **à du** pain, хлѣбу. | **à de la** neige, снѣгу. | **à de l'**eau, водѣ. |
| A. | **du** pain, хлѣбъ. | **de la** neige, снѣгъ. | **de l'**eau, воду. |

*Pluriel.*

| | | |
|---|---|---|
| N. | **des** pommes, яблоки. | **des** soldats, солдаты. |
| G. | **de** pommes, яблоковъ. | **de** soldats, солдатъ. |
| D. | **à des** pommes, яблокамъ. | **à des** soldats, солдатамъ. |
| A. | **des** pommes, яблоки. | **des** soldats, солдатъ. |

| | | |
|---|---|---|
| Nominatif: | **Du** pain et **de l'**eau me suffisent.<br>Il y a **des** cerises dans ce panier. | Хлѣбъ и вода — для меня достаточно.<br>Въ этой корзинѣ вишни. |
| Accusatif: | Donnez-moi **du** vin et **de la** bière.<br>Cueillez **des** roses et **des** tulipes. | Дайте мнѣ вина и пива.<br>Нарвите розъ и тюльпановъ. |
| Génitif: | Un verre **de** vin, **de** bière.<br>Une corbeille **de** fleurs, **de** fruits. | Стаканъ вина, пива.<br>Корзина цвѣтовъ, плодовъ. |
| Datif: | Je préfère **du** vin **à de la** bière.<br>Je préfère **des** poires **à des** pommes. | Я предпочитаю вино пиву.<br>Я предпочитаю груши яблокамъ. |

3. La préposition **de**, qui forme le génitif de l'article partitif, s'emploie ordinairement devant un substantif *indéterminé*, en réponse à la question de quoi?

1) après les *collectifs* (§ 5);

2) après les mots qui indiquent un *poids*, une *mesure*, en un mot une *quantité* quelconque;

3) après les adverbes de *quantité* et de *négation* (§ 56, 5, 4);

4) pour exprimer la *matière* dont une chose est faite. (Dans ce cas on se sert aussi de la préposition en.)

5) pour traduire un grand nombre d'adjectifs russes:

| | | |
|---|---|---|
| a) | Une foule **de** personnes.<br>Un troupeau **de** brebis. | Толпа людей.<br>Стадо овецъ. |
| b) | Une livre **de** sucre, **de** thé.<br>Une journée **de** marche. | Фунтъ сахару, чаю.<br>День дороги (ѣзды). |
| c) | Beaucoup **de** blé, **de** fruits.<br>Point **de** cérémonies!<br>Plus **de** bière, moins **de** vin. | Много хлѣба, плодовъ.<br>Безъ церемоній!<br>Болѣе пива, менѣе вина. |
| d) | Une coupe **de (en)** cristal.<br>Un navire **de** fer.<br>Couvert **de** neige, **de** glace. | Хрустальная чаша.<br>Желѣзный корабль.<br>Покрытый снѣгомъ, льдомъ. |

e) Un enfant **de** dix ans. — Десятилѣтнее дитя.
Des vins **de** France. — Французскія вина.

*Obs.* Mais il faut remarquer que **bien** et **la plupart** demandent l'article: Bien **de la** peine, bien **du** travail. Много труда, много работы.— La plupart **des** hommes. Большая часть людей.—Par exception on dit: Bien **d**'autres, много другихъ.

4. Si le substantif pris dans un sens partitif est *précédé d'un adjectif*, on emploie la simple préposition **de**, sans article, au nominatif, au génitif et à l'accusatif; quant au datif, on l'exprime, comme à l'ordinaire, par la préposition **à** placée devant la forme du nominatif:

| | | | |
|---|---|---|---|
| Singulier | N. | **De la** viande fraîche, свѣжее мясо. | **de** bonne viande, хорошее мясо. |
| | G. | **de** viande fraîche. | **de** bonne viande. |
| | D. | **à de la** viande fraîche. | **à de** bonne viande. |
| | A. | **de la** viande fraîche. | **de** bonne viande. |
| Pluriel | N. | **Des** fruits mûrs, зрѣлые плоды. | **de** beaux fruits, прекрасные плоды. |
| | G. | **de** fruits mûrs. | **de** beaux fruits. |
| | D. | **à des** fruits mûrs. | **à de** beaux fruits. |
| | A. | **des** fruits mûrs. | **de** beaux fruits. |

Ex. Cet arbre porte **de** belles pommes. J'ai mangé **d**'excellents fruits.

*Rem.* Si l'adjectif *suit* le substantif, l'article est nécessaire: *On voit à Moscou* DES *palais magnifiques*, DES *coupoles dorées*.

5. On supprime de même l'article quand l'adjectif figure seul comme *régime direct*, ou qu'il accompagne un verbe *impersonnel*, soit que l'adjectif doive précéder ou suivre le substantif précédemment exprimé auquel il se rapporte. Dans ce cas, le substantif doit toujours être remplacé par le pronom **en**, этого, изъ этого, изъ нихъ.

Tu manges des cerises rouges, et **j'en** mange **de** noires. — Ты кушаешь красныя вишни, а я ѣмъ черныя.
Il y a des roses rouges, mais il y **en** a aussi **de** blanches et **de** jaunes. — Есть красныя розы, но бываютъ также бѣлыя и жолтыя.

*Obs.* On dit cependant plus ordinairement, en rapport avec un substantif singulier: *Vous buvez du vin blanc, et moi, j'en bois* DU *rouge*. Et l'on dira: *Ecrivez-vous avec de l'encre rouge? Non, j'écris avec* DE LA *noire*.

6. Dans les noms *composés* comme DES *beaux-frères*, шуринъ и деверь, DES *petits-fils*, внуки, l'adjectif n'exerce aucune influence sur l'article. Il en est de même quand l'adjectif et le substantif, sans former un substantif composé, sont cependant si intimement liés qu'ils ne forment qu'une seule et même expression: DU *bon sens*, здравый умъ; DE LA *bonne volonté*, добрая воля; DES *jeunes gens*, молодые люди, молодёжь; DES *jeunes personnes*, дѣвицы; DES *pauvres gens*, бѣдняки.

8.

La Sicile produit du blé, du vin, du sucre, des olives, des amandes, des figues, de la soie, du marbre et de l'albâtre. — Nous ne mangeons d'ordinaire que du pain, des légumes, des fruits, du fromage. — Ce métal ressemble à de l'or. — Il faut du courage dans les adversités[1] de la vie et de la modération dans la prospérité[2]. — Il est bon d'avoir de l'esprit; mais il vaut quelquefois mieux avoir du bon sens. — Un écolier a besoin de papier, d'encre, de plumes et de livres. — Philippe ne rougit pas de disputer[3] aux jeux olympiques la victoire à de simples particuliers[4], Alexandre ne voudrait y trouver pour adversaires[5] que des rois. BARTHÉLEMY. — La surface de la terre se compose de hauteurs, de profondeurs et de plaines, de marais, de rivières et de mers. — L'eau est aussi fraîche dans un gobelet[6] d'étain[7] que dans une coupe[8] d'or. — Une multitude de soldats se noyèrent en traversant la rivière. — Donnez-moi dix aunes de drap, mais du meilleur que vous ayez. — Donnez-moi encore une aune du drap que vous m'avez montré hier. — L'Italie méridionale est sujette[9] à de fréquents tremblements de terre.[10] — La plupart des hommes emploient une partie de leur vie à rendre l'autre malheureuse.—Vous m'avez envoyé de fort belles cartes géographiques. J. J. ROUSSEAU. — Ces nuages représentaient une grande terre, formée de hautes montagnes, séparées par des vallées profondes, et surmontées de rochers pyramidaux. BERNARDIN DE ST-PIERRE.

1 несчастіе, бѣдствіе; 2 счастіе; 3 оспаривать; 4 (частный) человѣкъ; 5 противникъ; 6 чаша; 7 олово; 8 кубокъ; 9 подвержено; 10 землетрясеніе.

9.

Вода (sens partitif), молоко, плоды, травы[1] и коренья[2] составляли пищу[3] первыхъ людей. — Птицы питаются насѣкомыми и плодами; впрочемъ (mais) также рыбами, змѣями[4] и червями[5]. — Горы на землѣ содержатъ въ себѣ золото, серебро, платину, мѣдь, желѣзо, свинецъ, олово, ртуть[6], алмазы и много другихъ драгоцѣнныхъ камней[7]. — Этотъ металлъ похожъ на (ressembler à) золото. — Эти груши похожи на яблоки, а эти персики[8] похожи на абрикосы. — Имѣй довѣріе[9] только къ тѣмъ людямъ, которые того заслуживаютъ. — Когда голоденъ, кусокъ хлѣба лучше (§ 53, 6, 5) большаго количества (= много) денегъ. — Въ неизмѣримыхъ пустыняхъ[10] Африки бродятъ (errer) стада[11] сайгъ (la gazelle), быстроногихъ[12] страусовъ, барсовъ и львовъ. — Этотъ старецъ имѣетъ внуковъ и внучекъ, которые составляютъ (= дѣлаютъ) все его счастіе. — Здравымъ разсудкомъ и доброю волею преодолѣваешь[13] много трудностей. — Истина и роза прекрасны, но обѣ (§ 37) съ шипами (= имѣютъ...). — Въ Парижѣ, Лондонѣ, Петербургѣ, равно и[14] въ большихъ городахъ Италіи, встрѣчаешь (on voit) красивыя площади, украшенныя обелисками, статуями, памятниками и водомётами[15].

1 herbe f.; 2 la racine; 3 aliment, m.; 4 le serpent; 5 le ver; 6 le mercure; 7 pierre précieuse; 8 la pêche; 9 donner sa confiance; 10 le désert; 11 la troupe, le troupeau; 12 rapide, aux pieds légers; 13 surmonter qch; 14 ainsi que, de même que; 15 le jet d'eau.

## Exercice de conversation.

| | |
|---|---|
| Que mangez-vous d'ordinaire à dîner? | Nous ne mangeons que de la soupe et un peu de viande. |
| De quoi avez-vous besoin? | J'ai besoin d'encre et de papier de poste, pour écrire une lettre. |
| De quoi se nourrit l'hirondelle? | Elle se nourrit d'insectes, qu'elle attrape en volant. |
| Avez-vous été à l'Ermitage? | Oui, monsieur, j'y ai été deux fois. |
| Qu'y avez-vous vu? | J'y ai vu de grandes et magnifiques salles, ornées de tableaux, de statues, de vases et d'autres objets précieux. |

*Questions*: Que produit la Sicile? — Que faut-il dans l'adversité? — De quoi Philippe, roi de Macédoine, ne rougissait-il pas? — Que voit-on à la surface de la terre? — A quoi l'Italie est-elle sujette? — De quoi se nourrissaient les premiers hommes? — A quoi ressemblent ces pêches? — A qui faut-il donner sa confiance? — Que voit-on dans les grandes villes? — De quels animaux les déserts de l'Afrique sont-ils peuplés?

### 10.

Les mouches que j'avais observées sur mon fraisier, dit Bernardin de St-Pierre, étaient toutes distinguées[1] les unes des autres par leurs couleurs et leurs formes. Il y en avait de dorées, d'argentées, de tigrées, de rayées[2], de bleues, de vertes. Il n'y avait pas moins de variété[3] dans leurs ailes; quelques-unes en avaient de longues et brillantes; d'autres de courtes et larges. — Souvent dans une belle plaine, dit Chateaubriand en parlant de la campagne romaine, je croyais voir de riches moissons[4], et ce n'étaient que des herbes flétries[5] qui avaient trompé mon œil. — Voici comment J. J. Rousseau dépeint[6] un paysage des Alpes: Tantôt d'énormes roches[7] pendaient comme des ruines au-dessus de ma tête; tantôt de hautes et bruyantes cascades m'inondaient[8] de leurs épais brouillards. Un mélange[9] étonnant de la nature sauvage et de la nature cultivée me montrait partout la main des hommes. A côté d'une caverne[10] on voyait des moissons; on trouvait des pampres[11] desséchés là où l'on n'aurait cherché que des ronces[12], des vignes dans des terres éboulées[13], d'excellents fruits sur des rochers et des champs cultivés dans des précipices[14]. — Colomb eut à surmonter bien des difficultés avant de découvrir l'Amérique

1 отличаться; 2 съ полосами; 3 разнообразіе; 4 жатва; 5 увялый; 6 описывать; 7 скала; 8 обливать; 9 смѣсь; 10 пещера; 11 виноградная вѣтвь; 12 терновый кустъ; 13 обрушившійся; 14 пропасть.

### 11.

Покажите мнѣ, пожалуйста[1], нѣсколько матерій[2]. — Вотъ синія, чорныя, зеленыя, полосатыя[3] и гладкія[4]. — Есть у васъ еще и другія матеріи? — Неугодно-ли вамъ будетъ посмотрѣть другія: вотъ жолтыя и красныя. — Зимою земля покрыта снѣгомъ и льдомъ; весною и лѣтомъ — травою и цвѣтами. — Послѣ многихъ (bien) лѣтъ, фениксу[5] вздумалось (il plut) вновь показаться. Всѣ птицы собрались вокругъ него. «Бѣдная птица», сказала со вздохомъ (en soupirant) одна изъ нихъ: «у него нѣтъ друга!» — Голова ламы имѣетъ сходство[6] съ головою жеребенка[7]; тѣло ея покрыто шерстью; цвѣтъ этихъ животныхъ различный: есть черноватыя, съ пятнами[8] и бѣловатыя. — Въ Москвѣ увидишь бѣдныя хижины[9], великолѣпные дворцы, множество церквей и публичныхъ зданій[10], лѣса и сады, похожіе на парки. По (à) золотымъ куполамъ издали узнаешь этотъ неизмѣримый городъ. — Пчелиный рой[11] содержитъ нѣсколько тысячъ[12] пчелъ. — Большая часть цвѣтовъ распространяетъ пріятный запахъ. — Многіе мужчины ничто иное, какъ старыя дѣти. — У насъ выходитъ[13] въ недѣлю пять фунтовъ сахару и три бутылки вина. — Пришлите мнѣ двѣ бутылки того (du) вина, которое вы такъ хвалите[14], и корзинку тѣхъ грушъ, которыя вы показывали (p. indéf.) мнѣ вчера.

1 s'il vous plaît; 2 étoffe, f.; 3 rayé; 4 uni; 5 le phénix; 6 la ressemblance; 7 le poulain; 8 tacheté; 9 la hutte, la cabane; 10 édifice, m.; 11 essaim, m.; 12 quelques milliers (§ 21, 1); 13 consommer qch.; 14 vanter.

## Exercice de conversation.

| | |
|---|---|
| Y a-t-il longtemps que vous apprenez la langue française? | Oui, Monsieur, l'étude du français m'a déjà coûté bien du temps et de la peine. |
| Êtes-vous satisfait des progrès que vous avez faits? | Non, Monsieur, je n'ai fait que bien peu de progrès, et j'éprouve toujours le plus grand embarras quand je dois m'entretenir avec des Français. |
| Donnez-moi, je vous prie, de bons conseils sur les livres que je dois lire pour me perfectionner. | Lisez des ouvrages faciles, des récits, des comédies en prose, et apprenez par cœur des morceaux choisis. |
| Me conseillez-vous d'apprendre des fables par cœur? | Les fables de La Fontaine sont un peu difficiles pour un étranger; cependant vous ferez bien d'apprendre quelques-unes des plus faciles. |

---

| | |
|---|---|
| Souhaitez-vous un verre de vin ou un verre de bière? | Donnez-moi un verre de bière, s'il vous plaît; je préfère la bière quand il fait chaud. |
| Puis-je vous offrir une tasse de café? | Je vous remercie; je viens de prendre une tasse de thé. |

*Questions:* Que dit Bernardin de St Pierre des mouches qu'il avait observées sur un fraisier, (qui était venu par hasard sur sa fenêtre)? — Que dit-il de leur couleur? — de leurs ailes? — Que dit Chateaubriand de la campagne romaine? — Comment Rousseau dépeint-il un paysage des Alpes? — En quelle saison la terre est-elle couverte d'herbe? — de neige? — De quoi les arbres sont-ils chargés en automne? — Racontez ce qui arriva au phénix. — Que savez-vous du lama? — Quel aspect offre la ville de Moscou? — etc.

# CHAPITRE II.

## Du Substantif.

### § 5. NATURE ET DIVISION DU SUBSTANTIF.

1. On appelle *substantifs* ou *noms* les mots qui servent à nommer les *objets matériels* et les *objets immatériels: L'homme*, человѣкъ; *l'arbre*, дерево; *la vertu*, добродѣтель.

2. On appelle *concret*, конкретный, предметный, le substantif qui désigne un objet matériel: *Le pain*, хлѣбъ; *la table*, столъ; et *abstrait*, отвлеченный, celui qui désigne un objet immatériel: *la santé*, здоровье; *la frayeur*, испугъ.

3. Le substantif *concret* comprend:

   1. Le nom *commun*, имя нарицательное, qui désigne tous les êtres de la même espèce: *Le lion*, левъ; *le livre*, книга.

   2. Le nom *propre*, имя собственное, qui désigne un seul être, un seul individu, et le distingue de tous les êtres de la même espèce: *Louis*, Людвигъ; *Moscou*, Москва; *la Russie*, Россія.

   3. Les noms de *matière*, имена вещественныя, qui désignent la matière dont les êtres se composent, abstraction faite de la forme: *La neige*, снѣгъ; *le bois*, дерево; *le vin*, вино.

   *Rem.* Les noms communs sont appelés noms *collectifs* (имена собирательныя), quand ils présentent à l'esprit l'idée d'une collection ou d'une réunion d'individus ou d'objets de la même espèce: *La troupe*, толпа; *la multitude*, множество; *la douzaine*, дюжина, etc.

4. Le substantif *abstrait* peut être considéré comme nom *commun*. Il comprend les noms *d'actions* et de *qualités*: *La course*, бѣгъ; *le vol*, полётъ; *la joie*, радость; *la tristesse*, печаль; *la sagesse*, мудрость, etc.

### § 6. FORMATION DU PLURIEL DU SUBSTANTIF.

1. *Règle générale.* Le pluriel des substantifs se forme en ajoutant une **s** à leur singulier.

| | |
|---|---|
| Le jardin, садъ. | les jardin**s**, сады. |
| l'arbre, дерево. | les arbre**s**, деревья. |

2. *Règles particulières*:

   1) Les substantifs terminés au singulier par **s**, **x**, ou **z**, s'écrivent au pluriel comme au singulier:

| | |
|---|---|
| Le fil**s**, сынъ. | les fil**s**, сыновья. |
| la noi**x**, орѣхъ. | les noi**x**, орѣхи. |
| le ne**z**, носъ. | les ne**z**, носы. |

2) Les substantifs terminés au singulier par **au**, **eau** et **eu**, prennent un **x** au pluriel:

| | |
|---|---|
| Le tuy**au**, труба. | les tuyau**x**, трубы. |
| le cout**eau**, ножъ. | les couteau**x**, ножи. |
| le nev**eu**, племянникъ. | les neveu**x**, племянники. |

3) Les *six* substantifs suivants en **ou** prennent aussi un **x** au pluriel: *Le bijou*, драгоцѣнный камень; *le caillou*, валунъ; *le chou*, капуста; *le genou*, колѣно; *le hibou*, сова; *le joujou*, игрушка. Les autres substantifs en **ou** prennent une **s**: — *Les bijou***x**, *les chou***x**, *les clou***s**.

4) Les substantifs terminés en **al** changent au pluriel cette terminaison en **aux**: *Le chev*AL, *les chev*AUX.

*Rem.* Quelques substantifs en **al** forment leur pluriel d'après la règle générale. Les plus usités sont: *Le bal (les bals)*, балъ; *le carnaval (les carnavals)*, карнавалъ; *le régal (les régals)*, пиръ. — Il faut y ajouter les noms des *végétaux* et des *animaux étrangers: Le chacal (les chacals)*, шакалъ; *le narval (les narvals)*, морской единорогъ; *le nopal (les nopals)*, индѣйская смоква, etc.

5) Les substantifs terminés en **ail** forment leur pluriel régulièrement au moyen d'une **s**:

| | |
|---|---|
| Un éventail, вѣеръ. | des éventail**s**, вѣера. |
| le détail, подробность. | les détail**s**, подробности. |

Excepté les *sept* suivants, qui changent **ail** en **aux**:

Le bail, откупъ, аренда; l'émail, эмаль; le corail, кораллъ; le soupirail, отдушина; le travail, работа; le vantail, створъ; le vitrail, церковная оконница. — Ex.: Les travaux, les vitraux, etc.

6) *Œil*, глазъ, fait ordinairement au pluriel *yeux; ciel*, небо, fait ordinairement *cieux*, небеса. — *Bétail*, скотъ, n'a pas de pluriel; au pluriel on se sert de *bestiaux*, dérivé de *bestial (beste, bête)*, скотскій. — *Gent*, народъ, родъ, fait au pluriel *gens*, люди.

12.

La morale[1] enseigne à modérer les passions, à cultiver les vertus et à réprimer[2] les vices. — On a donné cette année un grand nombre de bals au profit[3] des pauvres. — La flatterie est pour les sots le meilleur de tous les régals. — Les oiseaux-mouches (= colibris) sont les bijoux de la nature. — Quoi de plus uniforme que le chant des coucous et de plus horrible que le cri des hiboux! — Les Écossais ont ordinairement les yeux bleus et les cheveux blonds. — Il **y a** de pauvres gens qui habitent des caves où le jour n'arrive que par d'étroits soupiraux. — Il **y a** des nez depuis qu'il y a des hommes. — Nous avons passé plusieurs carnavals à Venise. — Tout état a ses maux, tout homme a ses revers. — Les cieux annoncent la gloire de

Dieu. — Les pays riches en pâturages sont aussi riches en bestiaux (= en bétail). — En Amérique on appelle nopals tous les cactiers[4] à tiges aplaties, principalement celui sur lequel se trouve la cochenille.

1 нравоученіе, нравственная философія; 2 подавлять; 3 въ пользу; 4 кактусъ.

13.

Воробьи, вороны и другія птицы не оставляютъ[1] насъ зимою. — Человѣку легче имѣть вліяніе[2] на свойства (nature) животныхъ, чѣмъ на свойства растеній. — Многія губерніи Россіи богаты пастбищами; потому онѣ богаты также и скотомъ. — Совы — безобразныя[3] птицы. — Вѣера не всегда были въ модѣ (à la mode). — Къ концу зимы вода (plur.) прибываетъ[4] въ рѣкахъ и ручьяхъ, потому что въ это время таетъ[5] снѣгъ и ледъ. — Читали-ли вы сегодняшнія газеты? — Я слышалъ только[6] голоса ночныхъ птицъ и шакаловъ. — Линней раздѣлилъ всѣ тѣла природы на (en) три царства[7]: царство животныхъ, царство прозябаемыхъ и царство ископаемыхъ. — Балы и концерты — обыкновенныя удовольствія богатыхъ людей въ продолженіе (pendant) зимы. — Англійскіе адмиралы не разъ (plus d'une fois) находили достойныхъ и счастливыхъ соперниковъ[8] между (chez) французами и голландцами.

1 quitter; 2 agir, influer sur; 3 vilain; 4 monter; 5 fondre; 6 ne — plus que; 7 le règne; 8 le rival.

14.

Работы земледѣльца трудны, но (и) пріятны. — Къ (par) счастью для восточныхъ жителей[1], верблюды — тихія и послушныя животныя. — Древніе[2] греки и римляне имѣли[3] празднества и игры въ честь[4] героевъ. — Голландія прорѣзана[5] каналами. — Телемакъ приблизился[6] къ царямъ, которые сидѣли (= были) въ благоухающихъ рощахъ[7], на вѣчно цвѣтущемъ (fleuri) дернѣ; тысячи ручейковъ орошали[8] эти прекрасныя мѣста (lieu); въ рощахъ раздавались[9] нѣжныя пѣсни множества птицъ; тамъ были одновременно (à la fois) и весенніе (= весны) цвѣты, которые выростали (naître, *prés.*) подъ ногами[10], и богатые плоды осени. — Хронологія и географія — глаза исторіи. — Дорога, по которой мы шли[11], была покрыта валунами (le caillou) и пескомъ. — Я люблю дѣтей, умѣющихъ (= которыя умѣютъ) такъ согласить[12] игры и удовольствія со (et) своими обязанностями, что послѣднія нисколько оттого (en) не страдаютъ[13].

1 l'Oriental; 2 ancien; 3 célébrer qch.; 4 en l'honneur; 5 sillonné; 6 s'approcher de; 7 le bocage; 8 arroser; 9 faire retentir; 10 les pas; 11 suivre un chemin; 12 réunir, allier; 13 souffrir de.

### Exercice de conversation.

| | |
|---|---|
| Qu'est-ce que Buffon dit des oiseaux-mouches? | Il dit que ces oiseaux sont les bijoux de la nature. |
| Pourquoi la Russie méridionale est-elle riche en bestiaux? | Parce qu'elle est riche en pâturages. |

| | |
|---|---|
| Pourquoi les eaux des rivières et des ruisseaux montent-elles à la fin de l'hiver? | Parce que les neiges et les glaces se fondent à cette époque de l'année. |
| Quels sont les animaux les plus utiles aux Orientaux? | Ce sont les chameaux, animaux doux et dociles. |

*Autres questions*: Qu'est-ce que la morale enseigne? — Pour qui la flatterie est-elle un régal? — Quelle couleur ont ordinairement les yeux et les cheveux des Écossais? — Où demeurent ces pauvres gens? — Quels cactiers appelle-t-on nopals en Amérique? — Quels sont les oiseaux qui ne nous quittent pas en hiver? — Comment Linné a-t-il divisé les corps de la nature? — Que dites-vous des travaux du laboureur? — En l'honneur de qui les Grecs célébraient-ils des jeux et des fêtes? — De qui Télémaque s'approcha-t-il? — Quels sont les enfants que l'on aime?

## § 7. DU GENRE DES SUBSTANTIFS.

Les noms représentant des êtres *animés* sont du genre masculin ou du genre féminin, selon le sexe auquel ces êtres appartiennent.

Quant aux noms représentant des objets *inanimés*, ils sont tantôt *masculins*, tantôt *féminins*, sans qu'on puisse toujours indiquer la raison pour laquelle ils appartiennent à un genre plutôt qu'à un autre.

## § 8. GENRE DES SUBSTANTIFS REPRÉSENTANT DES ÊTRES ANIMÉS.

**1.** Ces substantifs ont ordinairement une forme particulière pour chaque genre, et la forme du féminin est ordinairement dérivée de celle du masculin d'une manière plus ou moins régulière:

**2.** *Règle générale*: Pour former le féminin d'un substantif, on ajoute un **e** muet au masculin:

| | |
|---|---|
| Le voisin, сосѣдъ. | la voisin**e**, сосѣдка. |
| l'ami, другъ. | l'ami**e**, подруга. |
| le bourgeois, мѣщанинъ. | la bourgeois**e**, мѣщанка. |
| un Allemand, нѣмецъ. | une Allemand**e**, нѣмка. |
| le berger, пастухъ. | la bergèr**e**, пастушка. |

**3.** *Règles particulières*:

1) Les substantifs qui se terminent au masculin en **an, en, ien, on,** doublent la consonne finale avant de prendre l'e muet:

| | |
|---|---|
| Le paysan, крестьянинъ. | la paysa**nne**, крестьянка. |
| l'Européen, европеецъ. | l'Européе**nne**, европейка. |
| le musicien, музыкантъ. | la musicie**nne**, музыкантша. |
| le baron, баронъ. | la baro**nne**, баронесса. |

*Rem.* Mais *sultan*, султанъ, et *mahométan*, магометанинъ, font au féminin *sultane*, *mahométane*.

2) Les substantifs en **x** et en **f** changent cette consonne en **s** et en **v** avant de prendre l'e muet:

| | |
|---|---|
| L'épou**x**, супругъ. | l'épou**se**, супруга. |
| le veu**f**, вдовецъ. | la veu**ve**, вдова. |

3) Les substantifs qui se terminent au masculin par un e muet, changent généralement cette voyelle en esse :

| | | |
|---|---|---|
| | Le comte, графъ. | la comt**esse**, графиня. |
| | le Suisse, швейцарецъ. | la Suiss**esse**, швейцарка. |
| De même : | l'abbé, аббатъ, игуменъ. | l'abb**esse**, аббатисса, игуменья. |
| | le larron, воръ. | la larronn**esse**, воровка. |
| | le duc, герцогъ. | la duch**esse**, герцогиня. |

Cependant un assez grand nombre de substantifs terminés par un e muet ont la même forme pour les deux genres ; les plus usités sont :

Un (une) advers**aire**, противникъ, -ца ; un (une) artiste, художникъ, -ца ; un (une) élève, воспитанникъ, -ца ; un (une) esclave, рабъ, рабыня ; un (une) garde, сторожъ, сторожиха ; un (une) interprète, толмачъ ; un (une) pupille, питомецъ, -ица ; un Russe, une Russe, русскій, -ая ; un (une) Arabe, аравитянинъ, -янка ; un (une) Belge, бельгіецъ, -йка ; un (une) aigle, орелъ, орлица, etc.

4) Les substantifs en **eur** qui dérivent d'un verbe français, font leur féminin en euse :

| | |
|---|---|
| Le trompeur (tromper), обманщикъ. | la tromp**euse**, обманщица. |
| le menteur (mentir), лгунъ. | la ment**euse**, лгунья. |
| le vendeur (vendre), продавецъ. | la vend**euse**, продавица. |

5) Les substantifs en **teur** qui ne dérivent pas d'un verbe français (mais d'un mot latin en *tor*), font leur féminin en **trice** (latin *trix, tricis*) :

| | |
|---|---|
| L'acteur, актёръ. | l'ac**trice**, актриса. |
| le bienfaiteur, благодѣтель. | la bienfai**trice**, благодѣтельница. |

*Rem.* 1) Cependant *inventeur (inventer)*, изобрѣтатель ; *inspecteur (inspecter)*, смотритель ; *persécuteur (persécuter)*, преслѣдователь, font au féminin *inventrice, inspectrice*, etc.

2) La plupart des substantifs en **eur** et en **teur** s'emploient aussi comme adjectifs : *Un calme trompeur*, обманчивое спокойствіе ; *la main créatrice de Dieu*, творческая рука Божія.

3) Un certain nombre de substantifs en **eur** formés d'un verbe français forment leur féminin en **eresse**. Les plus usités sont : *L'enchanteur*, волшебникъ, чародѣй, *l'enchanteresse ; le pécheur*, грѣшникъ, *la pécheresse ; le vengeur*, мститель, *la vengeresse ; le chasseur*, охотникъ, *la chasseresse*. *Le devin*, ворожея, fait au féminin *devineresse*.

4) Les mots *gouverneur*, гувернёръ, et *serviteur*, служитель, font au féminin *gouvernante, servante* (des participes *gouvernant, servant*).

6) Les substantifs suivants forment leur féminin d'une manière irrégulière :

| | |
|---|---|
| Le chanteur, пѣвецъ, | { La cantatrice, знаменитая пѣвица.<br>la chanteuse, пѣвица (вообще). |

| | |
|---|---|
| Le compagnon, спутникъ. | la compagne, спутница. |
| l'empereur, императоръ. | l'impératrice, императрица. |
| le héros, герой. | l'héroïne, героиня. |
| le jumeau, близнецъ. | la jumelle, близнецъ. |
| le loup, волкъ. | la louve, волчица. |
| le Turc, турокъ. | la Turque, турчанка. |
| le Grec, грекъ. | la Grecque, гречанка. |

7) Un grand nombre de substantifs (la plupart en **eur**) qui désignent des professions, des vocations ordinairement exercées par des hommes, conservent leur forme masculine, même quand on les applique accidentellement à une femme ; tels sont :

| | |
|---|---|
| L'écrivain, } писатель, -ница, | le juge, судья. |
| l'auteur, } авторъ. | le libraire, книгопродавецъ. |
| le docteur, докторъ. | le médecin, врачъ. |
| l'imposteur, обманщикъ, -ица. | le témoin, свидѣтель, -ница. |
| le poète, поэтъ. | le guide, вождь, вожатый. |
| le peintre, живописецъ. | |

*Rem.* Le contraire arrive aussi : quelques noms de choses, originairement féminins, conservent cette forme, même quand ils désignent des hommes ; tels sont : *La clarinette*, кларнетъ, кларнетистъ ; *la basse*, басъ, басистъ ; *la flûte*, флейта, флейтистъ ; *la caution*, поручительство порука ; *la recrue*, рекрутскій наборъ, рекрутъ ; *la dupe*, обманутый ; *la sentinelle*, часовой ; *la pratique*, покупатель, кліентъ ; *la garde*, стража, гвардія.

8) Il y a en français, comme en russe, des mots particuliers pour distinguer le sexe de quelques animaux ; tels sont :

Le bœuf, la vache ; le bélier, la brebis ; le cerf, la biche ; le chameau, la chamelle ; le coq, la poule ; le canard, la cane ; le dindon, la dinde ; l'âne, l'ânesse, etc.

*Rem.* Mais la plupart des noms d'animaux n'ont qu'une seule forme pour les deux genres ; c'est surtout le cas pour les espèces qui sont le moins en rapport avec l'homme. — S'il est nécessaire d'indiquer le genre, on ajoute au nom de l'animal l'adjectif *mâle*, самецъ, ou *femelle*, самка : *Un éléphant mâle, un éléphant femelle ;* ou bien on dit : *La femelle de l'éléphant*, etc.

**15.**

*Obs.* L'élève indiquera pour chacun des mots de l'exercice suivant la forme du féminin, si le mot est donné au masculin, et réciproquement.

Le Russe, русскій ; l'Espagnol, испанецъ ; le Portugais, португалецъ ; l'Italien, итальянецъ ; le coquin, плутъ ; l'Américain, американецъ ; le cuisinier, поваръ ; la comtesse, графиня ; le nègre, негръ ; le Juif, еврей ; l'abbesse, игуменья ; le prêtre, священникъ ; le directeur, директоръ ; le mangeur, ѣдокъ, ѣдунъ ; le danseur, танцоръ ; un élève, воспитанникъ ; le chanteur, пѣвецъ; l'enchanteresse, волшебница; le crieur, крикунъ; la veuve, вдова; le Parisien, парижанинъ; la Suédoise, шведка; la duchesse, герцогиня; le prince, принцъ; la louve, волчица; la tigresse, тигрица; la lionne, львица; le médecin, врачъ; le peintre, живописецъ; le coq, пѣтухъ; la servante, служанка; le spectateur, зритель; le témoin, свидѣтель; l'auteur, писатель.

16.

Les deux frères Romulus et Rémus, fils du dieu Mars, ayant été, après leur naissance, exposés [1] sur le Tibre, furent nourris par une louve. — Nous n'avons plus de magiciens ni de magiciennes depuis que l'on connaît mieux les forces de la nature. — Circé, célèbre enchanteresse de l'antiquité, était fille du Jour et de la Nuit. — Gravissons [2] la montagne si souvent témoin des gémissements du Sauveur! — Le droit de propriété est la cause créatrice et conservatrice de toute société. — Cette femme est auteur d'un très grand nombre de romances agréables. — L'ânesse a la voix plus claire et plus perçante que l'âne. — Le paon est sans contredit [3] le plus beau des oiseaux. La paonne aime à déposer ses œufs dans un lieu secret et retiré. BUFFON. — Le dindon a l'air fanfaron; mais il ne possède que très-peu de courage. La dinde a des œufs blancs et tachetés. — La femelle du renne porte un bois [4] comme le mâle.

1 бросить, подкинуть; 2 взойти, взобраться; 3 безспорно; 4 рога.

17.

Природа — изобрѣтательница и законодательница искусствъ и наукъ. — Начальница этого заведенія была когда-то нашею сосѣдкою и искреннею (intime) пріятельницею моей сестры. — Фуріи [1], орудія [2] мести боговъ, были дочери Раздора [3]; Блѣдность, Бѣшенство [4], Ужасъ [5] и Смерть — ихъ спутники. — Бѣдная рабыня лежала (= была) въ цѣпяхъ [6] на землѣ. — Какъ называется актриса, которая сегодня будетъ играть въ (pour) первый разъ? — (Госпожа) Патти — знаменитая пѣвица. — Дайте-же что-нибудь этой бѣдной пѣвицѣ, которая показываетъ (exercer) свое искусство на улицѣ! — Наша княгиня — благодѣтельница этого бѣднаго семейства; она покровительница [7] всѣхъ несчастныхъ. — Когда я вошелъ въ комнату, хозяйка дала знакъ [8] хозяину (hôte), который еще не видѣлъ меня; онъ очень обрадовался, когда узналъ во мнѣ стараго знакомаго [9]. — Сорока [10] была воровкою. — У меня прекрасная античная статуя, представляющая Діану-охотницу.

1 les Furies, f.; 2 organe, instrument, m.; 3 la discorde; 4 la rage; 5 la terreur; 6 enchaîné; 7 le protecteur; 8 faire signe; 9 la connaissance; 10 pie, f.

18.

Делиль, изящный [1] и вѣрный переводчикъ Виргилія, перенесъ (faire passer) во французскій языкъ всѣ красоты и богатства, которыя заключаются [2] въ твореніи (ouvrage, m.) латинскаго поэта. — Госпожа Дасье — посредственная [3] переводчица Гомера, потому что она не была поэтомъ. — Кто захотѣлъ-бы быть порукою за (gén.) игрока? — Что вы за сони (dormeur)! —

Да будетъ (puisse) перо ваше, о писатели, истиннымъ истолкователемъ (interprète) вашего сердца! — Я былъ единственнымъ переводчикомъ (interprète) у (gén.) французскаго посланника. — Эта молодая дама была школьною подругою (camarade) моей сестры. — Мать императора Юліана Апостата[4] (отступника) была христіанка. — Коринна была поэтомъ, артисткою и импровизаторшею[5]. — Мой другъ — повѣренный[6] всѣхъ моихъ тайнъ[7]. — Твоя сестра — повѣренная твоихъ тайнъ. — Уваженіе (respect) къ правамъ вдовъ и сиротъ!

1 élégant; 2 contenir; 3 médiocre; 4 l'Apostat; 5 un improvisateur; 6 le dépositaire; 7 le secret.

### Exercice de conversation.

Qu'arriva-t-il à Ulysse et à ses compagnons? — Ils furent longtemps retenus prisonniers par Circé, célèbre enchanteresse de l'antiquité.

Quelles étaient les compagnes des Furies? — C'étaient la Pâleur, la Rage, la Terreur et la Mort.

La jardinière a-t-elle apporté les poires? — Oui, elle les a données à la servante.

As-tu demandé à l'hôte combien nous lui devons? — L'hôte est absent, mais voici l'hôtesse, qui pourra nous le dire.

*Autres questions*: Que raconte-t-on de Romulus et de Rémus? — Depuis quand n'avons-nous plus de magiciens et de magiciennes? — Que dit-on du droit de propriété? — Qu'est-ce que Buffon a dit du paon? — Qu'est-ce que cette statue antique représente? — Quelle femme auteur a traduit Homère?

## § 9. GENRE DES SUBSTANTIFS REPRÉSENTANT DES OBJETS INANIMÉS.

1. L'usage peut seul enseigner aux étrangers le genre des substantifs représentant des objets *inanimés*. Cependant voici quelques principes qui peuvent servir à reconnaître le genre d'un très-grand nombre. Ces principes sont tirés: a) de la *signification*, b) de la *terminaison* de ces substantifs.

### A. D'après la signification.

2. Sont *masculins*:

1) Les noms des *saisons*, des *mois*, des *jours*, des *vents*, des *points cardinaux*.

| | |
|---|---|
| Le beau mai, прекрасный май. | le printemps, весна. |
| le lundi, понедѣльникъ. | le nord, сѣверъ. |
| le zéphyr, зефиръ, (вѣтеръ). | le sud, югъ. |

Excepté: *La bise*, сѣверный вѣтеръ; *la brise*, (свѣжій) вѣтерокъ: — ainsi que les noms des mois, quand ils sont précédés de la particule *mi* (= *moitié*): *la mi-mai*, половина мая. Le mot *automne*, осень, s'emploie aussi au féminin, mais ce n'est guère qu'en poésie.

2) Les noms *d'arbres, d'arbustes*; ceux de *métaux*, de substances *minérales* et *chimiques* en général; ceux de montagnes.

| | |
|---|---|
| Le chêne, дубъ. | l'oxygène, кислородъ. |
| le rosier, розанъ. | l'azote, азотъ. |
| le platine, платина. | le Vésuve, Везувій. |
| le quartz, кварцъ. | le Caucase, le Liban. |

Excepté: La *bourdaine*, крушина; l'*épine*, игла, заноза; l'*aubépine*, боярышникъ; la *ronce*, ежевика, la *vigne*, виноградный кустъ; *la malachite*, *la quinine*, ainsi que les noms de montagnes dont le nom est terminé par *es:* Les *Alpes*, les *Pyrénées*, les *Vosges*, les *Andes*, les *Cordillères*, etc.

3) Les noms de *pays*, de *villes* et de *fleuves* qui ne sont pas terminés par une syllabe muette:

a) le Portugal, le Brésil, le Japon, le Languedoc, etc. — b) le vieux Paris, le beau St-Pétersbourg, etc. — c) le Rhin, le Niémen, le Volga, le Don, etc.

Excepté: *Albion*, la *Franche-Comté*, *Jérusalem*, *Sion*, *Tyr*, *Ilion;* la *Néva*, la *Duna* (*Dvina*), la *Léna*, la *Theiss*, etc.

*Rem.* On emploie souvent aussi au féminin les noms de ville à terminaison masculine, parce que alors il y a ellipse du mot *ville*: *Moscou est* DÉSERTE. SÉGUR. *Riga était* PLEINE *de marchandises*. VOLTAIRE.

4) Les noms de la plupart des *lettres de l'alphabet*, des *nombres* et des *mesures décimales*:

a) un **a**, un **c** (cé), un **d** (dé), un **k** (ka), etc.; mais une **f** (effe), une **h** (ache), une **l** (elle). — b) un **2** (deux), un **8** (huit), un **quart** (1/4), un **cinquième** (1/5), *le double*, *le triple*, etc. — c) *le centime*, (1/100 франка), *le mètre*, *le gramme*, etc.

*Rem.* Les lettres dont le nom se termine par un **e** muet sont du genre féminin: *une* **h** (ache), *une* **s** (esse), *une* **n** (enne), etc. — Quand on prononce les consonnes comme si elles étaient suivies d'un **e** muet, elles sont toutes du genre masculin: *un* **b** (be), *un* **l** (le), *un* **h** *muet*.

5) Toutes les autres espèces de mots employés accidentellement comme substantifs, ainsi que les mots étrangers admis dans le français sans changement de forme:

| | |
|---|---|
| Le blanc, бѣлый цвѣтъ. | le pour et le contre, за и противъ. |
| le pourpre, пурпуровый цвѣтъ. | un duo, дуэтъ. |
| le manger, кушанье. | un post-scriptum, приписка. |

3. Sont *féminins*:

1) Les noms de *pays*, de *villes* et de *fleuves* qui se terminent par une syllabe *muette* (*e*, *es*).

| | |
|---|---|
| La Russie, Россія. | la Vistule, Висла. |
| la Rome antique, древній Римъ. | la Seine, Сена. |

Excepté: Le *Bengale*, le *Hanovre*, le *Mexique*, le *Péloponèse*, le *Maine*, le *Havre*, le *Caire*, l'*Adige* (Эчь), le *Borysthène* (le *Dnièpre*), le *Danube*, (Дунай), le *Rhône*, l'*Ebre*, le *Tibre*, le *Tage*, l'*Euphrate*, le *Tigre*, le *Gange*, etc.

2) Les noms de *fleurs*, de *fruits*, d'*herbes*:

La rose, роза. l'ortie, крапива.
la pomme, яблоко. la verveine, желѣзнякъ.

Exceptions: Le *lis*, лилія; l'*œillet*, гвоздика; le *réséda*, le *fuchsia*, le *camélia*, etc.; — l'*abricot*; le *concombre*, огурецъ; le *citron*, лимонъ; le *marron*, каштанъ; le *raisin*, виноградъ, à cause de leur terminaison masculine.

3) Les noms des *arts*, des *sciences*, des *vertus*, des *vices*:

La musique, музыка. la justice, справедливость.
la chimie, химія. la paresse, лѣнь.

4) Les noms de *fêtes* précédés du mot *saint*:

La Saint-Jean, Ивановъ день; la St-Martin, Мартыновъ день.

B. D'après la terminaison:

**4.** Sont *masculins*:

1) Les substantifs terminés par un son *mouillé*, quand **l** est leur lettre finale; ils sont féminins au contraire quand **lle** les termine:

Le soleil, солнце. la veille, канунъ, бдѣніе.
le recueil, собраніе. la feuille, листъ.
le travail, работа. la paille, солома.

Excepté: Le *chèvrefeuille*, каприфолій, жимолость; le *portefeuille*, портфель, etc.

2) Les substantifs terminés par une syllabe *nasale* (**an, en, ant, ent, ain, in, un, um,** etc.).

Le volcan, вулканъ. le soutien, подпора.
le sentiment, чувство. le sillon, борозда.
le gain, заработка, барышъ. le parfum, благоуханіе.

Excepté: Les substantifs terminés en **tion, sion, xion**: la *nation*, народъ; la *pension*, пенсія; la *réflexion*, размышленіе; etc. — De même quelques substantifs en **son, çon**: la *saison*, время года; la *maison*, домъ; la *leçon*, урокъ; la *façon*, способъ, образъ, etc. — *Main*, рука; *dent*, зубъ; *fin*, конецъ et *faim*, голодъ, sont également du genre féminin.

3) A quelques exceptions près les substantifs des terminaisons suivantes:

**ac**: le lac, le tabac.
**aire**: le rosaire, le salaire.
Exc.: l'affaire, la chaire, la grammaire, la paire.
**et**: le billet, le bouquet.
**eu**: le jeu, le feu.
**ic**: le mastic, le trafic.
**is**: le taillis, le mépris.

**al**: le canal, le bal.
**as**: le repas, le trépas.
**age**: le courage, l'équipage.
Exc.: la page, la cage, la rage, la plage, l'image, la nage.
**at**: le sénat, le format.
**eau**: le chapeau, le tableau.
Exc.: l'eau, la peau.
**er**: le rocher, le soulier.
**ége**: le siége, le liége.
**el**: le sel, le miel.
**ème, ême**: le poème, le baptême.
Exc.: la crème.
**ès**: le progrès, le succès.
**isme**: le prisme, le gallicisme.
**it**: le profit, le débit.
**o**: le numéro, le solo.
**oi**: le convoi, le tournoi.
Exc.: la loi, la foi, la paroi.
**oir**: le miroir, le désespoir.
**ome**: le tome, le dôme.
**or**: le trésor, le cor.
**os**: le dos, le repos.
**ot**: le mot, le fagot. — Exc.: la dot.
**ou**: le cou, le clou.
**our**: le four, le tour.
Exc.: la tour, la cour.
**ours**: le cours, le velours.

5. Sont *féminins*:

1) Les substantifs terminés par un **e** muet précédé d'une voyelle (*ée*, *ie*, *aie*, *ue*, *eue*, *oue*, *oie*).

L'année, годъ. la plaie, рана. la joie, радость. la joue, щека.

Excepté: Le *lycée*, **лицей**; le *musée*, **музей**; le *scarabée*, **жукъ**; le *génie*, гений; l'*incendie*, пожаръ; le *parapluie*, зонтикъ; le *foie*, печень, et quelques autres.

2) Les substantifs terminés en **te**, et formés d'un verbe terminé en **dre**.

La perte (perdre), потеря. la vente (vendre), продажа. la crainte (craindre), боязнь. la feinte (feindre), притворство.

3) A quelques exceptions près les substantifs des terminaisons suivantes:

**ace, asse**: la glace, la masse.
Exc.: l'espace.
**ade**: la muscade, la parade.
Exc.: le grade.
**aine, eine**: la plaine, la veine.
**ance, ence, ense**: la prudence, la défense. — Exc.: le silence.
**ande, ende**: la demande, la légende.
**elle**: la chapelle, la ficelle.
**esse**: la finesse, la jeunesse.
**ette**: la brouette, la noisette.
**ête**: la tête, la fête.
**ote, otte**: la pelote, la carotte.
**oupe**: la loupe, la chaloupe.
**té**: la santé, la vérité.
Exc.: le comité, le comté, le traité, l'été, le côté, le pâté.
**ude**: la gratitude, l'étude.
Exc.: le prélude.
**eur**: la douleur, la peur.
Exc.: le cœur, le chœur, le bonheur, le malheur, l'honneur, le déshonneur.
**ière**: la lumière, la crinière.
Exc.: le cimetière.
**ine**: la mine, la ruine.
**ite**: la fuite, la guérite.
Exc.: le rite, le site, le gîte, le mérite.
**ive**: la rive, la salive.
**ise**: la bise, la surprise.
**ole**: la fiole, la boussole.
**onne**: la couronne.
**une**: la lune, la fortune.
**ure**: la pelure, la nature.
Exc.: le parjure, le murmure, le mercure, l'augure.
**ose, ause, use**: la chose, la cause, l'écluse.

## 19.

De quel genre sont les substantifs suivants et pourquoi?

Orme, вязъ; aune, ольха; courage, бодрость; tulipe, тюльпанъ; lion, левъ; protection, покровительство; raison, разумъ; cuivre, мѣдь; platine, платина; fanal, маякъ; trou, дыра; ruisseau, ручей; peau, кожа; jeudi, четвергъ; mi-août, половина августа; dimanche, воскресенье; géographie, географія; peinture, живопись; fleur, цвѣтокъ; bonheur, счастіе; porteur, носильщикъ; instrument, орудіе; pain, хлѣбъ; manége, манежъ; équité, справедливость; silence, молчаніе; hiver, зима; côté, сторона; cerise, вишня; accident, случай; âge, возрастъ; incendie, пожаръ; envie, охота, желаніе; nage, плаваніе; saule, ива; Etna, Этна; Caucase, Кавказъ; Apennins, Апеннины; Inde, Индія; Danemark, Данія; Sibérie, Сибирь; Kamtschatka; Moselle, Мозель; Bordeaux, Toulouse; dîner, обѣдъ; sommeil, сонъ; atteinte, припадокъ; certitude, увѣренность; nacelle, лодка; pitié; сожалѣніе; carbone, углеродъ; Danube, Дунай.

*Obs.* Si l'on prend soin de ramener souvent l'attention des élèves sur les règles que nous venons d'établir, et cela non-seulement dans les leçons de grammaire, mais partout où l'occasion s'en présente, et surtout dans les leçons de lecture, on les habituera à déterminer sans peine le genre de la plupart des substantifs. — A partir d'ici, nous n'indiquerons plus, dans les exercices, le genre des substantifs, si ce n'est dans les cas assez rares où les règles données dans les §§ 7, 8 et 9 ne suffiraient pas pour le déterminer.

## 20.

Читали вы «Освобожденный[1] Іерусалимъ» Тассо? — О, несчастный Тиръ, въ чьи (quelles) руки попалъ ты! (p. ind.) — Лучшее — часто врагъ хорошаго. — Г. Кузенъ, одинъ знаменитый писатель нашего времени, написалъ книгу, подъ заглавіемъ (intitulé): «Истина, добро (bien) и прекрасное.» — Развѣ вы забыли (тотъ) Парижъ, который вамъ такъ нравился? — Нынѣшній (§ 15) Парижъ совсѣмъ не похожъ[2] на тотъ (Парижъ), который вы видѣли двадцать лѣтъ тому назадъ (§ 53, 6, 3). — Къ западу отъ (gén.) Россіи находятся Швеція, Пруссія и Австрія: къ югу — Турція и Персія. — Кавказъ[3] населенъ множествомъ различныхъ племенъ[4]. — Пиренеи отдѣляютъ Испанію отъ Франціи. — Уральскій хребетъ отдѣляетъ европейскую Россію отъ Сибири. — Надгробные памятники предковъ, въ Китаѣ, одно изъ главныхъ украшеній[5] предмѣстій[6], городовъ и холмовъ.

1 délivré; 2 différent; 3 Caucase; 4 la peuplade; 5 ornement; 6 faubourg.

## 21.

Во время бури[1] каждое дерево имѣетъ свое особенное[2] движеніе. Дубъ, съ (à) твердымъ стволомъ[3], преклоняетъ[4] только свои вѣтви[5], ель качаетъ[6] свою пирамидальную вершину, тополь[7] шевелитъ[8] своими подвижными листьями[9] (acc.), а (et) береза развѣваетъ[10] свои листья въ воздухѣ, какъ длинные волосы (chevelure). — Около (vers) половины апрѣля расцвѣтаютъ нѣкоторыя деревья, и веселый[11] май видитъ ихъ въ прекраснѣйшемъ нарядѣ[12]. — Новый[13] Римъ на (à) каждомъ шагу напоминаетъ древній. — Бенгалія даритъ свои прекраснѣйшіе алмазы гордой[14] Англіи. — Въ 1803 году Ганноверъ былъ занятъ[15] (par) французскими войсками. — При (sous) Филиппѣ II Португалія была провинціею могущественной Испаніи. — Мэнъ и Турэнъ — двѣ древнія[16] провинціи Франціи. — На кладбищѣ въ Пизѣ какой-то (= одинъ) художникъ представилъ[17] всѣ описанные (par le) Данте цвѣты.

1 tempête; 2 propre, particulier; 3 tige, f., 4 fléchir; 5 branche, f., rameau; 6 balancer; 7 peuplier; 8 agiter qch.; 9 feuillage; 10 faire flotter; 11 riant; 12 parure; 13 moderne; 14 fier; 15 occuper; 16 ancien; 17 représenter.

### Exercice de conversation.

| | |
|---|---|
| Combien de temps serez-vous en voyage? | Je partirai à la St-Jean et je reviendrai à la St-Martin. |
| Quelles provinces de l'Empire parcourrez-vous? | Je parcourrai la Finlande, l'Esthonie, la Livonie et la Courlande. |
| Dans quelle province St-Pétersbourg est-il situé? | Dans l'Ingrie, qui, ainsi que les autres provinces baltiques, a longtemps appartenu à la Suède. |
| Quels sont les principaux fleuves de la Russie? | Ce sont la Néva, le Volga, le Don, le Dnièpre, la Vistule, le Niémen et la Duna. |
| Quels sont les plus beaux arbres de nos forêts? | Ce sont le sapin, le pin, le mélèze, le bouleau, le chêne et le frêne. |

*Autres questions*: Quels sont les arbres et les arbustes qui croissent dans nos vergers? — dans nos parcs? — Quelles sont les plantes qui fleurissent dans nos jardins? — dans nos campagnes? — Nommez les légumes les plus utiles. — Quels sont les métaux et les minéraux qui se trouvent en Sibérie? — aux monts Ourals? — en Finlande? — Nommez cinq pays dont le nom soit masculin, — dix dont le nom soit féminin, etc. — Nommez les sciences, les arts dont vous vous occupez. — Nommez les jours de la semaine, les mois, les saisons, les points cardinaux, — les lettres de l'alphabet, — les chiffres, etc.

## CHAPITRE III.

### § 10. DE L'ADJECTIF.

1. On appelle *adjectifs* les mots qui servent à qualifier les objets désignés par les substantifs ou leurs remplaçants.

Le **beau** cheval. La pomme **rouge**. La porte **fermée**.

2. L'adjectif prend le *genre* et le *nombre* du mot auquel il se rapporte.— La plupart des adjectifs sont en outre susceptibles d'exprimer le *degré* de la qualité, c'est-à-dire la qualité avec comparaison.

Il y a donc à considérer dans les adjectifs : 1) La *formation du féminin*, 2) la *formation du pluriel*, 3) les *degrés de signification*.

## § 11. FORMATION DU FÉMININ.

1. *Règle générale.* Pour former le féminin d'un adjectif, on ajoute un **e** muet au masculin: *Grand, grande*; *français, française*.

*Rem.* Si l'adjectif se termine déjà au masculin par un **e** muet, il ne change pas au féminin: *Un homme faible, une femme faible*.

2. Dans l'application de la règle générale, il faut avoir égard aux règles particulières suivantes:

1) Les adjectifs terminés en **f** et en **x** changent ces consonnes en **v** et en **s** avant l'addition de l'e muet. *Vif, vive*; *heureux, heureuse*.

2) Les adjectifs terminés en **el**, **eil**, **et**, **en** et **on**, doublent leur consonne finale avant l'addition de l'e muet.

| Masc.: | Féminin: |
|---|---|
| Cru**el**, жестокій. | cru**elle**. |
| par**eil**, подобный. | par**eille**. |
| mu**et**, нѣмой. | mu**ette**. |
| chréti**en**, христіанскій. | chréti**enne**. |
| b**on**, хорошій, добрый. | b**onne**. |

*Rem.* 1) Dans les adjectifs comme *cruel*, *muet*, le redoublement de la consonne finale a lieu parce que l'**e** de la syllabe qui précède l'**e** muet du féminin doit être *ouvert*. Or, il y a deux moyens de rendre un **e** ouvert: a) doubler la consonne qui le suit, comme cela a lieu dans *cruelle*, *muette*, et dans les formes verbales *j'appelle*, je *jette*, que je *vienne*, et dans *terre*, *celle*, etc. b) ou surmonter l'**e** d'un accent grave, comme cela a lieu dans *j'achète*, je *pèle* (d'*acheter*, *peler*) et dans *père*, *frère*, *fidèle*, etc. (§ 48).

2) C'est en vertu de ce principe que les adjectifs tels que: *léger*, *premier*, *bref*, *sec.*, etc., s'écrivent au féminin *légère*, *première*, *brève*, *sèche*, avec un accent grave.

3) Les adjectifs suivants en **et** prennent de même l'accent grave:

Complet, complète, полный.
incomplet, -ète, недостаточный.
inquiet, -ète, безпокойный.
secret, -ète, тайный.
concret, -ète, конкретный.
replet, -ète, толстый, полный.
discret, -ète, скромный.
indiscret, -ète, нескромный, болтливый.

3) Dans les adjectifs suivants la consonne finale du masculin se double également avant l'e muet du féminin, à cause de la prononciation:

Gentil, genti**lle**, милый, любезный,
nul, nu**lle**, ничтожный.
sot, so**tte**, глупый.
vieillot, vieillo**tte**, староватый, пожилой.
épais, épai**sse**, толстый, грубый.
gros, gro**sse**, толстый, большой.
gras, gra**sse**, жирный.
bas, ba**sse**, низкій.
las, la**sse**, усталый.
exprès, expre**sse**, нарочный, ясный.

4) Les adjectifs *beau*, красивый, *nouveau*, новый, *fou*, безразсудный, сумасшедшій, *mou*, мягкій, et *vieux*, старый, ont pour le

singulier une seconde forme masculine *bel*, *nouvel*, *fol*, *mol*, *vieil*, qui s'emploie devant les mots commençant par une voyelle ou une *h* muette; c'est de cette dernière forme que se dérive le féminin par l'addition de l'*e* muet avec redoublement de la consonne finale: *belle*, *nouvelle*, *folle*, *molle*, *vieille*. Cependant *vieux* s'emploie aussi au lieu de *vieil*.

Un **beau** cheval. Un **bel** arbre. Un **bel** habit. De **beaux** chevaux. De **beaux** arbres.

*Rem.* On dit également: *Un vieil homme* et *un vieux homme*, *un vieil ami* et *un vieux ami*. — On dit *le vieil homme* dans le sens de *l'homme pécheur*, *le péché* : *Dépouiller le vieil homme*.

5) Les adjectifs terminés en **c**, (dont le nombre est très petit), changent cette consonne tantôt en **qu**, tantôt en **ch** avant l'addition de l'e muet:

| | |
|---|---|
| Cadu**c**, cadu**que**, дряхлый. | blanc, blan**che**, бѣлый. |
| turc, tur**que**, турецкій. | grec, gre**cque**, греческій. |
| publi**c**, publi**que**, публичный. | sec, sè**che**, сухой. |

*Rem.* 1) *Franc*, *franche*, откровенный, fait au féminin *franque* (франкскій), quand on l'emploie pour indiquer le langage que parlent les Francs établis en Turquie et dans le Levant: *La langue* FRANQUE, франкскій языкъ.

2) Dans *grecque* le **c** est conservé et *sèche* s'écrit avec un accent grave, pour que l'**e** de l'avant-dernière syllabe reste ouvert.

6) Les adjectifs en **teur** et en **eur**, qui s'emploient aussi substantivement, forment leur féminin d'après les règles du § 8, 3, 5.

7) Les adjectifs en **eur**, qui expriment une idée de comparaison [1], forment leur féminin d'après la règle générale:

| | | | |
|---|---|---|---|
| *Majeur* | (de *major* = plus grand), | совершеннолѣтній; | *majeu***re**. |
| *mineur* | (de *minor* = plus petit), | малолѣтній; | *mineu***re**. |
| *supérieur* | (de *superior* = plus haut), | высшій; | *supérieu***re**. |
| *inférieur* | (de *inferior* = plus bas), | низшій; | *inférieu***re**. |
| *meilleur* | (de *melior*), | лучшій; | *meilleu***re**. |

De même: *extérieur*, внѣшній, *intérieur*, внутренній, *postérieur*, задній, слѣдующій, *antérieur*, передній, etc., auxquels on peut joindre le substantif *prieur*, настоятель, пріоръ, la *prieure*, настоятельница, пріорша.

8) D'autres adjectifs forment leur féminin d'une manière particulière, qui s'explique également par les nécessités de la prononciation ou par l'étymologie:

| | | |
|---|---|---|
| *Faux* (falsus), | ложный; | fém. *fau***sse**. |
| *Roux* (russus), | рыжій; | — *rou***sse**. |

---

[1] Parce qu'ils dérivent d'un comparatif latin en *ior*.

| | | | |
|---|---|---|---|
| *Doux* | (dulcis), | сладкій; | fém. *dou***ce.** |
| *Préfix* | (praefixus), | опредѣленный; | — *préfi***xe.** |
| *Long* | (longus), | длинный; | — *long***ue.** |
| *Bénin* | (benignus), | кроткій, добродушный; | — *béni***gne.** |
| *Malin* | (malignus), | злобный, злой; | — *mali***gne.** |
| *Tiers* | (tertius), | третій; | — *tier***ce.** |
| *Frais* | (italien *fresco*), | прохладный, свѣжій; | — *fraî***che.** |
| *Favori* | (anciennement *favorit*), | любимый; | — *favori***te.** |
| *Coi* | (quietus, anciennement *coit*), | тихій, спокойный; | — *coi***te.** |
| *Jumeau*, | | двойничный, близнецъ; | — *jum***elle.** |

*Obs.* 1. Les adjectifs *fat*, щегольской; *châtain*, темнорусый; *dispos*, легкій, поворотливый; *grognon*, брюзгливый, ворчливый, n'ont pas de féminin.

2. Les participes *dû* (de *devoir*) et *crû* (de *croître*) perdent l'accent circonflexe au féminin: *due*, *crue*; et dans les adjectifs terminés en *gu*, l'*e* muet du féminin est surmonté d'un tréma: *aigu*, острый; féminin: *aiguë*.

## § 12. FORMATION DU PLURIEL.

1. Le pluriel des adjectifs se forme, comme celui des substantifs, par l'addition d'une **s** au singulier: *Le grand arbre vert. Les grand***s** *arbres verts.*

2. Les adjectifs terminés en **s** ou **x** ne changent pas au pluriel:

| | | |
|---|---|---|
| Un papillon gri**s**, | сѣрая бабочка; | des papillons gri**s**. |
| Un pays heureu**x**, | счастливая страна; | des pays heureu**x**. |

*Rem.* L'adjectif *bleu*, голубой, prend une **s** au pluriel; il en est de même de l'adjectif *feu*, покойный, dont le pluriel est peu usité. Tous les autres adjectifs de cette finale s'écrivent avec un **x**: *affreu***x**, *délicieu***x**. — Il n'y a pas d'adjectifs terminés en **z**.

3. Les adjectifs en **al** changent ordinairement cette finale en **aux** pour le pluriel: *Ég*AL, *ég*AUX, равный; *génér*AL, *génér*AUX, всеобщій.

*Obs.* Ces adjectifs en **al** méritent une attention particulière. Il y en a plusieurs auxquels l'usage refuse cette terminaison, et qui forment leur pluriel régulièrement au moyen d'une **s**. Tels sont: *amical*, дружескій; *fatal*, роковой; *final*, окончательный; *glacial*, холодный; *initial*, начальный; *matinal*, утренній; *naval*, морской, флотскій; *pénal*, уголовный; *théâtral*, театральный; *oral*, *vocal*, *instrumental*, etc.

4. **Tout,** весь, все, perd au pluriel masculin le **t** final du singulier: *Tous les hommes sont mortels.*

## § 13. ACCORD DE L'ADJECTIF.

1. L'adjectif s'accorde en *genre* et en *nombre* avec le substantif ou le pronom qu'il qualifie: *Un* JOLI *jardin. Ils sont joli***s**. *Une* JOLIE *maison. Elles sont joli*ES.

2. Quand l'adjectif se rapporte à plusieurs substantifs, il se met au *plu-*

*riel*, et si les substantifs sont de différents genres, c'est le *masculin* qu'adopte l'adjectif: *Mon frère et ma sœur sont* CONTENTS.

## 22.

Un nom honorable et une bonne éducation, voilà le plus bel héritage qu'un père puisse léguer [1] à ses enfants. — Un bienfait reçu est la plus sacrée de toutes les dettes [2]. — La colère est une courte démence [3]. — Une estime mutuelle est le premier fondement de l'amitié. — Une joie secrète n'est presque jamais une joie complète.—Vingt têtes, vingt avis; nouvel an, nouveaux goûts. (Prov.). — Il ne faut pas que les nouveaux amis fassent oublier les anciens. — Le génie est le don d'inventer d'une manière neuve et originale. — Sa conduite [4] dans cette affaire [5] a été franche et loyale. — Une âme basse suppose toujours de vils motifs [6] aux actions nobles. — La Gaule et la Germanie nourrissaient autrefois des élans [7], des ours et d'autres animaux qui se sont retirés depuis dans les pays septentrionaux.— Il y a peu d'hommes qui ne comptent dans leur vie un certain nombre de journées fatales [8], qu'ils seraient heureux de pouvoir en effacer. — Des navigateurs anglais ont récemment pénétré bien avant (= loin) dans les mers glaciales. — La mode a donné le nom de jumelles aux grands lorgnons doubles employés au spectacle par les personnes qui ont la vue basse. — Les gens désœuvrés [9] se couchent tard et dorment ordinairement la grasse matinée. — Notre destinée n'est pas plus préfixe que notre dernière heure. — Marseille a été fondée par une colonie grecque. — L'idée du bonheur est souvent plus flatteuse que le bonheur même. — Dieu me garde [10] des gens d'humeur ou grondeuse ou boudeuse! — Ne laissez échapper aucune parole accusatrice contre votre prochain [11]. — La langue franque est un jargon [12] mêlé de français, d'italien et d'espagnol. — L'abus des plaisirs rend, dès la jeunesse, la santé caduque. — Le ridicule est l'arme favorite du vice.— Dans la Laponie, la ronce, le genièvre [13] et la mousse font seuls la verdure de l'été.—A Sparte, les femmes, les enfants et les vieillards, [14] animés d'un même courage, étaient toujours disposés aux plus grands sacrifices pour le service de la patrie.

1 завѣщать, отказать; 2 долгъ; 3 безумie; 4 поведенie; 5 дѣло; 6 побужденie; 7 лось; 8 роковой; 9 праздный; 10 сохранить; 11 ближнiй; 12 испорченный языкъ; 13 можжевельникъ; 14 воодушевленный.

## 23.

Вода моря вездѣ солона [1] и горька.—Глубина (pl.) океана неодинакова (inégal.—Завистливые [2] люди обыкновенно несчастливы. — Колибри—прекрасныя птицы и розы — прелестные цвѣты! — Высокiя горы, покрытыя вѣчнымъ [3] снѣгомъ (pl.), отдѣляютъ [4] Швейцарiю отъ прекрасной Италiи. — Творческая рука Всевышняго создала (former) эти вѣчно новыя красоты природы.— Безразсудная [5] гордость (orgueil) овладѣла [6] побѣдителемъ [7] вслѣдъ за (après) рѣшительною [8] побѣдою. — Свѣжая и чистая вода — любимый [9] его напитокъ. — Наконецъ, въ первыхъ числахъ новаго года, увидѣли мы опять, послѣ долгаго отсутствiя, нашего стараго друга. — Слишкомъ вольныя [10] слова (parole) легко могутъ быть оскорбительны [11].—Христiанская религiя открыла [12] новыя добродѣтели, которыя были чужды языческой философіи. — Внутренняя красота (pl.) этого зданія не соотвѣтствуетъ [13] его наружному виду (forme). — Злокачественная [14] лихорадка причинила тогда страшное опустошеніе [15] въ южной Франціи. — Римляне удивлялись прекраснымъ голубымъ глазамъ плѣнныхъ [16] германцевъ. — Въ (à) небольшомъ отъ насъ разстояніи увидѣли мы многочисленныя стада робкихъ [17] сайгъ, которыя убѣгали [18] отъ дикихъ звѣрей. — Оскорбленная дама оставалась нѣма на (à) этотъ нескромный вопросъ. — На (au) Шпицбергенѣ дуютъ постоянно холодные [19] вѣтры. — Турецкія морскія силы (= la marine) были почти совершенно уничтожены [20] въ битвѣ при (de) Наваринѣ.

1 salé; 2 jaloux; 3 éternel; 4 séparer; 5 fou; 6 s'emparer; 7 conquérant; 8 décisif; 9 favori; 10 franc; 11 offensant; 12 révéler; 13 répondre à; 14 malin; 15 faire des ravages; 16 prisonnier; 17 craintif; 18 fuir qch.; 19 glacial; 20 détruit.

24.

У слоновъ длинные и бѣлые (les) зубы. — Сѣверныя страны Европы менѣе населены, чѣмъ южныя. — Орелъ вьетъ (faire) свое гнѣздо на высокихъ (élevé) скалахъ, страусъ — въ горючихъ (brûlant) пескахъ пустыни, а ласточка лѣпитъ (confier à) свое гнѣздо на стѣнахъ гостепріимныхъ [1] домовъ. — Откровенное тщеславіе [2] менѣе несносно [3], чѣмъ ложная скромность [4]. — Два Ледовитые океана отдѣляютъ насъ отъ полюсовъ. — Исторія восточныхъ народовъ образуетъ первую группу древней исторіи. — Стужа (le froid) и холодные (glacial) вѣтры царствуютъ [5] въ сѣверныхъ пространствахъ (district, m.) Сибири. — Грамматическія упражненія необходимы [6] при изученіи (= чтобы учиться) иностраннаго языка. — Померанцевое дерево украшаетъ [7] своими золотистыми плодами южный берегъ (le bord, pl.) Франціи. — Оружіе Телемака было гладко, какъ зеркало, и блестяще, какъ солнечные лучи. — Мое сердце и мое воображеніе (imagination), говоритъ госпожа Севинье, постоянно заняты моею дочерью. — Знатные (grand) и простые (petit) [люди], богатые и бѣдные равны передъ Богомъ. — Аисты [8], имѣя (avec) длинныя и голыя ноги (la jambe), легко могутъ ходить [9] по (dans) болотамъ. — Повсюду видѣли мы зеленые холмы, покрытые виноградниками (la vigne), хижины, обитаемыя счастливыми семействами, опрятныя и мирныя деревни и цвѣтущіе города.

1 hospitalier; 2 vanité; 3 déplaire moins; 4 modestie; 5 régner dans; 6 indispensable; 7 parer, orner; 8 la cigogne; 9 marcher.

### Exercice de conversation.

| | |
|---|---|
| A quoi peut-on comparer la colère? | A une courte démence (= folie). |
| Que savez-vous des cigognes? | Ce sont de gros oiseaux de passage, au bec long et rouge, et qui vivent dans les marais. |
| Comment sont leurs jambes? | Leurs jambes sont longues et nues. |
| Mademoiselle votre cousine est-elle disposée à faire le voyage avec nous? | Elle ne m'a pas encore donné de réponse positive. |

| | |
|---|---|
| Est-il prudent de s'adonner à tous les plaisirs sans aucune retenue ? | Non, car l'abus des plaisirs rend, dès la jeunesse, la santé caduque. |
| A quoi peut-on comparer les plaisirs ? | A des fleurs, qu'il faut cueillir avec soin, pour n'en pas flétrir la beauté passagère. |

*Autres questions*: Quel est le plus bel héritage qu'un père puisse laisser à ses enfants ? — Qu'est-ce que le génie? — Quels animaux nourrissaient autrefois la Gaule et la Germanie ? — Quel genre de lorgnon appelle-t-on jumelles ? — Quel genre de vie mènent les gens désœuvrés ? — Par qui Marseille a-t-elle été fondée ? — Que dit Mme de Sévigné ? — Quelle est votre boisson favorite ? — Qu'est-ce que les Romains admiraient ?

## § 14. DEGRÉS DE SIGNIFICATION.

1. On distingue en français, comme en russe, trois degrés de signification : le *positif*, положительная степень ; le *comparatif*, сравнительная степень ; le *superlatif*, превосходная степень.

2. Le *positif* exprime la qualité sans comparaison : *Cet arbre est* GRAND.

3. Le comparatif exprime la qualité avec comparaison. Il y a *trois* comparatifs :

   1) Le comparatif de *supériorité*, qui se forme en mettant l'adverbe *plus*, болѣе, больше, devant le positif :

| | |
|---|---|
| Ce chêne est **plus grand** que ce bouleau. | Этотъ дубъ **больше** этой березы. |

   2) Le comparatif d'*infériorité*, qui se forme en mettant l'adverbe *moins*, менѣе, меньше, devant le positif :

| | |
|---|---|
| Ce bouleau est **moins grand** (n'est pas si grand) que ce chêne. | Эта береза **меньше** этого дуба. |

   3) Le comparatif d'*égalité*, qui se forme en mettant l'adverbe *aussi*, столь же, devant le positif :

| | |
|---|---|
| Ce sapin est **aussi grand** que ce chêne. | Эта ель **столь же** велика, какъ и этотъ дубъ. |

4. Le *superlatif* exprime la qualité portée au plus haut degré *relativement*, c'est-à-dire *avec comparaison ;* il se forme en mettant l'article ou un pronom possessif devant le comparatif de supériorité ou d'infériorité.

| | |
|---|---|
| Cet arbre est **le plus grand** de la forêt. | Это дерево — **величайшее** въ лѣсу. |
| Cette ville est **la moins grande** du pays. | Этотъ городъ **всѣхъ меньше** въ странѣ. |
| **Mon plus grand** plaisir est de lire un bon livre. | **Величайшее** мое удовольствіе — читать хорошую книгу. |

*Rem.* Ce superlatif s'appelle superlatif *relatif*, par opposition au superlatif *absolu*, formé au moyen des adverbes *très*, *fort*, *bien*, очень, весьма; *extrêmement, infiniment*, чрезвычайно, etc., et qui exprime la qualité à un très-haut degré *absolument*, c'est-à-dire *sans comparaison*: *Cet arbre est* TRÈS-*grand. Les étoiles sont* INFINIMENT *éloignées de nous.*

5. Les adverbes qui sont susceptibles de gradation expriment les degrés de signification de la même manière que les adjectifs:

Poliment, вѣжливо; plus poliment, вѣжливѣе; le plus poliment, вѣжливѣе всѣхъ.
Lentement, медленно; moins lentement, le moins lentement.

6. Le comparatif et le superlatif se forment irrégulièrement:

a) pour les trois adjectifs *bon, mauvais, petit*:

| | | |
|---|---|---|
| Bon, хорошій, | meilleur, лучшій, | le meilleur, самый лучшій. |
| Mauvais, худой, | pire, худшій, | le pire, самый худшій. |
| (Petit, малый,) | moindre, меньшій, | le moindre, самый малый. |

b) Pour les adverbes *bien, mal, peu, beaucoup*:

| | | |
|---|---|---|
| Bien, хорошо, | mieux, лучше, | le mieux, всего лучше. |
| Mal, худо, дурно, | pis, хуже, | le pis, всего хуже. |
| Peu, мало, | moins, меньше, | le moins, всего меньше. |
| Beaucoup, много, | plus, больше, | le plus, всего больше. |

*Rem.* Cependant, dans le sens ordinaire et matériel, les comparatifs réguliers *plus mauvais, plus mal*, s'emploient plus ordinairement que *pire* et *pis*. Ces derniers s'emploient plutôt dans un sens figuré et moral.— *Moindre* s'emploie de préférence dans un sens moral, où il se met pour *moins bon*: — Sa prononciation *est* PLUS MAUVAISE (*pire*) *que la mienne. Il parle* PLUS MAL *que sa sœur. Le remède est* PIRE *que le mal. Vos peines sont* MOINDRES *que les miennes. Ce vin est* MOINDRE (*moins bon*) *que le vôtre.*

7. **Remarques sur le comparatif.**

1) Pour exprimer le comparatif, on peut se servir de l'adjectif *davantage*, болѣе, si le second membre de la comparaison n'est pas exprimé: *Vous êtes malheureux*, **je le** *suis encore* **davantage,** я еще болѣе.

2) Au lieu de *que*, on emploie **de** après *plus* et *moins*, lorsque ceux-ci sont suivis d'un nom de nombre, et qu'il n'y a pas comparaison: *J'ai plus* **de** *vingt ans. Ce cheval coûte moins* **de** *cent roubles.*

3) Dans les expressions telles que *plus* — *plus*, чѣмъ болѣе — тѣмъ болѣе, *moins* — *moins*, чѣмъ менѣе — тѣмъ менѣе, *plus* — *moins*, *moins* — *plus*, *plus* et *moins* sont séparés de l'adjectif, et l'on ne peut faire usage des comparatifs *meilleur*, *pire* et *moindre*, dans le premier membre de la comparaison: PLUS *un homme est courageux*, MOINS *il s'en vante*. PLUS *on est bon*, PLUS *on est aimé*. PLUS *ce vin est vieux*, MEILLEUR il est.

4. Les quatre adjectifs *supérieur*, высшій, *inférieur*, низшій, *anté-*

*rieur*, прежній, *postérieur*, позднѣйшій, quoique exprimant une comparaison, ne peuvent jamais être suivis de la conjonction *que;* tous quatre demandent la préposition **à:** *Ce garçon est supérieur* à *son frère.*

8. **Remarques sur le superlatif.**

1) L'article se répète devant tous les superlatifs, même lorsque les adjectifs qualifient le même substantif: Le *plus fidèle*, le *plus sincère ami n'agirait pas autrement;* ou: *L'ami* le *plus fidèle,* le *plus sincère n'agirait pas autrement.*

2) Après le superlatif, les prépositions въ, изъ, se traduisent toujours par la préposition **de:** *La plus belle rue* de *la ville* (въ городѣ). *Le meilleur* de *mes amis* (изъ моихъ друзей).

3) Les adjectifs *l'aîné*, старшій, *le cadet*, младшій, équivalent aux superlatifs *le plus âgé*, *le plus jeune.*

4) Il y a en français quelques superlatifs, empruntés à la langue latine et à la langue italienne, qui s'expriment en un seul mot; tels sont:

Excellentissime, превосходнѣйшій,
éminentissime, высокопреосвященный,
révérendissime, преосвященнѣйшій,
sérénissime, свѣтлѣйшій.
minime, весьма малый.
suprême, высшій.
extrême, крайній.

et, dans un sens ironique ou familier:

savantissime, преученый,
grandissime, превеликій,
rarissime, чрезвычайно рѣдкій.
nobilissime, благороднѣйшій.

On remarquera encore le mot *généralissime*, qui désigne un *général en chef.*

25.

La chèvre a, de sa nature, plus de sentiment et de ressource[1] que la brebis; elle est plus forte, plus légère, plus agile; elle est vive, capricieuse, vagabonde[2]. Buffon. — Le reproche[3] le plus léger est souvent fort lourd sur le cœur. — Les poètes grecs sont pour nous de meilleurs modèles que les poètes latins. — La raison du plus fort est toujours la meilleure, dit La Fontaine. — J. J. Rousseau dit quelque part: Quoiqu'une couverture de chaume[4] soit en toute saison la meilleure, je préférerais, non la triste ardoise[5], mais la tuile[6], parce qu'elle a l'air plus propre et plus gai. — Le pire des états, c'est l'état populaire. Corneille. — Il n'est, comme l'on dit, pire eau que l'eau qui dort. Molière. — La conscience[7] est le meilleur livre de morale que nous ayons. Pascal. — De tous les êtres[8] animés, l'oiseau-mouche est le plus élégant pour la forme, et le plus brillant pour les couleurs. Buffon. — La chair du renard est moins mauvaise que celle du loup. — La distance de la terre à la lune est beaucoup moindre que celle de la terre au soleil. — La crainte d'un mal est quelquefois pire que le mal lui-même. — De deux maux il faut choisir le moindre. — Épaminondas, le plus grand citoyen que Thèbes ait vu naître (§ 47, 3), fut aussi éloquent que la plupart des orateurs d'Athènes, aussi dévoué à sa patrie que Léonidas, et plus juste peut-être qu'Aristide lui-même. BARTHÉLEMY. — L'aîné de ces deux frères est riche, mais le cadet l'est encore davantage. — La plupart des ouvrages des statuaires [9] modernes sont inférieurs aux chefs-d'œuvre [10] de l'antiquité. — Plus l'offenseur est cher, plus on ressent l'injure. RACINE.

1 средство; 2 непостоянный; 3 упрекъ; 4 соломенная крыша; 5 сланецъ; 6 черепица; 7 совѣсть; 8 существо; 9 ваятель; 10 образцовое произведеніе.

26.

Россія — величайшая въ свѣтѣ имперія [1]. — Алкивіадъ былъ (est l'un) замѣчательнѣйшимъ мужемъ древности; онъ былъ столь же великій полководецъ, какъ Кимонъ, и столь же краснорѣчивъ [2], какъ Периклъ, но нравы [3] его были менѣе чисты, чѣмъ нравы этихъ двухъ мужей. — Лѣтомъ дни длиннѣе ночей, зимою же короче. — Шелковичный червь [4] и пчела — самыя полезныя насѣкомыя. — Эта комната слишкомъ длинна и узка; будь (si) она шире, она была бы лучше и удобнѣе. — До (avant) изобрѣтенія пороха [5], битвы были гораздо кровопролитнѣе и жесточе, чѣмъ въ настоящее время. — Напрасно [6] исчезаютъ [7] наши самыя дорогія надежды; мы постоянно создаемъ [8] себѣ новыя. — Этотъ герой былъ одинаково (= столько же) скроменъ и храбръ. — Александръ былъ могуществененъ, но Августъ еще могущественнѣе (= еще болѣе). — Въ извѣстныхъ странахъ старшій сынъ — наслѣдникъ всего имѣнія семейства. — Чѣмъ болѣе любишь кого-либо, тѣмъ менѣе слѣдуетъ (devoir) льстить [9] ему. — Голландія менѣе населена, чѣмъ Бельгія. — Чѣмъ менѣе у тебя излишняго [10], тѣмъ менѣе заботъ [11].

1 empire, m.; 2 éloquent; 3 mœurs, f. plur.; 4 le ver à soie; 5 la poudre à canon; 6 en vain; 7 voir s'évanouir; 8 concevoir; 9 flatter qn.; 10 superflu; 11 le souci.

27.

Изобрѣтеніе паровой машины одна изъ прекраснѣйшихъ побѣдъ [1] человѣческаго ума. — Оба брата столь же образованные [2], какъ и умные люди; но младшій, быть можетъ, болѣе [старшаго]. — Миссисипи величайшая рѣка на свѣтѣ. — Страсбургская колокольня [3] одна изъ высочайшихъ въ Европѣ. — Нѣтъ, г. маршалъ, возразилъ король, первое чувство (plur.) самое естественное. — Горы Германіи высоки, горы Швейцаріи еще выше, высочайшія же горы (находятся) въ Америкѣ и Азіи. — Умѣренность — лучшій врачъ, голодъ — лучшій поваръ. — Не находите-ли вы, что сегодняшній (§ 15) урокъ не такъ труденъ, какъ вчерашній? — Да, справедливо, онъ гораздо легче. — При изученіи [4] иностраннаго языка, самое трудное (ce qu'il y a de) — произношеніе. — Дѣлайте, что хотите (futur); но я боюсь, чтобы это предложеніе не было (*ne* avec le subj. § 47, 1, b) хуже перваго. — Желѣзная дорога изъ С. Петербурга въ Москву одна изъ лучшихъ (beau) въ Европѣ. — Разстояніе отъ С. Петербурга до Риги меньше разстоянія отъ С. Петербурга до Москвы. — Въ Москвѣ болѣе трехсотъ тысячъ жителей. — Менѣе чѣмъ въ два мѣсяца я издержалъ [5] болѣе пятисотъ рублей.

1 le triomphe; 2 instruit; 3 clocher; 4 étude, f.; 5 dépenser.

### Exercice de conversation.

| | |
|---|---|
| Ayez la complaisance de me prêter une plume. | En voici deux, choisissez la meilleure. |
| Laquelle faut-il prendre? | Prenez celle-ci, qui est la plus molle. |
| Quelle différence y a-t-il entre *plus petit* et *moindre*? | *Plus petit* se dit des choses qui se mesurent, et *moindre* des choses qui s'évaluent. |
| Pourriez-vous m'éclaircir la chose par des exemples? | On dira: *Ma cousine est* **plus petite** *que ma sœur*, tandis qu'il faut dire: *Vos chagrins sont* **moindres** *que les miens.* |
| Mademoiselle B. n'est-elle pas une excellente élève? | Excellente, c'est beaucoup dire; il y en a de pires, sans doute, mais il y en a aussi de meilleures. |
| Connaissez-vous les demoiselles C.? | Je ne connais que la cadette, qui est à peu près de mon âge. |
| A quel âge est-on majeur en Russie? | On l'est à l'âge de 21 ans. |

*Autres questions*: Quelles sont les villes les plus peuplées? — les plus grands fleuves? — les plus hautes montagnes? — les contrées les plus fertiles? — les plus grands lacs? — etc. de l'empire de Russie? — Quelle est la plus grande et la plus peuplée des villes de l'Europe? — Quelle est la montagne la plus élevée de l'Europe? — Que savez-vous d'Alcibiade? — d'Épaminondas? — Lequel était le plus puissant, d'Alexandre ou d'Auguste? etc.

## § 15. SUR LA MANIÈRE DE RENDRE CERTAINS ADJECTIFS RUSSES.

1. La langue russe possède un assez grand nombre d'adjectifs qui n'ont pas d'équivalents en français, et dont la plupart se rendent au moyen de la préposition *de* suivie d'un substantif ou d'un adverbe; tels sont:

1) Les adjectifs exprimant la *matière* dont une chose est faite:

| | |
|---|---|
| Серебряные часы. | Une montre *d'argent* (§ 4, 3). |
| Деревянный домъ. | Une maison *de bois* (*en*) *bois*. |

2) Les adjectifs exprimant la *localité*, la *position*, le *temps*:

| | |
|---|---|
| Передняя дверь. | La porte *de devant*. |
| Верхній этажъ. | L'étage *d'en haut* (supérieur). |
| Нижній этажъ. | L'étage *d'en bas* (inférieur). |
| Сегодняшняя газета. | Le journal *d'aujourd'hui*. |
| Трехдневная битва. | Une bataille *de trois jours*. |

3) Les adjectifs dérivés de noms de *pays*, de *villes*, quand il est question de *produits* ou de *dignités*:

| | |
|---|---|
| Французское вино. | Du vin *de France*. |
| Кельнская вода. | L'eau *de Cologne*. |
| Русскій посланникъ. | L'ambassadeur *de Russie*. |

Cependant il existe pour chaque nom de pays un adjectif qui s'emploie aussi pour d'autres cas: *La nation russe, la langue russe, l'armée russe*, etc.

4) Remarquez encore la manière de traduire les expressions suivantes:

| | |
|---|---|
| Немногіе жизненные припасы. | *Le peu de* vivres. |
| Немногія войска. | *Le peu de* troupes. |
| Многіе друзья. | *Beaucoup d'*amis, *bien des* amis. |
| Многіе труды. | *Bien de la* peine, *beaucoup de* peine. |
| Его многіе друзья. | *Ses nombreux* amis. |
| Такъ много враговъ. | *Tant d'*ennemis, *un si grand nombre d'*ennemis. |

28.

Желѣзный гвоздь [1]; — золотая цѣпь; — глиняный горшокъ [2]; — мраморная статуя; — хрустальная люстра [3]; — наперстокъ [4] изъ слоновой кости [5]; — англійская сталь [6]; — голландскій сыръ; — испанская шерсть; — австрійскій императоръ; — прусскій министръ; — итальянская поэзія [7]; — французскій языкъ; — вчерашнее извѣстіе; — семидѣтная война; — прежніе нравы; — прошлогодняя жатва [8]; — полугодовое отсутствіе [9]; — двухмѣсячное путешествіе; — шведское желѣзо; — азіатскіе города; — европейская Россія. — Гдѣ это небольшое число (peu) книгъ, которыя были прежде у тебя? — Всѣ многочисленные друзья оставили его. — Многочисленные цвѣты, которые украшали весною луга, сады и поля, исчезли [10] всѣ. — Онъ посадилъ въ своемъ саду такъ много деревьевъ, что можетъ надѣяться на хорошій сборъ плодовъ [11].

1 le clou; 2 le pot; 3 le lustre; 4 le dé; 5 ivoire, m.; 6 acier; 7 la poésie; 8 la moisson; 9 absence, f.; 10 disparaître (avec *être*) 11 récolte de fruits.

# CHAPITRE IV.

## § 16. DES NOMS DE NOMBRE.

1. Les noms de nombre se divisent en noms de nombre *cardinaux* et en noms de nombre *ordinaux*.

## § 17. NOMS DE NOMBRE CARDINAUX.

1. Les noms de nombre *cardinaux*, числительныя количественныя, sont:

| | |
|---|---|
| 1 un, une. | 6 six. |
| 2 deux. | 7 sept. |
| 3 trois. | 8 huit. |
| 4 quatre. | 9 neuf. |
| 5 cinq. | 10 dix. |

| | |
|---|---|
| 11 onze. | 81 quatre-vingt-un. |
| 12 douze. | 82 quatre-vingt-deux, etc. |
| 13 treize. | 90 quatre-vingt-dix. |
| 14 quatorze. | 91 quatre-vingt-onze. |
| 15 quinze. | 100 cent. |
| 16 seize. | 101 cent-un, cent et un. |
| 17 dix-sept. | 102 cent-deux, etc. |
| 18 dix-huit. | 200 deux cents. |
| 19 dix-neuf. | 201 deux cent-un. |
| 20 vingt. | 202 deux cent-deux, etc. |
| 21 vingt-un *ou* vingt et un. | 300 trois cents. |
| 22 vingt-deux. | 340 trois cent quarante. |
| 23 vingt-trois, etc. | 400 quatre cents, etc. |
| 30 trente. | 1000 mille (mil). |
| 31 trente-un, trente et un. | 1001 mille un. |
| 32 trente-deux. | 1002 mille deux. |
| 40 quarante. | 1100 onze cents *ou* mille cent. |
| 50 cinquante. | 1200 douze cents, mille deux cents. |
| 60 soixante. | 1300 treize cents, mille trois cents, etc. |
| 70 soixante-dix *ou* soixante et dix. | 2000 deux mille. |
| 71 soixante-onze, soixante et onze. | 3000 trois mille, etc. |
| 72 soixante-douze, soixante et douze. | 10,000 dix mille. |
| | 100,000 cent mille. |
| 73 soixante-treize, soixante et treize, etc. | 1,000,000 un million. |
| | 1,000,000,000 un milliard *ou* un billion. |
| 80 quatre-vingts (quatre-vingt). | 0 zéro. |

2. Remarques sur les noms de nombre cardinaux:

1) On peut dire *vingt-un* ou *vingt et un*, *trente-un* ou *trente et un*, etc.; mais il faut dire *vingt-deux*, *vingt-trois*, etc. — On dit toujours *quatre-vingt-un*. On peut dire *soixante-dix* ou *soixante et dix*, etc.

2) Les noms de nombre cardinaux s'emploient pour la plupart comme adjectifs: *Mes* QUATRE *frères; trois* MILLE *soldats; nous étions* DOUZE.

3) Les noms de nombre cardinaux sont invariables; il faut en excepter:

1) *Un*, qui peut former le féminin *une*. Le pluriel *les uns*, *les unes* doit être considéré comme un pronom (§ 36).

2) *Quatre vingts* et *cent*, qui prennent la marque du pluriel, quand ils ne sont suivis d'aucun autre nom de nombre: *Nous étions quatre-vingts, quatre-vingts francs; deux* CENTS *hommes.*

Mais on écrira CENT *hommes*, *deux* CENT-*dix francs*, *quatre*-VINGT-*trois écus*.

*Rem.* Dans les expressions *page deux* CENT, двухсотая страница, *chapitre quatre*-VINGT, осьмидесятая глава; *en mil sept cent quatre*-VINGT, въ 1780 году; *vingt* et *cent* restent invariables, parce qu'ils sont employés pour *vingtième*, *centième*.

4) Il va sans dire que les noms de nombre qui sont de vrais substantifs, prennent une *s* au pluriel; tels sont: *zéro*, *million*, *millier*, *un cent*, etc.: *Deux zéros*, *trois millions*, etc.

5) *Mille* s'écrit toujours sans *s*: *Trois* MILLE *habitants*.—Dans les dates de l'ère chrétienne, on écrit *mil*: *Nous sommes en* MIL *huit cent soixante-quinze*, теперь 1875 годъ.

*Obs.* L'expression **въ — году**, se rend ordinairement par *en*, mais aussi par *en l'an*, plus rarement par *l'an*: въ 1800 году, *en* (*l'an*) *mil huit cent*. Dans les dates au-dessous de *cent*, on emploie toujours *l'an*: L'AN *quarante de notre ère*, въ сороковомъ году по нашему лѣтосчисленію (нашей эры). — Quand le mois et le jour sont exprimés, on supprime ordinairement *en*, *en l'an*, etc.: *Pierre le Grand naquit le 30 mai 1672*.

6) Les noms de nombre cardinaux peuvent être employés substantivement avec l'article masculin (§ 9, 2, 4): *Le* DIX *de cœur* (au jeu de cartes) *un* CENT *d'œufs*; *écrivez un* HUIT, *un* CINQ, etc.

*Rem.* Les *unités* et les *dizaines* seules se lient au nombre qui précède par un trait d'union: *Vingt-deux*, *soixante-dix*, *quatre-vingts*; mais: *Deux mille trois cent cinquante-cinq*.

## § 18. REMARQUES SUR LA PRONONCIATION DES NOMBRES CARDINAUX.

Dans les nombres *cinq*, *six*, *sept*, *huit*, *neuf* et *dix*, la consonne finale se prononce ou ne se prononce pas.

A. Elle se prononce:

1) Dans la numération: *cinq*, *six*, *sept*, etc.

2) Lorsque ces mots sont employés comme substantifs: *Un cinq*, *un huit*, *un dix*, etc.

3) Lorsqu'ils sont employés au lieu des noms de nombre ordinaux correspondants: *Le* CINQ *du mois passé*, *le* NEUF *de mai*, *Charles* VII (*sept*) *Henri* VIII (*huit*), etc. (§ 20, 4).

4) Dans d'autres cas comme: *Nous étions* CINQ, NEUF, etc.; *de l'argent à* CINQ *pour cent* (5%), *à* SIX *pour cent* (6%).

B. Elle est muette:

1) Dans le seul cas où ces mots sont immédiatement suivis d'un mot commençant par une consonne. Ex.: *Cin(q) jours*, *si(x) semaines*, *hui(t) mois*, *neu(f) soldats*, *di(x) chevaux*, *cin(q) fois cinq font vingt-cinq*, *les si(x) onzièmes*, etc. (MALVIN-CAZAL).

Mais si le mot qui suit commence par une voyelle ou une *h* muette la consonne cesse d'être muette. Dans ce cas il faut observer que l'*x* de *six* et de *dix*, se lie comme *z* avec le mot qui suit: *Six oiseaux, dix hommes.* Il a le même son dans *sixième*, *dixième*. Il a le son dur dans *soixante*. (MALVIN-CAZAL).

2) Le *t* de *vingt* est muet, excepté dans la liaison devant une voyelle: *Nous sommes ving(t).* — *Vingt ans, vingt élèves.* — Dans les nombres de **21** à **29**, il se prononce toujours; dans les nombres de 80 à 89, il ne s'entend jamais. *Vingt-quatre, quatre-ving(t)-cinq.* Le *t* de *cent* ne se prononce également que dans la liaison: *Cent ans.*—*Cent et un* se prononce dans le calcul ordinairement sans liaison. (MALVIN-CAZAL).

3) L'*f* de *neuf* se lie comme *v*: *neuf hommes.* Il n'en est pas ainsi de l'adjectif *neuf*, новый; *Un habit* NEUF *et beau*, dont l'*f* se lie avec le son dur. (MALVIN-CAZAL).

4) *Onze*, *onzième* ne souffre ni élision ni liaison. Ainsi on lit: *Vers les* | *onze heures, le onze du mois, la onzième page, au onzième siècle, de vingt il n'est resté que* | *onze.* — Cependant dans la liberté de la conversation, et non ailleurs, l'usage autorise à dire: *De vingt il ne reste* QUE ONZE, *ils n'étaient* QUE ONZE, en prononçant *qu'onz'*, et *entre onze heures et midi* (prononcez *entr'onz'h*), *l'onzième mois.* (MALVIN-CAZAL). — Dans le langage familier, il est aussi permis de dire *il est onze heures*, avec liaison.

5) L'expression *entre quatre yeux* se prononce d'ordinaire par euphonie comme si elle s'écrivait: *entre quatre-z-yeux.* ACAD.

6) *Huit*, *huitième* ne permet ni l'élision ni la liaison: *Le huit, la huitième.*

## § 19. NOMS DE NOMBRE ORDINAUX, числительныя порядковыя.

1. Ces mots peuvent être considérés comme les adjectifs, et ils prennent la flexion de genre et de nombre de cette classe de mots.

2. A l'exception de *premier* et *second*, ils se forment des noms de nombre cardinaux par l'addition de la syllabe *ième*, en retranchant toutefois l'*e* muet de ceux qui se terminent par cette voyelle, et en changeant *f* en *v*, *q* en *qu* dans *neuf* et *cinq*. Ce sont:

| | |
|---|---|
| Le premier первый. | le sixième, шестой. |
| la première, первая. | le septième, седьмой. |
| le (la) second (e), } второй, | le huitième, осьмой. |
| le (la) deuxième, } вторая. | le neuvième, девятый. |
| le (la) troisième, } третій. | le dixième, десятый. |
| le tiers, la tierce, } третья. | le onzième, одиннадцатый. |
| le (la) quatrième, четвертый. | le douzième, двѣнадцатый. |
| le cinquième, пятый. | le treizième, тринадцатый. |

le vingtième, двадцатый.
le vingt-unième *ou* vingt et unième, двадцать первый.
le vingt-deuxième, двадцать второй.
le trentième, тридцатый.
le trente-unième, trente et unième, тридцать первый.
le soixantième, шестидесятый.
le soixante-dixième, семидесятый.
le quatre-vingt-dixième, девяностый.
le centième, сотый.
le millième, тысячный.

## § 20. REMARQUES.

1. *Unième* ne s'emploie que joint à un autre nombre: *Quarante-unième*, сорокъ первый.

2. Второй se rend par *le second* ou *le deuxième*. *Deuxième* éveille l'idée de série, *second* l'idée d'ordre sans celle de série. Ainsi on dira *le second volume*, quand l'ouvrage n'en a que deux, et *le deuxième volume*, si l'ouvrage en a trois ou plus. Cette distinction n'est pas toujours observée, et l'on dit presque indifféremment: *Le chapitre* SECOND et *le chapitre* DEUXIÈME; *il loge au deuxième étage*, *à la deuxième chambre*. ACAD. — *Second* s'emploie en outre pour exprimer la *subordination*, *l'infériorité*: *Le second lieutenant, le second capitaine. Il n'est pas le premier, il n'est que le second.* ACAD. *Un auteur du second ordre. Je ne tiens cette nouvelle que de seconde main.*

   *Obs.* En parlant des classes d'une école, on dit: *La seconde classe*, ou *la seconde*: *Il est en seconde*, онъ во второмъ классѣ. — Второй Геркулесъ se rend par *un* AUTRE *Hercule*.

3. Le *tiers*, féminin *la tierce*, ne s'emploie que dans certaines locutions: *Le* TIERS *état*, третье (среднее) сословіе. *Il survint un* TIERS (une troisième personne), пришелъ и третій.

4. On emploie les noms de nombre *cardinaux* à la place des nombres *ordinaux* (excepté *le premier*):

   1) Pour marquer l'ordre de succession des souverains du même nom: *Louis XIV* (quatorze), *Charles XII* (douze). Mais on dit *Nicolas I*[er] (premier).

   *Obs.* Pour le pape *Sixte V* et l'empereur *Charles V*, on emploie toujours la forme *quint*, qui est une abréviation du latin *quintus* (= cinquième): *Sixte-Quint*, *Charles-Quint*. — Remarquez aussi qu'on dit *Charlemagne* (de Carolus magnus) et non *Charles le Grand*, Карлъ Великій.

   Entre *deux* et *second* l'usage varie, et l'on dit également: *Frédéric second* ou *Frédéric deux*.

   2. Pour marquer les *dates*: *Le deux*, *le trois janvier* ou *le deux*, *le trois* DE *janvier*. *Nous sommes au dix du mois*, у насъ десятое число. *Sa lettre est datée du huit*, письмо его отъ осьмого числа. Mais on dit: *le premier* (*de*) *janvier*.

5. Dans les indications de *chapitres*, *de pages*, *d'articles*, etc., on se sert indifféremment du nombre *cardinal* ou de l'adjectif ordinal (excepté *le premier*): *Chapitre cinq* ou *chapitre cinquième*, *verset neuf* ou *neuvième*. Mais quand l'article est exprimé, l'adjectif ordinal est de rigueur: *Le cinquième acte d'Athalie.* — On dit: *Chapitre premier*, *la première page.*

## § 21. AUTRES MOTS EXPRIMANT UNE IDÉE DE NOMBRE.

1. Aux noms de nombre se rattachent différents mots, (substantifs ou adjectifs), qui expriment une idée de nombre. Ce sont:

1) Les nombres *collectifs* (числительныя собирательныя):

Une huitaine, недѣля, дней восемь.
une dizaine, десятокъ.
une douzaine, дюжина.
une demi-douzaine, полдюжины.
une quinzaine, около 15.
une vingtaine, около 20.
une trentaine, около 30.
une quarantaine, около 40.
une cinquantaine, полсотни.
une soixantaine, около 60.
une centaine, сотня.
un millier, тысяча,
une paire, / un (une) couple, } пара, чета.

| | |
|---|---|
| Une douzaine **d'**œufs. | Дюжина яицъ. (§ 4, 3, a.) |
| Une quinzaine **de** jours | Около двухъ недѣль. |
| Une quarantaine **d'**écoliers. | Около сорока учениковъ. |

2) Les nombres *fractionnaires* (числительныя дробныя).

$^1/_2$ un demi, une demie, la moitié, } половина.
$^1/_3$ un tiers, треть.
$^1/_4$ un quart, четверть.
$^1/_5$ un cinquième, пятая часть.
$^5/_6$ cinq sixièmes, пять шестыхъ.
$^3/_{11}$ trois onzièmes, три одиннадцатыхъ.
0,023, vingt-trois millièmes, двадцать три тысячныхъ, etc.,

*Rem.* 1) Les expressions полтора, полтретья, полчетверта, etc., se traduisent en français par *un et demi*, *trois et demi*, etc.: *Une* DEMI-*heure*, *deux* DEMI-*livres*; *une heure et demi*E, *deux livres et demi*ES.

2) Au lieu de *quart*, on dit *quartier*, quand il est question d'un animal, d'un fruit, d'un arpent de terre, de pension, de loyer, d'une ville: *Un quartier de veau*; *j'ai touché un quartier de ma pension.* — *Payer son quartier au propriétaire.*

3) Les nombres *multiplicatifs*:

Simple, простой, единый.
double, двойной.
triple, тройной.
quadruple, (*pron.* quoua), четверной.
quintuple, пятеричный.
sextuple, шестеричный.
septuple, седмеричный.
octuple, осьмеричный.
décuple, десятеричный.
centuple, сторичный.

Ces mots deviennent substantifs en prenant l'article: *Le double*, *le triple*, etc.; вдвое, втрое. Les autres ne sont pas d'usage, et on les remplace par la périphrase *fois autant* ou *fois aussi grand*:

| | |
|---|---|
| Я заплатилъ въ двѣнадцать разъ дороже. | J'ai payé douze *fois autant*. |
| Барышъ въ семь разъ болѣе. | Un profit sept *fois aussi grand*. |

4) On se sert également d'une périphrase pour exprimer:

1) la distribution:

| | |
|---|---|
| un à un, по-одному, | trois à trois, по-трое, втроемъ. |
| deux à deux, по-двое, вдвоемъ. | quatre à quatre, по-четверо, вчетверомъ. |

2) les adjectifs однократный, двукратный, троекратный, etc.

| | |
|---|---|
| Двукратная поѣздка. | Un voyage répété deux fois. |
| Многократные крики. | Un cri plusieurs fois répété. |
| Однократное дѣйствіе. | Une action qui a lieu une fois. |

3) les adjectifs двоякій, трoякій, etc.

| | |
|---|---|
| Двоякіе овощи. | Deux sortes de légumes. |
| Одинакіе плоды. | Des fruits de la même espèce. |
| Всякіе цвѣты. | Toutes sortes de fleurs. |

5) Il faut remarquer encore les adjectifs *quinquagénaire*, *sexagénaire*, *septuagénaire*, *octogénaire*, *nonagénaire*, *centenaire*, qui signifient *âgé de cinquante ans*, *de soixante ans*, etc., пятидесятилѣтній, шестидесятилѣтній, etc.

6) Remarquons encore les adverbes *numéraux*: *Premièrement*, во-первыхъ; *secondement*, вовторыхъ; *troisièmement*, втретьихъ; etc.

## § 22. GALLICISMES CONCERNANT LES NOMS DE NOMBRE.

| | |
|---|---|
| Quelle heure est-il? | Который часъ? |
| A quelle heure? — A midi. | Въ которомъ часу? — Въ 12 часовъ, [въ полдень. |
| Il est midi. | Полдень. |
| A minuit. | Въ полночь. |
| A une heure. | Въ часъ. |
| A deux heures. | Въ два часа. |
| A deux heures et (un) quart. | Въ четверть третьяго. |
| A deux heures et demie. | Въ половинѣ третьяго. |
| A deux heures et trois quarts. / A trois heures moins un quart. | Въ три четверти третьяго. |
| A trois heures dix minutes. | Въ три часа и десять минутъ. |
| Vers midi (minuit). | Около полудня (полуночи). |
| Il est midi (minuit) et demi. | Половина перваго. |

| | |
|---|---|
| Un quart d'heure. | Четверть часа. |
| Une demi-heure. | Полчаса. |
| Une heure et demie. | Полтора часа. |
| Trois mois, six mois. | Три мѣсяца, полгода. |
| Neuf mois, quinze mois. | Девять мѣсяцевъ, пятнадцать мѣсяцевъ. |
| Dix-huit mois. / Un an et demi. | Полтора года, восемнадцать мѣсяцевъ. |
| Quinze jours, un mois. | Двѣ недѣли, мѣсяцъ. |
| Il y a aujourd'hui huit jours. | Сегодня недѣля (какъ прошла). |
| De demain en quinze jours. | (Завтра) черезъ двѣ недѣли. |
| De deux jours l'un. | Черезъ день. |
| Tous les deux jours. | Каждые два дня. |
| Tous les jours, par jour. | Каждый день, ежедневно. |
| Tous les ans, par an. | Каждый годъ, ежегодно. |
| Par mois, par semaine. | Помѣсячно, понедѣльно. |
| Deux fois deux font quatre. | Дважды два — четыре. |
| Quatre hommes de front. | Четыре человѣка въ рядъ. |
| Cette troupe était rangée sur six hommes de profondeur. | Это войско построено было въ шесть рядовъ. |
| Un banc long de dix pieds. / Un banc de dix pieds de longueur. | Скамья въ десять футовъ длины. |
| Cet arbre a trente pieds de hauteur, de haut. / Cet arbre a une hauteur (est haut) de trente pieds. | Дерево это въ тридцать футовъ вышиною. |
| Quel âge avez-vous? / Quel est votre âge? | Который вамъ годъ? |
| J'ai vingt ans. / Je suis âgé de vingt ans. | Мнѣ двадцать лѣтъ. |
| Sur mille combattants, il y *en* a eu cent *de* tués. — Sur mille combattants, il y eut cent hommes tués (*ou* qui furent tués). | Изъ тысячи солдатъ пало въ сраженіи сто. |
| Le dernier, l'avant-dernier. | Послѣдній, предпослѣдній. |

29.

Les débris [1] du colosse [2] de Rhodes furent vendus à un marchand juif, qui en eut la charge de neuf cents chameaux; l'airain [3] de ce colosse montait encore, huit cent quatre-vingts ans après sa chute [4], à sept cent vingt mille livres, ou à sept mille deux cents quintaux. — Napoléon I, couronné [5] empereur en mil huit cent quatre, mourut à Sainte-Hélène en mil huit cent vingt-un. — Frédéric second, roi de Prusse, naquit [6] le 24 janvier 1712; il mourut le 18 août 1786. — En 1714 il y eut un très-grand incendie à Constantinople. Le vent du nord s'étant élevé, le feu fit des progrès si rapides que, dans l'espace de trente heures, quinze mille maisons furent entièrement brûlées. — La cavalerie fut peu nombreuse chez les premiers Romains; elle ne faisait que la onzième partie de la légion et souvent moins. Pour quelques centaines de cavaliers, on comptait toujours plusieurs milliers de fantassins. — Le premier roi de Rome fut Romulus; le second, Numa Pompilius; le troisième, Tullus Hostilius; Tarquin le Superbe fut le septième et le dernier. — Bayard, le chevalier sans peur et sans reproche, vécut sous le règne de Charles VIII, de Louis XII et de François I.—Le pape Sixte-Quint était contemporain de Henri IV, roi de France.

1 развалины, остатки; 2 колоссъ; 3 мѣдь; 4 паденіе, низверженіе; 5 короновать; 6 родиться.

30.

La première irruption [1] des Gaulois arriva sous le règne de Tarquin environ l'an du monde trois mille quatre cent seize. — On prétend que le territoire de l'ancienne Rome ne comprenait au plus que cinq ou six milles d'étendue. — Mahomet mourut à l'âge de soixante-trois ans et demi. — Charlemagne fut proclamé [2] empereur d'Occident, le jour de Noël, en huit cent. — Mon père a soixante ans passés, et ma mère est dans la cinquantaine. — Où en sommes-nous restés? — Nous en sommes restés au chapitre vingt(ième), paragraphe premier, numéro quatre (quatrième). — On sollicite [3] le premier bienfait, on exige [4] le second, et souvent le troisième est arrivé que la reconnaissance est encore en chemin [5]. — Les fractions $^6/_8$, $^9/_{12}$, $^{12}/_{16}$, $^{15}/_{20}$ sont toutes équivalentes [6] à la fraction $^3/_4$ puisqu'elles résultent [7] de la multiplication de chacun de ses termes par 2, 3, 4, 5. — Ma perte est de deux mille francs; mon ami a perdu vingt fois autant. — Les sexagénaires sont exemptés [8] par la loi de certaines fonctions publiques. — Sept à huit cents prisonniers, et une vingtaine de canons furent les seuls trophées [9] de cette victoire incomplète.

1 вторженіе, нашествіе; 2 провозгласить; 3 вымаливать; 4 требовать; 5 на дорогѣ; 6 равняться; 7 образоваться; 8 освобожденный; 9 трофей.

31.

Колумбъ открылъ Америку въ 1492 году. — Книгопечатаніе было изобрѣтено [1] въ 1440 году. — Слонъ носитъ огромныя тяжести [2], иногда отъ полуторы до [3] двухъ тысячъ фунтовъ. — Леонидъ съ тремя стами спартанцевъ защищалъ противъ персовъ узкій проходъ [4] при (des) Термопилахъ. — Первый крестовый походъ [5] былъ предпринятъ [6] въ концѣ одиннадцатаго столѣтія. — Недѣля — пятьдесятъ вторая часть года. — Сегодня одиннадцатое число; вчера было десятое. — Земля постоянно обращается [7] вокругъ солнца. Обращеніе [8] земли двойкое: вопервыхъ, она каждые 24 часа обращается вокругъ своей оси [9], отчего происходятъ перемѣны (de là l'alternative) дня и ночи; вовторыхъ, совершаетъ она обращеніе свое вокругъ солнца въ 365 дней, 5 часовъ 48 минутъ; этому періодическому обращенію [10] обязаны мы четырьмя временами года. — Земля имѣетъ въ окружности [11] 4,500 миль; поверхность [12] же ея занимаетъ болѣе девяти милліоновъ квадратныхъ миль. — Двѣнадцать вдвое болѣе шести, втрое болѣе четырехъ, вчетверо болѣе трехъ и вшестеро болѣе двухъ. — Двѣ недѣли тому назадъ, получилъ я извѣстіе о пріѣздѣ обѣихъ сестеръ моихъ въ Москву, и (завтра) черезъ недѣлю ожидаю я письмо отъ моего младшаго брата, который, полтора года тому назадъ, ѣздилъ въ[13] Америку и возвратился (revenir) оттуда вотъ уже почти девять мѣсяцевъ. — Въ Россіи часто встрѣчаются (trouver) восьмидесяти, даже девяносто-лѣтніе старики, и въ нихъ не замѣтно дряхлости[14].

1 Inventer; 2 fardeau; 3 jusqu'à; 4 le défilé; 5 croisade; 6 avoir lieu; 7 tourner; 8 mouvement, révolution; 9 axe, m.; 10 c'est à cette révolution; 11 de tour; 12 la surface; 13 partir pour; 14 souffrir d'une infirmité.

## Exercice de conversation.

En quelle année la ville de St-Pétersbourg a-t-elle été fondée? — St-Pétersbourg a été fondé en 1703, par Pierre le Grand.

Quelle est la population de la Russie? — La population de la Russie s'élève à plus de 82 millions d'habitants.

De quelle hauteur est la colonne élevée à St-Pétersbourg à la mémoire de l'empereur Alexandre I? — Si je ne me trompe, elle a plus de cent vingt pieds de haut.

A quel mouvement de la terre devons-nous l'alternative du jour et de la nuit? — A celui qu'elle exécute sur son axe en vingt-quatre heures.

A quel mouvement devons-nous l'alternative des saisons? — A sa révolution annuelle autour du soleil.

Combien de temps votre frère passera-t-il dans notre ville? — Il est arrivé il y a huit jours, et il repartira dans la quinzaine.

Quel âge ont vos sœurs? — L'aînée a quinze ans et demi, et la cadette treize ans et cinq mois.

*Autres questions*: Que savez-vous du colosse de Rhodes? — La cavalerie était-elle nombreuse chez les premiers Romains? — En quelle année naquit Pierre le Grand? — Napoléon I? — En quelle année mourut Alexandre le Grand? — César? — Pierre le Grand? — Quand vécut le chevalier Bayard? — Qu'entend-on par *sexagénaire*, *octogénaire*, etc.? — Nommez les sept rois de Rome, en indiquant leur ordre de succession? — Quelle est la population de St-Pétersbourg? — de Moscou? — de la Prusse? — de la France? etc. — Récitez la table de multiplication. — Quel est le cinquième de cent? — de vingt? etc.

32.

Петръ Великій родился 30 мая (11 іюня) 1672 года, и умеръ 27 января (8 февраля) 1725. — У меня новое изданіе[1] сочиненій[2] А. С. Пушкина, въ семи томахъ. «Мѣдный Всадникъ» помѣщенъ (= находится) во второмъ томѣ. — Сочиненія М. Ю. Лермонтова изданы въ двухъ частяхъ: въ первой помѣщены стихотворныя[3] произведенія[4], а во второй — написанныя въ прозѣ. — Карлъ V, императоръ нѣмецкій и король испанскій, былъ могущественнѣйшимъ государемъ XVI столѣтія. Онъ родился въ Гентѣ[5] 24 февраля 1500 года. — Если вы хотите выучить наизусть истинно прекрасные стихи, возьмите разсказъ о смерти Ипполита, изъ «Федры», трагедіи Расина, [помѣщенный] въ (à) шестомъ явленіи[6] пятаго дѣйствія. —

Вторая, четвертая и шестая книги «Энеиды» — лучшія во всей поэмѣ [7]. — Если моя потеря простирается [8] до двухсотъ рублей, потеря моего друга въ двадцать разъ болѣе. — Болѣе трехъ пятыхъ земной поверхности покрыто водою. — Папа Сикстъ V былъ однимъ изъ ожесточеннѣйшихъ [9] враговъ Генриха IV, короля французскаго. — Со времени (depuis) устройства [10] желѣзной дороги, выѣхавъ изъ С.-Петербурга въ половинѣ одиннадцатаго, можно прибыть въ Петергофъ, одну изъ лѣтнихъ резиденцій императора, лежащую на берегу [11] Финскаго залива [12], въ 12 часовъ. — Читали вы арабскія сказки (des) «Тысяча и одна ночь»? — Одолжите [13] мнѣ рублей десять или четырнадцать. — Тысячи, милліоны людей живутъ такъ, какъ бы (comme si) они никогда не должны были умереть.

1 Édition ; 2 œuvre, f.; 3 en vers ; 4 ouvrage ; 5 Gand ; 6 la scène ; 7 le poème ; 8 se monter à ; 9 acharné ; 10 établissement ; 11 au bord de ; 12 le golfe de Finlande ; 13 prêter.

## Exercice de conversation.

| | |
|---|---|
| A quelle heure vous levez-vous ordinairement ? | En été, je me lève toujours à six heures, ou, au plus tard, à six heures et demie, et je me couche à dix heures. |
| Et en hiver ? | En hiver, je me lève à sept heures précises, et je me couche vers les onze heures ; quelquefois je veille jusqu'à minuit. |
| Combien de temps monsieur votre frère restera-t-il ici ? | Je n'en sais rien ; peut-être quinze jours, peut-être trois mois. |
| Y a-t-il longtemps que votre sœur est souffrante ? | Voilà plus de huit jours qu'elle garde le lit. |
| Quelle heure est-il ? | Il vient de sonner midi et demi. |
| Quand êtes-vous arrivé ? | Je suis arrivé il y a un quart d'heure, et, dans une demi-heure, je repars. |
| Allez-vous tous les jours chez votre tante ? | Non, je n'y vais que de deux jours l'un (tous les deux jours). |
| Combien de leçons de français avez-vous par semaine ? | J'en ai une chaque jour (par jour). |
| Faut-il appeler les élèves de notre classe ? | Oui, et dites-leur de s'avancer deux à deux, en bon ordre. |
| As-tu mangé toutes tes noix ? | Oui, mais sur dix noix que j'avais, il n'y en avait que quatre de bonnes. |
| Eh bien ! enfants, venez, nous continuerons notre lecture ; où en sommes-nous restés ? | Nous en sommes restés au chapitre cinq, page 95. |

*Autres questions* : Nommez les rois de France depuis Henri IV, en indiquant la date de leur naissance et celle de leur mort. — Nommez de la même manière les souverains de la Russie à partir de Pierre le Grand, etc.

## 33. Récapitulation.

I. Карлъ XII, король шведскій, родился 27 іюня 1682 года, въ Стокгольмѣ. На (= въ своемъ) одиннадцатомъ году лишился онъ матери, на шестнадцатомъ — отца. По (d'après) завѣщанію (testament) родителя, совершеннолѣтіе его должно было считаться [1] съ восемнадцати исполнившихся [2] лѣтъ; но, по (sur) предложенію [3] министра Пипера, государственныя сословія [4] вручили [5] ему власть уже въ 1697 году. Въ 1700 году, Петръ I, императоръ всероссійскій, Фридрихъ IV, король датскій, и Августъ II, король польскій и курфирстъ саксонскій, объявили ему войну [6]. Сначала одерживалъ [7] онъ блистательнѣйшія побѣды, въ томъ числѣ (entre autres) побѣду при Нарвѣ, 19 ноября 1700 года; но впослѣдствіи, когда вторгнулся [8] онъ въ Россію, счастіе ему измѣнило; онъ проигралъ рѣшительную битву при Полтавѣ, 27 іюня 1709 года, и принужденъ былъ бѣжать [9]. Сопровождаемый слабымъ конвоемъ [10] изъ 270 шведовъ, пробрался (se réfugier) онъ въ (sur) турецкія области [11], гдѣ и прожилъ (passer) около пяти лѣтъ Онъ убитъ выстрѣломъ изъ фальконета [12], при (à) осадѣ [13] крѣпости Фридрихсгала, 1 декабря 1718 года.

1 il ne devait être majeur que quand....; 2 accomplir; 3 proposition; 4 états, m. pl.; 5 déférer; 6 déclarer la guerre; 7 remporter; 8 envahir (un pays); 9 fuir; 10 escorte, f.; 11 territoire, m.; 12 coup de fauconneau; 13 le siége.

II. Въ Лондонѣ [до] дюжины театровъ, между (parmi) которыми особенно отличается [1] итальянскій оперный театръ. Залъ его имѣетъ сто футовъ длины, восемьдесятъ ширины и семьдесятъ вышины. Англичане тратятъ [2] ежегодно десятки тысячъ фунтовъ стерлинговъ на однѣ только декораціи [3], посредствомъ которыхъ обольщеніе [4] для зрителей достигаетъ крайнихъ предѣловъ (degré). На англійской сценѣ происходятъ [5] иногда вещи, которыя были бы отвратительны [6] для французской публики. Такъ напримѣръ, недѣлю тому назадъ, видѣлъ я трагедію, въ которой совершено [7] было не менѣе трехъ убійствъ [8], и трупы [9] оставались [10] на сценѣ болѣе четверти часа. Представленія [11] продолжаются [12] часто отъ семи часовъ до полуночи. Сначала я ходилъ въ театръ каждые два дня (черезъ день), но вотъ уже четыре мѣсяца, что я хожу одинъ разъ въ три — четыре дня. (Завтра) черезъ недѣлю дадутъ новую оперу [13] Мейербера, при представленіи которой (§ 32, 4), можно сказать навѣрное, будетъ присутствовать [14] болѣе трехъ тысячъ зрителей.

1 Se distinguer; 2 consacrer à; 3 décoration; 4 illusion; 5 se passer (impers.); 6 répugner à; 7 se commettre (impers.); 8 meurtre, m.; 9 le cadavre; 10 rester exposé; 11 représentation; 12 durer; 13 opéra, m.; 14 assister à.

# CHAPITRE V.

## § 23. DU PRONOM.

1. On distingue six classes de pronoms, savoir:
   1) Les pronoms personnels, (личныя),
   2) Les pronoms possessifs, (притяжательныя),
   3) Les pronoms démonstratifs, (указательныя),
   4) Les pronoms interrogatifs, (вопросительныя),
   5) Les pronoms relatifs, (относительныя),
   6) Les pronoms indéfinis, (неопредѣленныя).

## § 24. PRONOMS PERSONNELS.

1. Les pronoms personnels remplacent le substantif, et indiquent à quelle *personne grammaticale* ce dernier figure dans le discours.

2. Il y a *trois* personnes grammaticales: la *première* est celle qui parle; la *seconde*, celle à qui l'on parle; la *troisième*, celle de qui l'on parle.

3. Quand les pronoms personnels régimes se rapportent au sujet de la proposition, on les appelle *réfléchis*, возвратныя: *Je* ME *prépare*, *tu* TE *prépares*, *il* SE *prépare*, etc.

   La troisième personne du pronom réfléchi a seule une forme particulière *se* (*soi*) себя, себѣ.

4. Les pronoms personnels se divisent en pronoms *conjoints*, соединенныя, et en pronoms *disjoints* ou *absolus*, отдѣльныя, независимыя.

   Les pronoms *conjoints* sont ainsi nommés parce qu'ils ne s'emploient que joints immédiatement à un *verbe*. Les pronoms *disjoints* ou *absolus*, au contraire, s'emploient d'une manière indépendante, c'est-à-dire *seuls*, ou *précédés d'une préposition*.

| *Forme conjointe* (nominatif). | *Forme absolue* (nominatif). | |
|---|---|---|
| **Je** parle, я говорю. | Qui est-ce qui parle? | — **Moi**, я. |
| **Tu** dors, ты спишь. | Qui dort? | — **Toi**, ты. |
| **Il** vient, онъ приходитъ. | Qui vient? | **Lui**, онъ. |
| **Elle** danse, она танцуетъ. | Qui danse? | — **Elle**, она. |
| **Nous** allons, мы идемъ. | Qui va? | — **Nous**, мы. |
| **Vous** écrivez, вы пишете. | Qui écrit? | — **Vous**, вы. |
| **Ils** courent, они бѣгутъ. | Qui court? | — **Eux**, они. |
| **Elles** jouent, онѣ играютъ. | Qui joue? | — **Elles**, онѣ. |
| (On **se** voit, видишь себя. | Qui voit-on? | — **Soi**, себя). |

Les pronoms personnels du sujet (nominatif) sont donc:

*Conjoints:* **Je, tu, il, elle, nous, vous, ils, elles, (se).**
*Absolus:* **Moi, toi, lui, elle, nous, vous, eux, elles, (soi).**

*Rem.* Comme on le voit, les pronoms conjoints ont une forme brève et peu sonore, et jamais ils ne peuvent être prononcés avec accent dans le discours; les pronoms absolus, au contraire, ont une forme sonore, et sont susceptibles d'être prononcés avec accent. Ainsi le pronom russe я, par exemple, se traduit par *je* ou par *moi*, selon qu'il est prononcé avec ou sans accent: Я читаю, JE *lis*; mais: **Я** читаю: Moi, *je lis*, ou: *C'est* MOI *qui lis*.

Les pronoms *elle*, *elles*, *nous*, *vous* ont la même forme pour les deux cas.

## § 24. DÉCLINAISON DES PRONOMS PERSONNELS.

1. Pronoms personnels *conjoints*:

| *Sujet.* (Nominatif). | *Régime indirect.* (Datif). | *Régime direct.* (Accusatif). |
|---|---|---|
| **Je**, я. | **me**, мнѣ. | **me**, меня. |
| **tu**, ты. | **te**, тебѣ. | **te**, тебя. |
| **il**, онъ. | **lui**, ему. | **le**, его. |
| **elle**, она. | **lui**, ей. | **la**, ее. |
| **nous**, мы. | **nous**, намъ. | **nous**, насъ. |
| **vous**, вы. | **vous**, вамъ. | **vous**, васъ. |
| **ils**, они. | **leur**, имъ. | **les**, ихъ. |
| **elles**, онѣ. | **leur**, имъ. | **les**, ихъ. |
| Pronoms réfléchis: | **se**, себѣ. | **se**, себя. |

2. Pronoms personnels *absolus* (*disjoints*). Ces pronoms se déclinent comme des substantifs, c'est-à-dire que les rapports des cas sont marqués: 1) par la place qu'ils occupent; 2) par les prépositions *de* et *à*: *Moi*, я, *de moi*, меня, *à moi*, мнѣ, *moi*, меня.

## § 25. REMARQUES.

1. Les pronoms personnels conjoints n'ont point de forme pour le *génitif*. On y supplée de deux manières:

   1) Par le génitif des pronoms absolus correspondants: *de moi*, *de toi*, *de lui*, *d'elle*, *de nous*, *de vous*, *d'eux*, *d'elles*, *de soi*.

      Боится-ли онъ меня? — A-t-il peur **de moi?**

   2) Par l'adverbe pronominal *en* (= de là, de cela), о немъ, о томъ, qui s'emploie comme remplaçant de la 3me personne pour les deux genres et pour les deux nombres, principalement pour les choses.

| | |
|---|---|
| Vous souvenez-vous *de ce jardin?* | Вспоминаете-ли вы объ этомъ садѣ? |
| Oui, je m'*en* souviens. | Да, я вспоминаю о немъ. |
| Parle-t-on *de ce livre?* | Говорятъ-ли объ этой книгѣ? |
| Oui, on *en* parle. | Да, о ней говорятъ. |

2. Les datifs *lui*, *leur*, *à lui*, *à elle*, *à eux*, *à elles*, ne s'emploient que pour les *personnes*; quand il est question de *choses*, on les remplace par l'adverbe *y* (тамъ, къ этому).

| | |
|---|---|
| Cette encre est trop épaisse, ajoutez-*y* de l'eau, (et non *lui*.) | Эти чернила очень густы; прилейте туда воды. |
| Pensez-vous *à cela*? | Oui, j'*y* pense (y = à cela). |
| Pensez-vous *à cet arbre*? | Oui, j'*y* pense (y = à lui). |
| Pensez-vous *à cette chose*? | Oui, j'*y* pense (y = à elle). |
| Pensez-vous *à ces livres*? | Oui, j'*y* pense (y = à eux). |
| Pensez-vous *à mes fleurs*? | Oui, j'*y* pense (y = à elles). |

## § 26. PLACE DES PRONOMS PERSONNELS CONJOINTS.

A. Place des pronoms conjoints *par rapport au verbe*:

I. Employés comme **sujets**, les pronoms conjoints se placent *avant* le verbe: NOUS *lisons*. IL *vient*. *Alors* IL *entra*.

Excepté:

1) Dans la forme interrogative: *Lisez*-VOUS? *Vient*-ELLE?

2) Dans les phrases intercalées annonçant une citation formée au moyen de verbes tels que: *dire*, *répondre*, *demander*, *écrire*, *ajouter*, *etc.*: *C'est vrai*, *dit*-IL. *Vous avez raison*, *ajouta-t*-IL. *Hélas! dirai*-JE, *il pleut!* LA FONTAINE.

3) Après les conjonctions et les adverbes suivants:

| | |
|---|---|
| Peut-être, можетъ быть. | au moins, } по крайней мѣрѣ. |
| toujours, всегда. | du moins, } по крайней мѣрѣ. |
| en vain, напрасно, тщетно. | à peine, едва. |
| encore, и къ тому же, по крайней мѣрѣ. | aussi, оттого, потому. |

Ex.: A peine eut-**elle** prononcé ces paroles qu'elle s'en repentit. FÉNELON. — S'il n'est pas fort riche, du moins a-t-**il** de quoi vivre.

*Rem.* On dit aussi, quoique moins bien: *A peine* ELLE EUT, etc.; *du moins* IL A, etc.

4) Quand le verbe figure au subjonctif sans conjonction exprimée:

| | |
|---|---|
| Puisse-t-**il** arriver bientôt! | Если бы пришелъ онъ поскорѣй! |
| Dussé-**je** y périr! | Если бы я долженъ былъ при этомъ погибнуть! |

5) Quelquefois la forme interrogative remplace la conjonction *si*, если.

Restez-**vous**, je sors; sortez-**vous**, je reste. (— Si vous restez, je sors; etc.)

II. Employés comme **régimes** (accusatif, datif, génitif), les pronoms conjoints se mettent *avant* le verbe:

| | |
|---|---|
| Je **le** vois; je **les** appelle. | Я вижу его; я зову ихъ. |
| On **nous le** permet. | Намъ это позволено. |

Excepté: A l'impératif *affirmatif*, où les pronoms suivent le verbe; **me** se change alors en **moi**, **te** en **toi** (excepté devant **en**). A l'impératif *négatif*, les pronoms restent avant le verbe:

| | |
|---|---|
| Prends-**le**. | Ne **le** prends pas. |
| Regarde-**moi**. | Ne **me** regarde pas. |
| Prépare-**toi**. | Ne **te** prépare pas. |
| Donnez-**m'en**. | Ne **m'en** donnez pas. |
| Donnez-**le-lui**. | Ne **le lui** donnez pas. |

*Rem.* 1) Quand deux impératifs liés par *et* ou par *ou* se suivent, le pronom régime peut précéder le second: *Taisez-vous et* ME *laissez tranquille*, au lieu de *Taisez-vous et laissez*-MOI *tranquille*.

2) Quand les pronoms personnels suivent le verbe, on les joint à ce dernier et entre eux par un trait d'union.

B. Place des pronoms conjoints *entre eux:*

I. Quand ils **précèdent** le verbe, le régime indirect (datif) précède le régime direct (accusatif), à l'exception des pronoms *lui* et *leur*, qui se placent toujours après le régime direct.

Il **me le** donne. Je **vous les** enverrai. Il **se le** permet. Il **le lui** enverra. Je **les leur** enverrai.

Le tableau suivant donne toutes les combinaisons possibles de pronoms régimes **avant** le verbe:

| | | | | |
|---|---|---|---|---|
| **Me le** | **te le** | **se le** | **nous le** | **vous le** |
| **me la** | **te la** | **se la** | **nous la** | **vous la** |
| **me les** | **te les** | **se les** | **nous les** | **vous les** |
| | | **le lui** | **le leur** | |
| | | **la lui** | **la leur** | |
| | | **les lui** | **les leur.** | |

*Rem.* *En* et *y* se placent toujours après les autres pronoms conjoints et précèdent immédiatement le verbe, mais de manière que **y** précède **en**, si les deux mots se rencontrent dans la même proposition: *Je* L'Y *ai vu. Je* LES Y *ai trouvés. Je* T'Y EN *enverrai.*

II. Quand ils **suivent** le verbe, le régime direct (accusatif) précède toujours le régime indirect (datif): *Prêtez-les-nous. Donnez-le-moi. Envoyez-les-lui.*

Dans ce cas encore, *en* et *y* suivent tous les autres pronoms conjoints: il n'y a d'exception que pour *y*, qui, par euphonie, précède *moi* et *toi*. C'est aussi par euphonie que *moi* et *toi* se changent en *m'* et *t'* devant le mot *en*: *Donnez*-NOUS EN. *Fiez*-VOUS-Y. *Menez-y-moi* (au lieu de *menez-m'y*). *Rends-y-toi* (1). *Apportez-m'en. Va-t'en.*

---

(1) Ces locutions sont cependant peu agréables, et on les remplace d'ordinaire par un autre tour: *Je vous prie, je vous demande de m'y mener, de vous y rendre,* etc.

## § 27. RÉPÉTITION DES PRONOMS PERSONNELS CONJOINTS.

1. Les pronoms personnels *sujets* se répètent d'ordinaire devant chaque verbe: JE *regardais*, J'*admirais en silence*.

*Rem.* On ne peut guère les supprimer qu'entre deux propositions liées par une des conjonctions *et*, *ou*, *ni*: IL *se tait ou ne dit rien de raisonnable*.

2. Les pronoms *régimes* se répètent toujours dans les temps *simples*;—dans les temps *composés*, la répétition n'est pas de rigueur.

| | |
|---|---|
| Je **le** vois et **l'**entends. | Я вижу и слышу его. |
| Je **l'**ai vu et **l'**ai entendu.<br>Je **l'**ai vu et entendu. | Я видѣлъ и слышалъ его. |
| Il **nous** a flattés et loués. | Онъ польстилъ намъ и похвалилъ (насъ). |

3. La répétition est indispensable quand les verbes ont des régimes différents. *Je* L'*ai vu et* LUI *ai parlé*. Я видѣлъ его, и говорилъ съ нимъ, et non: *Je* L'*ai vu et parlé*.

## § 28. PRONOMS PERSONNELS DISJOINTS OU ABSOLUS.

Les pronoms *absolus* s'emploient:

1. Après le verbe **être** accompagné de **ce**:

| | |
|---|---|
| C'est *moi*, (это) я. | c'est *nous*, (это) мы. |
| c'est *toi*, (это) ты. | c'est *vous*, (это) вы. |
| c'est *lui*, это) онъ. | ce sont *eux*, (это) они. |
| c'est *elle*, (это) она. | ce sont *elles*, (это) онѣ. |

*Rem.* A la question: *Qui est là?* кто тамъ? on répond par: *C'est moi, c'est* TOI, etc., — mais à la question: *Êtes-vous malade?* вы нездоровы? par: *Je* LE *suis*, нездоровъ.

2. Après les prépositions.—Ex.: *Pour* MOI, для меня, *pour* TOI, etc.

| | |
|---|---|
| Je suis chez *moi*, я дома. | nous sommes chez *nous*, мы дома. |
| tu es chez *toi*, ты дома. | vous êtes chez *vous*, вы дома. |
| il est chez *lui*, онъ дома. | ils sont chez *eux*, они дома. |
| elle est chez *elle*, она дома. | elles sont chez *elles*, онѣ дома. |

*Rem.* Le pronom réfléchi *soi* ne s'emploie qu'en rapport avec des sujets indéfinis, tels que *on*, *chacun*, *aucun*, *personne*, *quiconque*, etc., ou des expressions indéterminées, telles que *celui qui*, *qui*, *tout homme qui*, etc., ou dans des propositions indéterminées:

| | |
|---|---|
| *Chacun* pour *soi*. | Каждый за себя. |
| *On* doit rarement parler de *soi*. | Должно какъ можно рѣже говорить о себѣ. |
| Avoir de l'argent sur *soi*. | Имѣть при себѣ деньги. |

3. Dans une réponse, quand il faut suppléer le verbe de la question:

Qui est venu?—*Moi*, я, *toi*, ты, *lui*, онъ, etc.
A qui as-tu donné la lettre?—*A toi*, тебѣ, *à lui*, ему, etc.

4. Après *que*, dans le second membre d'une comparaison, quand le verbe est sous-entendu :

Il est plus âgé que *moi*, que *toi*, que *lui*, etc., онъ старше меня, тебя, его, и т. д. (чѣмъ я, ты, онъ).
Il lui a donné plus qu'*à moi*, qu'*à toi*, etc.

5. Devant le pronom relatif:

| | |
|---|---|
| *Moi*, qui suis si faible. | Я, который такъ слабъ. |
| *Toi*, qui es si heureux. | Ты, который такъ счастливъ. |

6. Pour donner plus de force au discours:

| | |
|---|---|
| *Moi*, j'ai dit la vérité!<br>J'ai dit la vérité, *moi!* | **Я** сказалъ правду! |
| *Lui* m'a trompé!<br>Il m'a trompé, *lui!* | **Онъ** обманулъ меня! |

7. **Même**, самъ, сама, ne se joint qu'à un pronom absolu:

| | |
|---|---|
| J'irai *moi*-même, я самъ пойду. | nous irons *nous*-mêmes. |
| tu iras *toi*-même. | vous irez *vous*-mêmes. |
| il ira *lui*-même. | ils iront *eux*-mêmes. |
| elle ira *elle*-même. | elles iront *elles*-mêmes. |
| on va *soi*-même. | mon frère ira *lui*-même. |

Il en est de même pour *seul*, одинъ, *aussi*, также, *encore*, еще, ne — *que*, *seulement*, только: Lui *seul est venu*. Mais: Il *est venu seul*. Eux *aussi nous ont vus*. Toi *encore*. *Seulement* toi. *Je ne connais que* toi.

*Rem.* Les pronoms absolus *lui*, *elle*, *eux*, *elles* ne s'emploient que pour les personnes; pour les *choses* on se sert de *en* et de *y* au génitif et au datif. Au nominatif et à l'accusatif, on évite de les employer en prenant une autre tournure: *Quand on aime une chose, on* y (= *à elle*) *pense souvent, et on* en (= *d'elle*) *parle avec plaisir. Faut-il mettre le paquet sur* la table? — *Non, mettez-le* dessous (et non sous elle). (Voir II P. § 50, 4).

34.

Pierre le Grand est un des plus grands princes qui aient régné (§ 47, 3); on le regarde comme le créateur de la puissance de la Russie. Catherine I, son épouse, lui succéda; il l'avait épousée en 1707. — Pierre le Grand était lui-même un bon ingénieur; lui seul traçait[1] les chemins et les canaux de son empire. — Certains corps célestes semblent être immobiles; on les nomme étoiles fixes. — Les Grecs et les Romains brûlaient leurs morts; les Égyptiens les embaumaient[2]. — Le méchant n'est heureux nulle part; tout le monde le fuit et le déteste[3], et sa conscience ne lui laisse pas de repos. — Quel est ton nom? demandai-je à cet enfant. On me nomme Charles, me répondit-il. — Lorsqu'un général romain triomphait, un hérant[4] lui disait de temps en temps: «Souviens-toi que tu es mortel!» — Cyrus connaissant le courage des Grecs, ainsi que les moyens de se les attacher[5], prit à sa solde un corps nombreux d'auxiliaires[6] de cette nation. — Dis-moi qui tu hantes (fréquentes)[7], et je te dirai qui tu es. (Prov.). — L'enfant aperçoit-il une araignée[8], au lieu de vous empresser de la tuer, laissez-la lui prendre dans sa main. J. J. ROUSSEAU. — Les oies et les sarcelles[9] arrivaient-elles en abondance, on savait que l'hiver serait long, CHATEAUBRIAND. Un pauvre vous demande-t-il l'aumône, ne la lui refusez pas. Dieu vous rendra dans le ciel ce que vous aurez fait sur la terre. — Ne te laisse jamais séduire[10] par l'apparence. — La divinité se montre à nous dans les éclatantes merveilles de la nature. — Une bonne éducation est le plus grand des bienfaits; aimons donc ceux qui nous la donnent. — Je porte tout sur moi, disait Bias. — Celui qui n'aime que soi, est méprisable. — As-tu peur, toi? Moi, je n'ai pas peur! — Est-ce toi qui as fait cela? Oui, c'est moi. — Êtes-vous content? Oui, je le suis.

1 чертить; 2 бальзамировать; 3 ненавидѣть, гнушаться; 4 герольдъ, глашатай; 5 привязать; 6 вспомогательныя войска; 7 обходиться, быть знакому; 8 паукъ; 9 полевой чирокъ; 10 обольщать.

35.

Дитя, которое (dat.) спросилъ кто-то, гдѣ Богъ, отвѣчало: скажите мнѣ сперва, гдѣ нѣтъ Его, и тогда я скажу вамъ, гдѣ Онъ.— Знаете вы г. П.? — Да, я знаю его очень хорошо; онъ еще сегодня писалъ мнѣ. — Отвѣчали вы ему уже? — Нѣтъ, я не отвѣчалъ ему еще, но завтра отвѣчу непремѣнно. — Кланяйтесь ему (acc.) отъ меня; я очень люблю и уважаю его. — У васъ очень хорошая книга; будьте такъ добры, одолжите мнѣ ея; я возвращу[1] вамъ ее, какъ только[2] прочитаю. — Черезъ кого возвратите вы мнѣ ее? — Я самъ принесу ее, если это (cela) будетъ возможно. — Знаете вы эту новость? — Да, объ ней разсказываютъ вездѣ. — Гдѣ ваши сестры? — Можетъ быть, онѣ въ саду; я ихъ еще не видѣлъ и не говорилъ съ ними. — Сестра твоя моложе, или старше тебя и меня? — Кто идетъ со мною въ садъ? — Я. — Но есть-ли тамъ столы, скамейки и стулья? — Нѣтъ, отнеси туда нѣсколько стульевъ. Вотъ два; возьми ихъ ты. Я возьму столъ, который для тебя былъ бы тяжолъ. — Вашъ другъ исправилъ[3] свою ошибку, почему же вы не прощаете[4] ему ея? — Нищій протянулъ[5] руку; у меня было только пятнадцать копеекъ, и я отдалъ ихъ ему.

1 renvoyer; 2 aussitôt que; 3 réparer qch.; 4 pardonner qch.; 5 tendre.

36.

Генералъ говорилъ[1] своимъ солдатамъ: «если я пойду (prés.) впередъ[2] — слѣдуйте (acc.) за мною; если я отступлю[3] — убейте меня; если я умру — отомстите[4] за меня.» — Сократъ беретъ чашу[5] и благословляетъ того, кто подноситъ[6] ему ее. — Прежде нежели назовешь (inf.) человѣка другомъ, нужно знать, можно-ли на него положиться[7]. — О ты, сказалъ я юношѣ, сынъ (d'un) отца, котораго я такъ любилъ, какъ пришелъ (prés.) ты сюда? откуда ты? Онъ отвѣчалъ мнѣ, что пришелъ изъ-подъ (= du siége) Трои[8]. Ты не былъ, сказалъ я ему, въ (de) первомъ походѣ[9]? А ты, возразилъ онъ мнѣ, участвовалъ ты въ немъ (en être)? Тогда (alors) отвѣчалъ я ему: ты не знаешь, я хорошо вижу (это), ни меня, ни моего несчастія. . . . — Когда я проснулся[10], я замѣтилъ его замѣшательство[11]. Хочешь ты обмануть[12] меня? сказалъ я ему: что же это такое? Вы должны, сказалъ онъ мнѣ, слѣдовать (acc.) за нами въ Трою. Я тотчасъ [13] же возразилъ ему: ахъ, что говоришь ты, мой сынъ: отдай мнѣ назадъ [14] мое оружіе, я обманутъ [15], не отнимай у меня (dat.) жизни. Между тѣмъ восклицаю [16] я: ахъ! что я вижу? развѣ это не Улиссъ? Едва произнесъ [17] я эти слова, какъ онъ (que) приблизился ко мнѣ (gén.) и сказалъ: да, это я. — Ты думаешь, что ты теперь (vas) умрешь? нѣтъ, ты будешь жить. — Напрасно надѣялся онъ обмануть меня; я проникъ его насквозь [18], и, можетъ быть, онъ погибнетъ [19] вслѣдствіе собственныхъ своихъ козней [20].

1 dire; 2 avancer; 3 reculer; 4 venger qn.; 5 la coupe, le calice; 6 présenter; 7 se fier à qn.; 8 Troie; 9 expédition; 10 s'éveiller (gérond.); 11 embarras; 12 tromper qn.; 13 aussitôt; 14 rendre; 15 trahir qn.; 16 s'écrier; 17 prononcer; 18 pénétrer qn.; 19 périr dans; 20 le piége.

## Exercice de conversation.

| | |
|---|---|
| As-tu vu M. le docteur? | Oui, je l'ai vu et je lui ai parlé de ta maladie. |
| Viendra-t-il me voir? | Oui, mon enfant, il viendra lui-même ce soir; en attendant, il t'envoie ce médicament. |
| Et toi, Louise, te portes-tu bien? | Oui, maman, je me porte très-bien. |
| Est-ce toi, Edouard, qui heurtes à la porte? | Oui, papa, c'est moi. |
| Si tu as de l'argent sur toi, prête-moi deux roubles, je t'en prie. | Malheureusement je n'ai rien sur moi; j'ai oublié mon porte-monnaie chez moi (= à la maison). |
| Qui a écrit cette lettre, toi ou ta sœur? | Ce n'est pas moi qui l'ai écrite. |
| Qui a le plus de fautes? | Charles en a plus que toi, mais moins que moi. |
| Sortirez-vous par le temps qu'il fait? | Non, car par un temps pareil, chacun est bien aise de rester chez soi. |
| Parlez-vous du voyage de votre père? | Oui, nous en parlons. |
| A-t-il renoncé à son voyage en Italie? | Non, il n'y a pas renoncé; il y pense plus que jamais. |

*Autres questions*: Quels sont les corps célestes que l'on nomme étoiles fixes? — Que savez-vous de Pierre le Grand? — Qui lui a succédé? — Où lui a-t-on érigé un monument? — Qu'est-ce que le héraut disait au général romain qui triomphait? — Que signifie le proverbe: «Dis-moi qui tu hantes, je te dirai qui tu es?» etc.

### 37.

Tenez, monsieur, dit la servante du Bourgeois gentilhomme de Molière, battez-moi plutôt et me laissez rire. — L'Anglais porte partout sa patrie avec lui. — L'amour-propre nous empêche de nous connaître nous-mêmes. — Si tu veux corriger les autres, il faut commencer par te corriger toi-même. — Si vos amis commettent des fautes, reprochez-les-leur franchement. — Avez-vous partagé le repas[1] de votre hôte, avez-vous reçu le pain et le sel de sa main: votre personne est sacrée[2] pour lui. — Peut-être ai-je eu tort de lui dire le fond de ma pensée. — Puissé-je de mes yeux y voir tomber la foudre! Si tu sèmes le mal, tu récolteras le mal: attends-y-toi! — Conservez bien votre courage, écrit Madame de Sévigné à sa fille, et m'en envoyez dans vos lettres. — Demande-toi le soir, avant de te coucher, le bien que tu auras fait dans la journée. — Je reçois votre lettre à l'instant, et j'y réponds immédiatement[3]. Reste dans le jardin à m'attendre, et promènes-y toi un moment. — Je n'ai qu'un ami, encore est-il absent. — Quiconque rapporte tout à soi est un égoïste. — Il faut avancer sans regarder derrière soi. — Faites ce que vous voudrez; moi, je vous le dis, je crains que le remède ne soit pire que le mal.

1 столъ, пиршество; 2 священный; 3 вслѣдъ за тѣмъ, тотчасъ же.

38.

Колумбъ просилъ[1] кораблей у испанскаго правительства; ему дали[2] только три небольшіе [корабля]. — Когда (quand) вы будете въ Парижѣ, пишите мнѣ какъ можно чаще (aussi souvent que vous pourrez); когда вы услышите новости, сообщите[3] мнѣ объ нихъ; когда будете имѣть опасенія[4], не скрывайте[5] ихъ отъ меня. — Однажды[6] Клеопатра билась объ закладъ[7] съ Антоніемъ, что она расточитъ[8] милліонъ на (dans) одно пиршество[9] и когда (comme) онъ отрицалъ[10] возможность этого, она приказала одному изъ своихъ рабовъ принести сосудъ[11] съ (de) уксусомъ и поставить передъ собою. Послѣ того взяла она жемчужину въ милліонъ цѣною[12], растворила[13] ее въ уксусѣ и, улыбаясь, проглотила[14] ее. — Людовикъ XIV былъ самодержецъ[15] въ полномъ смыслѣ этого слова[16]; онъ одинъ былъ королемъ при (à) своемъ дворѣ; онъ могъ сказать: государство (l'état), это — я. — Кто упалъ? — Я. — Кому отдали вы письмо, ему или ей? — Я отдалъ его ему. — Въ какое время застану (= найду) я васъ дома? — Вы застанете меня дома въ половинѣ двѣнадцатаго. — Этихъ господъ нѣтъ дома (= у себя). — Есть у тебя съ собой деньги? — Нѣтъ, у меня нѣтъ ни гроша (le sou).

1 demander à; 2 accorder; 3 communiquer qch. à qn.; 4 crainte, le souci; 5 cacher qch. à qn.; 6 un jour; 7 parier; 8 prodiguer; 9 festin; 10 nier qch; 11 le vase; 12 de la valeur de; 13 faire dissoudre; 14 avaler; 15 souverain; 16 dans toute l'étendue du terme.

39.

Въ каждой водяной каплѣ находятся насѣкомыя, и въ такомъ большомъ количествѣ, что физикъ[1] Лейвенгукъ насчиталъ тамъ тысячи. — Церера соединила[2] разсѣянные[3] народы, передала (donner) имъ плугъ[4] и впрягла[5] въ него быковъ. — Одолжи мнѣ пять франковъ, сказалъ мнѣ одинъ гасконецъ[6]. (Я) не могу, отвѣчалъ я ему, потому что у меня всего (= только) два. Ну, сказалъ онъ, дай мнѣ ихъ, а три останешься мнѣ долженъ (devoir qch.). — Однажды увидѣлъ я на земляникѣ такихъ хорошенькихъ мушекъ[7], что во мнѣ родилось желаніе[8] описать ихъ. (На) другой день я увидѣлъ на ней [насѣкомыхъ] [уже] другой породы[9], и наконецъ набралось (venir;

impers.) столько различныхъ сортовъ, что я принужденъ былъ отказаться [10] отъ этого занятія. — Вы это, тетенька? спросилъ я, услыша стукъ въ двери. — Да, я, отвѣчала она. — Счастливы народы, населяющіе эти долины! Пастухъ безъ страха пасетъ здѣсь (y) свои стада, земледѣлецъ мирно (en paix) сѣетъ здѣсь и собираетъ жатву [11]. — «Узнай самого себя», вотъ правило [12] одного изъ мудрецовъ [13] древности. — Въ нашемъ саду нѣсколько соловьевъ, не хотите-ли ихъ послушать (пѣть)?

1 physicien; 2 rassembler; 3 dispersé; 4 charrue; 5 faire atteler à qch.; 6 Gascon; 7 la mouche; 8 l'envie me prit; 9 espèce, f.; 10 renoncer à; 11 moissonner; 12 maxime, f.; 13 le sage.

### 40. **Récapitulation.**

I. Письмо воспитанника къ своему школьному товарищу, въ которомъ онъ рекомендуетъ ему своего друга.

Мой любезный Александръ!

Я часто уже говорилъ тебѣ о Николаѣ, моемъ школьномъ товарищѣ. Я часто говорилъ тебѣ, какъ (combien) онъ любитъ (imparf.) меня и какъ я преданъ [1] (imparf.) ему, и часто высказывалъ [2] ты мнѣ желаніе познакомиться [3] съ нимъ. И вотъ (eh bien!) я посылаю его къ тебѣ; онъ сопровождаетъ своихъ родителей, которые отправляются [4] въ Л., городъ, въ которомъ ты самъ живешь [5]. Прими [6] его такъ, какъ бы ты принялъ меня самого, еслибы я получилъ позволеніе посѣтить [7] тебя. На все, что ты сдѣлаешь для него, я буду смотрѣть такъ, какъ будто ты сдѣлалъ это для (à) меня самого. Если ты его узнаешь покороче, то будешь благодарить [8] меня, что я познакомилъ и сдружилъ тебя съ нимъ (= что я тебѣ далъ (inf.) такого друга).

И такъ, я посылаю [9] его къ тебѣ съ увѣренностію, что ты сдѣлаешь (rendre) для него пребываніе [10] въ городѣ, въ которомъ онъ еще никого не знаетъ, [на] столько пріятнымъ, [на] сколько (que) дозволятъ тебѣ это твои средства.

Будь здоровъ, мой любезный Александръ, и прими увѣреніе въ (de) истинной дружбѣ друга твоего Густава.

1 attaché; 2 témoigner; 3 faire sa connaissance; 4 se rendre; 5 demeurer; 6 recevoir; 7 aller voir qn.; 8 remercier de; 9 adresser; 10 le séjour.

II. Фенелонъ часто ходилъ (одинъ) гулять пѣшкомъ по (dans) окрестностямъ Кабрé, заходилъ (entrer) въ хижины (chaumière) поселянъ, сидѣлъ съ ними, утѣшалъ и ободрялъ ихъ. Старики, которые имѣли счастіе видѣть его, говорили о немъ съ самою нѣжною почтительностію (vénération). Вотъ, говорили они, деревянный стулъ, на которомъ сидѣлъ среди насъ нашъ добрый архіепископъ; мы не увидимъ его уже болѣе. Фенелонъ вполнѣ (bien) заслужилъ эпитафію (épitaphe, f.), которую предложилъ (proposer, *p. ind.*) д'Аламберъ: «Подъ этимъ камнемъ покоится (reposer) Фенелонъ; прохожій (passant), не смывай (effacer) этой надписи твоими слезами, чтобы и другіе читали ее и плакали, какъ ты».

## § 29. PRONOMS POSSESSIFS.

1. Il y a deux sortes de pronoms possessifs:

   1) Les pronoms possessifs *conjoints* ou *adjectifs*, qui ne s'emploient que joints à un substantif: MON *père*, MA *sœur*, etc.

   2) Les pronoms possessifs *absolus* ou *substantifs*, qui s'emploient seuls, précédés de l'article, pour remplacer le substantif. *Le mien*, *la mienne*, etc.

2. Les pronoms possessifs conjoints (adjectifs possessifs) sont:

| Singulier. | | Pluriel. |
|---|---|---|
| *Masculin.* | *Féminin.* | *Masculin* et *Féminin.* |
| **Mon**, мой. | **ma**, моя. | **mes**, мои. |
| **ton**, твой. | **ta**, твоя. | **tes**, твои. |
| **son**, его, ея. | **sa**, его, ея. | **ses**, его, ея. |
| **notre**, нашъ. | **notre**, наша. | **nos**, наши. |
| **votre**, вашъ. | **votre**, ваша. | **vos**, ваши. |
| **leur**, ихъ. | **leur**, ихъ. | **leurs**, ихъ. |

3. Les pronoms possessifs absolus sont:

| Singulier. | | Pluriel. | |
|---|---|---|---|
| *Masculin.* | *Féminin.* | *Masculin.* | *Féminin.* |
| **Le mien**, мой. | **la mienne**, моя. | **les miens**, | **les miennes**, мои. |
| **le tien**, твой. | **la tienne**, твоя. | **les tiens**, | **les tiennes**, твои. |
| **le sien**, его. | **la sienne**, ея. | **les siens**, | **les siennes**, его, ея. |
| **le nôtre**, нашъ. | **la nôtre**, наша. | **les nôtres**, наши. | |
| **le vôtre**, вашъ. | **la vôtre**, ваша. | **les vôtres**, ваши. | |
| **le leur**, ихъ. | **la leur**, ихъ. | **les leurs**, ихъ. | |

4. *Remarques*. 1) Les formes absolues *le nôtre*, *le vôtre*, etc., s'écrivent avec un accent circonflexe, ce qui n'est pas le cas pour les formes adjectives: *Notre père*, *votre sœur*.

   2) Au lieu de *ma*, *ta*, *sa*, on emploie *mon*, *ton*, *son*, même au féminin, quand le mot suivant commence par une voyelle ou une *h* muette:

   **Mon** amie, **ton** aimable sœur, **son** humeur.

   3) *Son*, *sa*, *ses* s'emploient aussi bien pour un possesseur féminin que pour un possesseur masculin:

   **Il** aime **son** frère, **sa** sœur, **ses** frères, **ses** sœurs.
   **Elle** aime **son** frère, **sa** sœur, **ses** frères, **ses** sœurs.

   4) On ne place jamais deux pronoms conjoints devant le même substantif; le second s'exprime par le pronom absolu correspondant:

   **Mon** frère et **le tien**. — Мой и твой братъ.

| | |
|---|---|
| **Ma** sœur et **la tienne**. | Моя и твоя сестра. |
| **Tes** amis et **les siens**. | Твои и его друзья. |
| et: **Ma** lettre et **celle** de mon frère. | Мое письмо и письмо моего брата. |

5) Les pronoms possessifs absolus peuvent s'employer substantivement:

| | |
|---|---|
| a) **Le mien** et **le tien**. | Мое и твое. |
| b) Moi et **les miens** (=mes parents, mes proches). | Я и мои (родные). |

6) Les adjectifs possessifs *son, sa, ses, leur, leurs*, se remplacent ordinairement par *en*, lorsque le mot possesseur est un nom de *chose*.

| | |
|---|---|
| Cette maison me plaît; la situation **en** est agréable. | Домъ этотъ мнѣ нравится; его положеніе пріятно. |
| Regardez cette fleur, **en** connaissez-vous le nom? | Посмотрите (на) этотъ цвѣтокъ; знаете вы названіе его? |

Le Lépreux ferma la porte et **en** tira les verrous. X. DE MAISTRE.

7) On emploie l'article défini au lieu de l'adjectif possessif, lorsque le sens de la phrase indique suffisamment le possesseur. Ainsi on dit:

| | |
|---|---|
| **La** tête, **la** gorge, **les** dents, **les** yeux me font mal. | У меня болитъ голова, горло, зубы, глаза. |

ou: J'ai mal à **la** tête, à **la** gorge, **aux** dents, **aux** yeux, etc.

8) *Mon, ma*, servent à former les mots:

| | | |
|---|---|---|
| Monsieur, господинъ, сударь. | *Pluriel:* | Messieurs. |
| Madame, госпожа, сударыня. | » | Mesdames. |
| Mademoiselle, госпожа, дѣвица. | » | Mesdemoiselles. |
| Monseigneur, милостивый государь. | » | Messeigneurs. |

*Rem.* Ces mots ne peuvent par conséquent être précédés de l'article. Ils ne peuvent être employés avec l'article qu'après le retranchement de *mon, ma: La dame, la demoiselle, le seigneur*. Cependant on dit: *Le monsieur, un monsieur, ce monsieur*, parce que dans ce mot, la signification de *mon* est effacée. Cependant on dira: *La bonne madame N.*

9) L'adjectif possessif se répète, comme l'article, devant chaque substantif.

| | |
|---|---|
| a) **Son** frère et **son** cousin. | Его родной братъ и двоюродный. |
| b) **Son** grand et **son** petit jardin. | Его большой и его маленькій садъ. |
| c) **Son** grand et beau jardin. | Его большой и прекрасный садъ. |

41.

La rose a sa beauté, sa fraîcheur et son odeur; mais elle a aussi ses épines. — Henri IV dit un jour à ses soldats: «Je suis votre roi, vous êtes Français, voici votre ennemi.» — Lorsque Charles XII reçut le coup qui termina ses exploits [1] et sa vie, il porta la main sur son épée. — La bibliothèque la plus considérable d'Athènes appartenait à Euclide; il méritait de la posséder, parce qu'il en connaissait le prix. — La gaieté (gaîté) est la santé de l'âme, la tristesse en est le poison. — L'étude de l'histoire est utile aux hommes, quel que soit leur âge. — L'auteur d'un bienfait est celui qui en recueille le fruit le plus doux. — Les Romains conservaient dans des urnes les cendres de leurs ancêtres. — Le tien et le mien sont la source de toutes les divisions et de toutes les querelles. — Le dieu lui répondit: Les tiens cesseront de régner quand un étranger entrera dans ton île pour y faire régner [2] les lois. — Il est plein d'égards pour moi et les miens. — L'ambition ne touche pas un cœur comme le mien. — Ces deux hommes méprisent ta puissance et la mienne. — Le malheureux rougit, baissa les yeux sans répondre, et se retira tout confus. — Le chardonneret dit en parlant des serins: Si mon plumage au leur ne ressemble pas bien, j'en suis fâché; mais leur cœur et le mien ont une grande ressemblance. FLORIAN.

1 подвиги; 2 ввести господство, дать власть.

42.

Карѳагеняне были союзниками [1] Ксеркса; но и его, и ихъ войско было разбито [2] греками въ одинъ и тотъ же день. — Андромаха, супруга Гектора, ожидала своего мужа [3] у (à) воротъ (la porte), держа на (dans) рукахъ единственнаго [4] своего сына. «Ты оставляешь меня», сказала она супругу, «и не увидишь болѣе ни сына своего, ни отца, и не будешь болѣе для нихъ опорою [5]; сохрани [6] себя для своихъ; избѣгай [7] Ахиллеса, свирѣпаго [8] врага своего». — Вашъ садъ лучше нашего, но домъ нашъ больше вашего. — Свои цвѣты я предпочитаю вашимъ. — Мой отецъ отослалъ на почту и твое, и мое письмо. — Вотъ уже недѣля, какъ (que) я получилъ ваше письмо, но настоятельныя [9] дѣла воспрепятствовали [10] мнѣ отвѣтить [11] вамъ тотчасъ-же. — Я живу въ этомъ городѣ всего (ne-que) три мѣсяца, и потому не знаю еще всѣхъ его улицъ. — Друзья мои! заложимъ [12] нашу колонію (colonie) въ этой странѣ: климатъ ея пріятенъ, почва [13] ея плодоносна, жители ея честны и трудолюбивы [14]. — Музыка древнихъ грековъ была совершенно отлична отъ нашей. — Чѣмъ болѣе будешь читать хорошія книги, тѣмъ болѣе будешь чувствовать ихъ красоты. — Нашъ старый и вѣрный слуга оставилъ насъ вчера.

1 allié; 2 battre; 3 époux; 4 unique; 5 appui, m.; 6 conserver; 7 éviter; 8 furieux; 9 pressant; 10 empêcher qu.; 11 répondre à; 12 fonder; 13 le sol; 14 laborieux.

43.

Цвѣты — блистательныя произведенія [1] весны; они восхищаютъ [2] насъ пріятностію [3] своего запаха и живостію [4] своихъ красокъ. Я особенно люблю розу; какъ нѣженъ цвѣтъ ея (= цвѣтъ ея такъ нѣженъ...), какъ восхитителенъ[5] ея запахъ! — Мое и твое весьма часто служили причиною (être la cause) серьёзнаго спора[6] (pl.) — Москва (la ville de) обширна и великолѣпна; окрестности[7] ея восхитительны. — С.-Петербургъ изумляетъ[8] чужестранцевъ своими широкими и прекрасными улицами, и великолѣпіемъ своихъ общественныхъ зданій и памятниковъ. — Я опасаюсь, любезный другъ, что ваше путешествіе и мое (не) встрѣтятъ еще препятствія[9]. — Говорятъ, что пчелы никогда не оставляютъ своей матки (= царицы). — Мое письмо и ваше встрѣтились[10], мы отдали[11] ихъ на почту и получили въ одно время. — Александръ подозвалъ меня къ себѣ и, протягивая мнѣ руку сказалъ: «Лизимахъ, я возвращаю[12] тебѣ мою дружбу; возврати мнѣ свою». — Добрыя дѣти любятъ своихъ родителей. — Я прочелъ свои книги и книги моихъ братьевъ. — Собака укусила[13] меня въ ногу.

1 production; 2 charmer, enchanter; 3 agrément; 4 vivacité; 5 délicieux; 6 la querelle; 7 les environs; 8 étonner qn.; 9 rencontrer des obstacles; 10 se croiser; 11 mettre à; 12 rendre; 13 mordre.

## Exercice de conversation.

| | |
|---|---|
| Comment se porte madame votre mère? | Dieu soit loué! sa santé est beaucoup meilleure qu'autrefois. |
| Où allez-vous, Jules et toi? | Nous allons à la rencontre de notre mère, qui est allée au jardin. |
| Que portes-tu là, Sophie? | Mon ombrelle et celle de ma sœur, car il fait un soleil ardent. |
| Et ton amie Louise, que porte-t-elle? | Elle porte sa corbeille et la mienne, dont nous aurons besoin au jardin. |
| A qui est ce beau et grand jardin? | Il est à mon oncle. Entrons-y; j'en ai la clef. |
| Allons nous asseoir à l'ombre de cet arbre; le soleil me fait mal aux yeux. | Qu'il me plaît ce jardin! les arbres et le gazon en sont magnifiques! |
| Quelle est cette plante dont les feuilles velues sont d'un vert clair, et les fleurs d'un jaune pâle veiné de pourpre? | C'est une jusquiame; les semences en sont vénéneuses; on en tire une huile verdâtre employée en médecine. |
| Cherchez-en la description dans votre dictionnaire de botanique. | La voici. En effet, c'est une plante de la même famille que le tabac, le datura et la pomme de terre. |
| Nous sera-t-il permis d'entrer dans le verger? | La porte en est fermée; mais si vous le désirez, on nous l'ouvrira. |
| Qu'as-tu, mon ami? tu as l'air si pâle et si souffrant! | Voilà plusieurs jours que j'ai mal à la tête et à la poitrine; je n'ai pas fermé l'œil de toute la nuit passée. |
| Et ton cousin Charles, qu'a-t-il, qu'il n'est pas venu aujourd'hui? | Il a de violents maux de dents, qui ne lui laissent pas un moment de repos. |

*Autres questions:* Que dit un jour Henri IV à ses soldats? — Que fit Charles XII au moment où il fut frappé d'une balle? — Que dit-on de la gaieté et de la tristesse? — Qu'entend-on par *le mien* et *le tien*? — Quelle différence y a-t-il entre *mon* et *le mien*? — Quelles paroles Andromaque adressa-t-elle à Hector, son mari? — Que savez-vous du caractère de Charlemagne? — Que savez-vous sur ce pays, sur cette rivière? etc. — Que dites-vous de Moscou? — de St-Pétersbourg? — de la Néva? etc.

**44. Récapitulation.** (Pron. personnels et pron. possessifs.)

I. Приписка. (Le post-scriptum)

Какой-то глупецъ[1] написалъ къ своему другу письмо слѣдующаго содержанія (= la lettre suivante): «Любезный другъ! вчера я забылъ у тебя мою табакерку[2]: сдѣлай одолженіе, пришли (infin.) ее мнѣ черезъ подателя[3] этой записки». Только что хотѣлъ[4] онъ запечатать[5] свое посланіе, какъ вдругъ находитъ свою табакерку. Тотчасъ-же (vite) приписываетъ[6] онъ слѣдующія строки: «Я сейчасъ нашелъ (venir de) ее; не трудись (se donner la peine) ея искать». Запечатавъ свое письмо, онъ въ туже минуту отослалъ[7] его. Другъ его, распечатавъ и прочитавъ письмо, громко расхохотался[8] и написалъ слѣдующій отвѣтъ: «Любезный другъ! письмо твое доказало мнѣ, что (que ce n'est pas.....) ты потерялъ не табакерку, а голову. Къ несчастію[9], ты не (ce n'est pas.....) оставлялъ ея у меня; иначе я тотчасъ-же gratis отослалъ (renvoyer) бы ее къ тебѣ. Помѣсти увѣдомленіе[10] (объ этомъ) въ газетахъ, и обѣщай тому, кто доставитъ[11] ее тебѣ, приличное[12] вознагражденіе.»

1 sot; 2 tabatière; 3 le porteur; 4 aller, imparf.; 5 cacheter; 6 ajouter; 7 expédier; 8 éclater de rire; 9 malheureusement; 10 faire insérer une annonce; 11 rapporter; 12 proportionné, convenable.

## § 30. PRONOMS DÉMONSTRATIFS.

1. Les pronoms démonstratifs sont de même *conjoints* ou *absolus* (*disjoints*).

2. Les pronoms démonstratifs conjoints (*adjectifs démonstratifs*) sont:

| *Singulier.* | | *Pluriel.* |
|---|---|---|
| Masculin. | Féminin. | Des deux genres. |
| **Ce (cet),** тотъ, этотъ. | **cette,** та, эта. | **ces,** тѣ, эти. |

Ex.: **Ce** cheval, **cet** âne, **cette** vache et **ces** moutons paissent ensemble.

*Rem.* **Cet** s'emploie au lieu de **ce** devant une voyelle ou une *h* muette: **Cet** *oiseau.* **Cet** *habit.* L'**e** du pronom absolu **ce** s'élide au contraire dans le même cas: **C'***est vrai.*

3. Lorsqu'on veut désigner un objet *rapproché* de celui qui parle, on ajoute au substantif l'adverbe *ci* (= ici, здѣсь); *l'éloignement* s'exprime par l'adverbe *là*, тамъ.

Ce garçon-**ci**, этотъ мальчикъ. Ce garçon-**là**, тотъ мальчикъ.
Cette maison-**ci** est moins grande que ce château-**là**.

*Rem.* Les particules *ci* et *là* s'emploient aussi pour renforcer et préciser le pronom: *Il pleut souvent cette année-***ci**. *Il faisait froid cette année-***là**.

4. Les pronoms démonstratifs *absolus* sont:

| *Singulier.* | | *Pluriel.* | |
|---|---|---|---|
| a) **Celui**, тотъ. **Celle**, та. | | **ceux**, **celles**, } тѣ. | |
| b) **Celui-ci**, этотъ; **Celle-ci**, эта; | **celui-là**, тотъ; **celle-là**, та; | **ceux-ci**, **celles-ci**, } эти; | **ceux-là**, **celles-là**, } тѣ. |
| c) **Ce**, это, то. | | e) **cela**, то. | |
| d) **Ceci**, это. | | | |

A ces pronoms se rattachent les particules démonstratives:

**Voici** (*de* vois ici, смотри здѣсь.) Вотъ, здѣсь.
**Voilà** (*de* vois là, смотри тамъ.) Вотъ, тамъ.

## § 31. EMPLOI DE CES PRONOMS.

1. **Celui, celle, ceux, celles** s'emploient:

1) Devant un pronom relatif:

| | |
|---|---|
| **Celui** qui est content est heureux. | Тотъ, который доволенъ, счастливъ. |
| **Celle** que vous cherchez est morte. | Та, которую вы ищете, умерла. |

*Rem.* 1) Le pronom démonstratif doit précéder immédiatement le pronom relatif; si l'on veut qu'il en soit séparé, on y ajoute l'adverbe *là*:

| | |
|---|---|
| **Celui-là** est heureux, qui est content. | Тотъ счастливъ, кто доволенъ. |

2) Le pronom démonstratif n'est jamais séparé du pronom relatif par une virgule comme en russe.

2) Devant la préposition *de*, en rapport avec un substantif précédent:

Notre général et **celui** des ennemis (= et le général des ennemis).
Nos généraux et **ceux** des ennemis.
Notre armée et **celle** des ennemis.
Nos armées et **celles** des ennemis.

2. *Celui-ci*, *celle-ci*, *ceux-ci*, *celles-ci* désignent l'objet *le plus proche*, ou celui dont on a parlé en *dernier lieu; celui-là*, *celle-là*, *ceux-là*, *celles-là* indiquent au contraire l'objet *le plus éloigné*, ou celui dont on a parlé d'abord:

Voilà deux livres: prenez **celui-ci**, laissez-moi **celui-là**. — Voilà des raisins: **ceux-ci** valent mieux que **ceux-là**. — Apercevez-vous ces deux montagnes encore dorées par les derniers rayons du soleil?

**Celle-ci** est le Mont-Rose, et **celle-là**, le Mont-Blanc, qui est à quinze lieues plus loin. — Les officiers accompagnaient le général; **celui-ci** était à cheval.

3. Ce s'emploie surtout joint au verbe *être:*

| | |
|---|---|
| **C'**est mon opinion. | Это мое мнѣніе. |
| **Ce** sera une grande joie. | Это будетъ большая радость. |

4. *Ceci* et *cela* ne s'emploient que pour les choses.

1) Quand ils sont mis en opposition, *ceci* désigne ce qui est plus rapproché, *cela* ce qui est plus éloigné:

| | |
|---|---|
| **Ceci** est à moi, **cela** est à vous. | Это принадлежитъ мнѣ, а то вамъ. |
| **Ceci** est beau, **cela** est laid. | Это прекрасно, а то безобразно. |

2) S'il n'y a pas d'opposition, *cela* se dit de ce qui précède, *ceci* de ce qui suit; il en est de même pour *voici*, *voilà*:

**Voilà** ce qu'il m'a dit, et **voici** ce que je lui ai répondu.
**Cela** se comprend.—Écoutez **ceci**.—Je ne vous dis que **cela**.

*Rem.* Dans la langue de la conversation, **cela** s'abrége souvent en **ça**. *Donnez-moi* **ça**, дайте мнѣ это. — *Comment* **ça** *va-t-il?* Какъ ваше здоровье? **Ça** *va bien. C'est* **ça**, совершенно вѣрно, точно такъ. — *Rien que* **ça?** Болѣе ничего?

5. L'adjectif démonstratif se répète, comme l'article, devant chaque substantif.

1) **Ce** jardin et **ce** verger.
2) **Ce** grand et **ce** petit jardin.
3) **Ce** grand et beau jardin.

45.

Où sont-ils, ces remparts [1] de Ninive, ces murs de Babylone, ces palais de Persépolis, ces temples de Balbek et de Jérusalem? — Comment s'appelait cette héroïne qui délivra la France des Anglais? — Lorsqu'on représentait à Napoléon une chose comme impossible, il prétendait que ce mot-là n'était pas français. — Il y a deux espèces de gaieté; l'une est vive, bruyante et passagère: c'est celle des jeunes gens; l'autre est plus calme, plus douce et plus constante [2]: c'est celle des vieilles gens. — Le renne est, comme le cheval, un animal à sabot [3]; mais ce sabot est fendu comme celui du bœuf et du cerf, tandis que celui du cheval est d'une seule pièce. — Dites ce qui est vrai, faites ce qui est bon. — Les derniers moments de Marc-Aurèle furent ceux d'un grand homme et d'un sage. — L'empire des Perses et celui de Syrie ne furent jamais aussi puissants que celui des Parthes. — Vous parlez de ceci et de cela, sans trop penser à ce que vous dites. — Chateaubriand et Madame de Staël ont continué, à l'aurore de ce siècle, la glorieuse filiation [4] des écrivains français: celui-là par la publication [5] de son Génie du Christianisme, celle-ci par sa Corinne, tableau fidèle et brillant de l'art en Italie, et peinture [6] animée des passions humaines dans tous les pays et dans tous les siècles. — Ce jeune et beau monsieur se croit tout permis. — Voilà tous mes forfaits. En voici le salaire. RACINE.

1 валъ; 2 постоянный; 3 копытное животное; 4 рядъ; 5 изданіе; 6 изображеніе.

46.

Расинъ и Мольеръ — два французскіе поэта: одинъ (= тотъ) знаменитъ (être célèbre, *prés.*) своими трагедіями, другой (= этотъ) — комедіями. — Знаете вы плоды этого дерева и свойство (= качество) этого растенія? Нѣтъ, я не знаю этого растенія; плоды его ядовиты[1]? — Этотъ прекрасный садъ, эта прелестная[2] роща[3], эти деревья и цвѣты, — все напоминаетъ[4] мнѣ пребываніе (séjour) мое въ этой счастливой странѣ. Я часто думаю объ этихъ восхитительныхъ мѣстахъ, объ удовольствіяхъ, которыми я наслаждался[5] въ этомъ домѣ. — Эта земля, которую вы попираете ногами[6], эта вода, которую вы пьете, этотъ воздухъ, который вы вдыхаете[7] (въ себя), населены милліонами животныхъ, существованія[8] которыхъ вы и не подозрѣваете; эти чудеса (merveille) едва трогаютъ[9] насъ. — Забывай услуги, которыя ты оказывалъ[10], но всегда помни (se souvenir de) услуги, которыя были оказаны тебѣ. — За продающаго (= тотъ, который) себя платятъ всегда дороже, чѣмъ онъ стоитъ[11]. — Ваши слова и слова вашего отца доставили мнѣ много (bien) радости. — Тотъ бѣденъ, кто тратитъ[12] болѣе, чѣмъ имѣетъ.

1 vénéneux; 2 charmant; 3 bosquet; 4 rappeler qch.; 5 jouir de qch.; 6 fouler aux pieds; 7 respirer qch.; 8 existence; 9 toucher; 10 rendre un service; 11 valoir, précédé de *ne*; 12 dépenser.

47.

Во время солнечнаго затмѣнія[1], луна препятствуетъ (empêcher qn.) намъ видѣть солнце, не смотря на то[2], что она (celle-là) безконечно менѣе его (= того). — Персы, убивъ[3] предводителя десяти тысячъ грековъ, которые послѣдовали (за) Киромъ, хотѣли принудить[4] ихъ сдаться[5]; но греки (= тѣ) не потеряли мужества[6], они избрали[7] другихъ вождей[8] вмѣсто тѣхъ, которыхъ (acc.) они лишились. — День и ночь слѣдуетъ (надо) употреблять[9] (d'une) различнымъ образомъ: одинъ (= тотъ) — для (dat.) работы, другую (= эта) для покоя. — Породы (espèce f.) животныхъ многочисленнѣе породъ (= тѣхъ) растеній. — Запахъ фіалки столь-же пріятенъ, какъ запахъ розы или запахъ гвоздики[10]. — Книга эта разсуждаетъ[11] о народахъ Азіи и о народахъ Африки. — Домъ этотъ, который вамъ кажется столь огромнымъ (= большой), [l'est] меньше того замка, который стоитъ на вершинѣ[12] горы. — Какая прекрасная молитва: (c'est une belle prière que...) Боже! спаси[13] меня отъ меня самого! — Оскорбилъ онъ тебя, это правда; но я совѣтую тебѣ забыть это. — Вы говорили (passé indéfini) о томъ и о другомъ, это правда; но не сказали мнѣ того, что я хотѣлъ знать. — Лучшее наставленіе[14] — наставленіе (= тотъ) примѣра. — Тотъ, который хвалится[15], что имѣетъ (infin.) много друзей, по всей вѣроятности (= вѣроятно) не имѣетъ ни одного. Вы знаете пословицу: сто друзей—мало; одинъ другъ — много.

1 une éclipse de...; 2 § 63, 6, 2; 3 assassiner qn., gér.; 4 forcer *de* ou *à*; 5 se rendre; 6 perdre courage; 7 élire; 8 chef; 9 employer; 10 œillet, m.; 11 traiter de qch; 12 le sommet; 13 préserver qn. de qch.; 14 leçon; 15 se vanter de.

## Exercice de conversation.

A laquelle de ces fleurs donnez-vous la préférence? — Je préfère celle-ci à celle-là, parce que la couleur en est plus fraîche et le parfum plus agréable.

Savez-vous qui étaient Lycurgue et Solon? — Lycurgue fut le législateur des Spartiates; Solon, celui des Athéniens.

Que savez-vous de Christophe Colomb et de Vasco de Gama? — C'étaient deux navigateurs célèbres: celui-là a découvert l'Amérique, celui-ci, la route des Indes.

Quel est ton livre, celui-ci ou celui-là? — C'est celui dont la reliure est bleu-foncé.

De quelle dame parlez-vous? — De celle qui s'entretient avec ma mère.

A quoi pensez-vous? — A ce qui s'est passé hier.

Pourquoi cet enfant pleure-t-il si souvent? — C'est un enfant gâté, qui pleure sans cesse, tantôt pour ceci, tantôt pour cela.

Est-ce là ce que vous désirez? — Oui, c'est bien ça; merci.

*Autres questions*: Que prétendait Napoléon? — Que savez-vous du renne? — Quels furent les derniers moments de Marc-Aurèle? — Expliquez ce qui cause une éclipse de soleil, — de lune? — Qui étaient Molière et Racine?

## § 32. PRONOMS RELATIFS.

1. Le pronom relatif sert à lier une proposition secondaire adjective à un substantif ou à un remplaçant du substantif (II P. § 4): *On aime les enfants* QUI *remplissent leurs devoirs*. — On nomme *antécédent* le terme auquel se rapporte le pronom relatif.

2. On emploie comme pronoms relatifs *qui*, *lequel*, *dont*, *quoi* et *où*.

3. **Qui** se décline comme suit:

*N.* **Qui,** который, ая, ое, ые, ыя; кой; кто, что.
*G.* **de qui (dont),** котораго, ой, аго; кого, чего; о которомъ, и т. д.
*D.* **à qui,** которому, ой, ому; кому, чему.
*A.* **que,** котораго, ую, ое; кого, что.

4. **Lequel, laquelle,** etc. se décline régulièrement:

| | | | | |
|---|---|---|---|---|
| *N.* | Lequel, | laquelle, | lesquels, | lesquelles: |
| *G.* | duquel, | de laquelle, | desquels, | desquelles. |
| *D.* | auquel, | à laquelle, | auxquels, | auxquelles. |
| *A.* | lequel, | laquelle, | lesquels, | lesquelles. |

5. *Emploi.* Le nominatif **qui** et l'accusatif **que** s'emploient pour les *personnes* et pour les *choses*, pour les deux *genres* et les deux *nombres*.

| | |
|---|---|
| a) Le garçon **qui** écrit. | Мальчикъ, который пишетъ. |
| Les arbres **qui** croissent. | Деревья, которыя ростутъ. |
| Celui (celle) **qui** parle. | Тотъ (та), который (ая) говоритъ. |
| b) Le garçon **que** vous louez. | Мальчикъ, котораго вы хвалите. |
| Les livres **que** vous lisez. | Книги, которыя вы читаете. |
| Ceux (celles) **que** vous connaissez. | Тѣ, которыхъ вы знаете. |

6. **Qui,** précédé d'une préposition, ne peut s'employer que pour les *personnes*. Quand il est question de *choses* ou *d'animaux*, on remplace:

a) le génitif **de qui** par *duquel*, *de laquelle*, *desquels*, *desquelles*, qui du reste s'emploient aussi pour les personnes;—mais le plus souvent on remplace tous ces génitifs par *dont*.

b) le datif **à qui** par *auquel*, *à laquelle*, *auxquels*, *auxquelles*.

| | |
|---|---|
| a) Celui **de qui** (dont, duquel) je parle. | Тотъ, о которомъ я говорю. |
| La personne **de qui** (dont, de laquelle) je parle. | Лицо, о которомъ я говорю. |
| Le livre **duquel** (dont) il est question. | Книга, о которой идетъ рѣчь. |
| Les fleurs **dont** (desquelles) je parle. | Цвѣты, о которыхъ я говорю. |
| Le cheval **dont** (duquel) il parle. | Лошадь, о которой онъ говоритъ. |
| b) Celui **à qui** (auquel) j'ai dit cela. | Тотъ, кому я сказалъ это. |
| La lettre **à laquelle** j'ai répondu. | Письмо, на которое я отвѣтилъ. |
| Le chien **auquel** j'ai donné à manger. | Собака, которой я далъ ѣсть. |

7. **Dont,** котораго, которой, чей, о которомъ, s'emploie pour les deux genres et les deux nombres, pour les personnes et pour les choses. Il peut dépendre:

1) D'un substantif ou d'un pronom figurant comme *sujet* ou comme *régime direct*, c'est-à-dire au nominatif ou à l'accusatif:

| | |
|---|---|
| a) L'homme **dont** le mérite est connu. | Человѣкъ, чья заслуга извѣстна. |

| | |
|---|---|
| Des arbres **dont** les fruits sont excellents. | Деревья, плоды которыхъ превосходны. |
| b) L'homme **dont** vous connaissez le mérite. | Человѣкъ, заслуги котораго вы знаете. |
| L'arbre **dont** nous cueillons les fruits. | Дерево, плоды котораго мы собираемъ. |

Mais **dont** ne peut se rapporter à un substantif précédé d'une préposition; dans ce cas, on le remplace par *duquel, de laquelle,* etc., ou, plus rarement, par *de qui*:

| | |
|---|---|
| Le prince sur la protection **duquel** (de qui) vous comptez. | Князь, на покровительство котораго вы разсчитываете. |
| Les parents aux enfants **desquels** je donne des leçons. | Родители, дѣтямъ которыхъ я даю уроки. |
| L'arbre à l'ombre **duquel** je suis assis. | Дерево, подъ тѣнью котораго я сижу. |
| La rivière sur les bords **de laquelle** St-Pétersbourg est situé. | Рѣка, на берегахъ которой стоитъ С. Петербургъ. |

2) D'un verbe ou d'un adjectif.

| | |
|---|---|
| L'argent **dont** j'ai besoin. | Деньги, въ которыхъ я нуждаюсь. |
| La mélodie **dont** je me souviens. | Мелодія, (о) которую (ой) я вспоминаю. |
| Le livre **dont** je suis content. | Книга, которою я доволенъ. |

8. **Lequel, laquelle, lesquels, lesquelles.**—Ces pronoms ne sont d'usage que là où *qui* et *dont* ne peuvent être employés. On s'en sert:

1) Au nominatif et à l'accusatif au lieu de *qui* et de *que*, lorsqu'il y a plusieurs substantifs qui précèdent, et qu'il est nécessaire, pour éviter une équivoque, que le pronom relatif indique le genre et le nombre de son antécédent:

| | |
|---|---|
| L'enfant de cette femme, **lequel** est malade. | Дитя этой женщины, которое нездорово. |
| L'enfant de cette femme, **laquelle** est malade. | Дитя этой женщины, которая нездорова. |

*Rem.* Cependant on évite ces constructions.

2) Avec des prépositions au lieu de *qui*. Dans ce cas, *lequel* se dit des personnes et des choses:

| | |
|---|---|
| L'aubergiste chez **qui** (chez **lequel**) je loge. | Хозяинъ, у котораго я живу. |
| Voilà l'arbre sur **lequel** il monta. | Вотъ дерево, на которое онъ взлѣзъ. |
| L'église près **de laquelle** il demeure. | Церковь, возлѣ которой онъ живетъ. |

9. **Quoi**, что. — Employé comme pronom relatif, ce pronom ne peut figurer qu'avec une préposition. Le nominatif se rend par *ce qui*, l'accusatif par *ce que*. De là le tableau suivant:

*N.* **Ce qui,** что; то, что.
*G.* **ce de quoi,** plus souvent **ce dont,** чего, о чемъ.
*D.* **ce à quoi,** чему.
*A.* **ce que,** что; то, что.

*Emploi.* **Quoi** se rapporte ordinairement à un **ce** précédent (que l'on supprime souvent), quelquefois aussi à *voici*, *voilà*, *rien*:

| | |
|---|---|
| a) **Ce qui** se passe. | Что случается. |
| C'est **ce qui** vous trompe. | Въ этомъ вы ошибаетесь. |
| Voilà **ce qui** est arrivé. | Вотъ что случилось. |
| b) **Ce que** vous voyez. | Что вы видите. |
| C'est **ce que** je disais. | Это-то я и говорилъ. |
| Je ne doute pas **de ce que** vous dites. | Я не сомнѣваюсь въ томъ, что вы говорите. |
| c) C'est **ce dont** (c'est de quoi) je voulais vous parler. | Объ этомъ-то я и хотѣлъ говорить съ вами. |
| Voilà **ce dont** (voilà de quoi) il s'agit. | Вотъ о чемъ идетъ дѣло. |
| d) Ce **à quoi** vous aspirez. | То, къ чему вы стремитесь. |
| Il n'y a rien **sur quoi** l'on ait tant écrit. | Нѣтъ ничего, о чемъ бы такъ много писали. |

10. L'adverbe pronominal **où**, гдѣ, куда, ne se dit que des choses, et remplace le pronom *lequel* précédé des prépositions *à* et *dans*, surtout pour les indications de lieu et de temps. *D'où*, откуда, et *par où*, черезъ что, s'emploient de la même manière:

| | |
|---|---|
| Le pays **où** (dans lequel) il va. | Страна, куда онъ ѣдетъ. |
| La maison **où** (dans laquelle) je loge. | Домъ, въ которомъ я живу. |
| Les contrées **d'où** vient le café. | Страны, откуда привозятъ кофе. |
| Les endroits **par où** nous passons. | Мѣстности, черезъ которыя мы проѣзжаемъ. |

48.

Le papillon, qui sort tout vivant de sa chrysalide [1], n'est-il pas l'emblème de notre seconde vie? — Celui qui règne dans les cieux, et de qui relèvent les empires, à qui seul appartient la gloire, la majesté et l'indépendance, est aussi le seul qui se glorifie [2] de faire la loi aux rois. Bossuet. — Une vedette est à cheval, une sentinelle est à pied; l'un et l'autre veillent à la sûreté du corps dont ils sont détachés, et pour la garde duquel ils sont mis en faction.— L'ennui est une maladie dont le travail est le remède. — Le poète La Fontaine laissa un fils, de l'éducation et de la fortune duquel M. le président de

Harlay avait pris soin [3]. — Le pays d'où je viens, est un des plus beaux et des plus riches du monde. — Les hommes d'un grand caractère ennoblissent leur malheur par le courage avec lequel ils le supportent. — La terre est située à 30 millions de lieues du soleil, autour duquel elle fait sa révolution [4] en 365 jours. — Quand les longues feuilles du palmier des Indes sont sèches, on s'en sert comme de tablettes [5], où l'on écrit avec un poinçon [6]. B. d. St. P.— J'approuve [7] la manière dont vous distribuez [8] votre temps et vos études. RAC. — Vénus remonta dans un nuage, d'où elle était sortie. — Est-ce toi, mon fils, qui as fait cela? — Je ne sais à quoi il réfléchit depuis si longtemps. — La chose à laquelle l'avare pense le moins, c'est de secourir les pauvres.—La déesse était environnée d'une foule de nymphes, au-dessus desquelles elle s'élevait de toute la tête. FÉNELON.

1 куколка; 2 гордиться; 3 заботиться; 4 обращеніе; 5 доска; 6 грифель; 7 одобрять; 8 раздѣлять, распредѣлять.

## 49.

Дама *, которая идетъ (venir) и которой вы не знаете, моя тетка. — Я знаю того человѣка, отъ котораго вы получили это извѣстіе. — Абрикосъ — плодъ, который я предпочитаю всѣмъ прочимъ. — Перочинный ножикъ, которымъ я очинилъ это перо, принадлежитъ моему брату. — Бѣдный, который исполняетъ свои обязанности, болѣе достоинъ уваженія [1], чѣмъ богатый, который не радѣетъ [2] о нихъ. — Земля, на которой мы живемъ, только весьма малая часть міра. — Сократъ, котораго судьи осудили [3] на смерть, былъ добродѣтельный аѳинскій гражданинъ. — Зданіе (édifice, m.), въ которомъ мы находились, говоритъ Шатобріанъ о Колизеѣ [4], сооружено (être l'œuvre de) языческимъ императоромъ. Недалеко оттуда протекаетъ Тибръ, на берегахъ котораго римляне одержали первыя свои побѣды, и на которые едва обращаютъ вниманіе (jeter un regard) нынѣшніе жители Рима. — При (à) входѣ [5] въ пещеру [6] посажено нѣсколько деревьевъ, въ (à) тѣни которыхъ отдыхаетъ [7] путникъ [8]. — На горахъ этого острова, всей прелести (beauté) котораго мы теперь удивляемся, возвышаются [9] рощи [10] кокосовыхъ пальмъ, посреди [11] которыхъ виднѣются жилища островитянъ (insulaire). — Кронштадтъ, гавань котораго я видѣлъ, русская крѣпость. — Волга, истокъ [12] которой въ Тверской губерніи, и при устьяхъ [13] которой лежитъ Астрахань, величайшая рѣка въ Европѣ.

1 digne d'estime, estimable; 2 négliger qch.; 3 condamner à mort; 4 le Colysée; 5 entrée; 6 la grotte; 7 se reposer; 8 le voyageur; 9 s'élever; 10 bosquet; 11 § 62, 7; 12 la source; 13 l'embouchure.

## 50.

На высокихъ Альпахъ встрѣчаются (= есть, бываютъ) еще каменные бараны [1], порода [2] которыхъ почти истреблена [3], и охота за которыми (gén.) гораздо опаснѣе, чѣмъ (= той) за сернами [4]; медвѣди, слѣды [5] которыхъ все болѣе и болѣе исчезаютъ [6]; волки, присутствія которыхъ постоянно стра-

* Sur l'emploi de la virgule devant les pronoms relatifs, voir II P. § 97.

шится пастухъ; огромныя хищныя птицы[7], въ когтяхъ[8] которыхъ довольно силы, чтобы поднять овцу, и зрѣніе (l'œil, la vue) которыхъ до того быстро[9], что онѣ видятъ свою добычу[10] въ разстояніи нѣсколькихъ верстъ[11]. Каменные бараны, особенно же серны, мясо которыхъ служитъ въ пищу, безвредныя[12] животныя, о сохраненіи[13] которыхъ слѣдовало (devoir) бы подумать[14] и положить конецъ[15] ихъ истребленію[16]. Волки и хищныя птицы, мяса которыхъ не употребляютъ въ пищу, и присутствія которыхъ такъ страшится пастухъ, опасаясь за свои стада, очень вредныя животныя, истребленію которыхъ каждый горный житель[17] содѣйствуетъ (contribuer à) по мѣрѣ силъ своихъ (= сколько онъ можетъ). Наконецъ, медвѣдь (такое) животное, мясо котораго употребляется въ пищу, и за окорока[18] и лапы котораго гастрономъ[19] платитъ высокую[20] цѣну; однако (mais) и онъ нападаетъ[21] на стада и на ихъ пастуховъ, и тѣмъ болѣе стараются истребить его, что его смѣлость и сила дѣлаютъ[22] его опаснѣе волка. — Слушайте, что я вамъ скажу: на что я болѣе всего жалуюсь[23], это — на недостатокъ[24] откровенности, чему вы ежедневно представляете новыя доказательства. — Истинная скромность подобна дереву съ густыми (touffu) вѣтвями, которое скрываетъ плоды подъ своими листьями.

1 bouquetin; 2 la race, l'espèce; 3 exterminer, extirper; 4 chamois, m.; 5 les traces, f.; 6 disparaître; 7 l'oiseau de proie; 8 la serre; 9 perçant; 10 la proie; 11 la lieue; 12 innocent; 13 conservation; 14 songer à; 15 mettre un terme à; 16 extermination, extirpation; 17 le montagnard; 18 le jambon; 19 le gourmand; 20 élevé; 21 attaquer; 22 rendre; 23 se plaindre de qch.; 24 le manque.

## 51.

Нева, на берегахъ которой лежитъ С. Петербургъ, вытекаетъ[1] изъ Ладожскаго озера, величайшаго въ Европѣ. — Недавно я былъ въ Гатчинѣ, небольшомъ городкѣ, окрестности котораго восхитительны; тамъ находится великолѣпный дворецъ, въ которомъ Его Величество Императоръ Всероссійскій проводитъ[2] нѣсколько мѣсяцевъ въ (de) году. — Память подобна магниту[3], который дѣлается сильнѣе отъ тяжести[4], которою его обременяютъ[5]. — Записка, на которую (dat.) я не отвѣтилъ, заключаетъ (contenir) [въ себѣ] выраженія, которыя не долженъ употреблять[6] образованный (bien élevé) человѣкъ. — Что безполезно, [то] всегда слишкомъ (trop) дорого. — Ульи[7] имѣютъ внизу отверстіе, черезъ которое вылетаютъ (sortir) и влетаютъ пчелы. — Слонъ и бобръ[8] — животныя, которымъ естественная исторія приписываетъ[9] большія способности. — Городъ Адрія лежалъ встарину (autrefois) на берегу моря, которому и (= онъ) передалъ свое имя. — Злые скоро забываютъ (acc.) о благодѣяніяхъ, которыми пользовались[10]. — Солнце, вокругъ котораго обращается[11] земля наша, и лучи котораго освѣщаютъ ее, неподвижная (fixe) звѣзда, обращающаяся, вѣроятно, вокругъ своей оси (axe, m.). — Я не знаю, ни гдѣ онъ живетъ, ни куда онъ идетъ, ни откуда онъ приходитъ. — Цицеронъ, послѣ шестнадцатилѣтняго изгнанія[12], возвращался въ отечество; города черезъ которые проѣзжалъ[13] онъ, оказывали[14] ему чрезвычайныя почести. — Тигръ, свирѣпость (férocité, cruauté), котораго вошла[15] въ пословицу, почти единственное животное, врожденную кровожадность[16] котораго нельзя укротить[17]. (Subj. § 47).

1 sortir; 2 passer; 3 aimant; 4 le poids; 5 charger de; 6 se servir de; 7 la ruche; 8 le castor; 9 attribuer à qn.; 10 jouir de qch.; 11 se mouvoir; 12 exil, m.; 13 passer par; 14 rendre (des honneurs); 15 passer en proverbe; 16 le naturel féroce (sanguinaire); 17 dompter.

### Exercice de conversation.

| | |
|---|---|
| Quel est l'astre qui éclaire et réchauffe la terre? | C'est le soleil, autour duquel la terre fait sa révolution en 365 jours. |
| A quelle distance la terre est-elle du soleil? | Elle en est à 30 millions de lieues. |
| Connaissez-vous le pays qu'on nomme Californie? | C'est un pays de l'Amérique septentrionale, d'où l'on tire beaucoup d'or. |
| Quelles sont les bêtes féroces les plus redoutables de notre pays? | Ce sont les ours, et surtout les loups, à l'extermination desquels tout le monde travaille tant qu'il peut. |
| Savez-vous qui est la dame avec laquelle ma mère parle? | C'est une dame que je connais de vue, mais dont je ne sais pas le nom. |
| Que savez-vous des araignées et de la manière dont elles font leur toile? | Les araignées tirent de leur corps un fil auquel elles se suspendent, et dont elles forment une toile ou piége pour prendre des mouches et autres insectes, dont elles se nourrissent. |
| A quoi pense-t-il? | Je ne sais à quoi il pense. |
| Savez-vous ce dont il est question dans cet article? | Il est question des événements qui viennent de se passer. |

*Autres questions:* La Fontaine eut-il des enfants? — Qui était Socrate? — Quels sont les principaux animaux qui se trouvent sur les hautes Alpes? — Que savez-vous de Cronstadt? — du Volga? — de Gatschina? de la Néva? — A quoi peut-on comparer la mémoire? — la modestie? — Quelle différence y a-t-il entre une vedette et une sentinelle?

### 52. Récapitulation. Франтъ[1].

Какой-то франтъ, который за свою необдуманность[2] получилъ уже не одинъ (= болѣе одного) урокъ, не исправившій его, сидѣлъ въ партерѣ Большой оперы. Возлѣ[3] него сидѣлъ мужчина пожилыхъ лѣтъ (d'un certain âge), спокойныя и степенныя[4] манеры[5] котораго составляли противоположность[6] съ высокомѣрными[7] и пустыми выходками[8] (привычками) молодаго господина. Молодой франтъ обнаруживалъ[9] особенное нетерпѣніе во время антрактовъ[10], продолжительность (= longueur) которыхъ старался[11] сократить[12] своими разсужденіями, — обращаясь и къ тѣмъ, которые его слушали, и къ тѣмъ, которые не хотѣли его слушать, — и замѣчаніями[13] о (sur) лицахъ, сидѣвшихъ въ ложахъ, на которыя онъ постоянно наводилъ (diriger) свою огромнѣйшую[14] зрительную трубку[15]. Очень хотѣлось бы мнѣ знать, сказалъ онъ, наконецъ, громко, обращаясь[16] прямо къ своему сосѣду, кто можетъ быть эта дама тамъ на верху[17], лицо которой столь-же отвратительно (laid), какъ смѣшонъ ея нарядъ. — Это моя жена, отвѣчалъ тотъ, къ которому онъ обратился. — Вы меня не такъ поняли[18], сказалъ молодой франтъ, нѣсколько смѣшавшись[19], — я говорю не объ этой почтенной (respectable) дамѣ; я говорю о той, которая сидитъ подлѣ нея. Эту-то молодую ночную сову[20] нахожу я такою смѣшною. — Это моя дочь, сказалъ спокойно пожилой человѣкъ (= другой).

1 un fat (prononcez *fatte*); 2 étourderie; 3 auprès de; 4 posé, comme il faut; 5 les manières; 6 contraster avec; 7 orgueilleux; 8 les habitudes; 9 témoigner; 10 un entr'acte; 11 chercher à; 12 abréger; 13 la remarque; 14 énorme; 15 le binocle; 16 s'adresser à; 17 là-haut; 18 mal comprendre; 19 confus; 20 la chouette.

### Книги пастуха.

Одинъ ученый профессоръ, путешествуя (parcourir qch.) по швейцарскимъ Альпамъ, коихъ красотамъ онъ дивился, въ долинахъ ихъ изучалъ (étudier), простые нравы жителей. Разъ, вечеромъ, послѣ утомительнаго пути, желая отдохнуть, остановился онъ передъ (auprès de) однимъ пастухомъ, который отдыхалъ близъ своей хижины, и вступилъ съ нимъ въ разговоръ (entrer en conversation). Сначала говорили они о горахъ, которыми были окружены, потомъ о пастушеской жизни, наконецъ о прелестяхъ (charmes) и непріятностяхъ уединенія. Профессоръ былъ глубоко изумленъ ясностію, съ которою пастухъ отвѣчалъ на всѣ его вопросы, и спросилъ его: «любезный другъ! какимъ образомъ могли вы пріобрѣсти (acquérir) такія познанія среди горъ, на лонѣ (le sein) которыхъ постоянно живете? Какія это книги, которыми вы пользовались (se servir de) для своего образованія?» Пастухъ отвѣчалъ съ улыбкою (gér.): «во (de) всю свою жизнь я раскрывалъ только три книги: первая книга — созданія (œuvres) Творца, которыя окружаютъ меня, и въ нихъ-то я прочелъ [о] могуществѣ и благости Его; вторая — моя совѣсть, которою я познаю Его славу и правосудіе, и третья — слово Божіе, которое возвѣщаетъ (révéler qch.) мнѣ [о] Его милосердіи и милости. Это, безъ сомнѣнія, три лучшія книги, потому что онѣ научаютъ (apprendre à) насъ честно жить и честно умирать». Профессоръ опустилъ (baisser) глаза и сказалъ про себя: онъ читалъ менѣе тебя, но лучше.

## § 33. PRONOMS INTERROGATIFS.

1. Les pronoms interrogatifs sont ou *conjoints* ou *absolus*. Les pronoms interrogatifs *conjoints* sont aussi nommés *adjectifs interrogatifs*, parce qu'ils sont toujours joints à un substantif.

2. La langue française n'a qu'un seul pronom interrogatif conjoint; c'est **quel?** какой, ая, ое? qui se décline régulièrement:

| | *Singulier.* | | *Pluriel.* | |
|---|---|---|---|---|
| *N.* | **Quel?** какой? | **quelle?** какая? | **quels?** какіе? | **quelles?** какія? |
| *G.* | **de quel?** | **de quelle?** | **de quels?** | **de quelles?** |
| *D.* | **à quel?** | **à quelle?** | **à quels?** | **à quelles?** |
| *A.* | **quel?** | **quelle?** | **quels?** | **quelles?** |

*Emploi.* **Quel** s'emploie, a) ou immédiatement joint à un substantif, b) ou comme prédicat du verbe *être.*

| | |
|---|---|
| a) Quel temps fait-il? | Какая погода? |
| De quelle dame parlez-vous? | О какой дамѣ говорите вы? |
| A quels plaisirs pensez-vous? | О какихъ удовольствіяхъ вы думаете? |
| Quelles fleurs cherchez-vous? | Какіе цвѣты ищете вы? |
| Quel bonheur, si je réussis! | Какое счастіе, если я въ этомъ успѣю! |
| Quelle joie! quels cris! | Какая радость! какой крикъ! |
| b) Quelle est la capitale de la Russie? | Какой городъ — столица Россіи? |
| Quelles sont ces femmes? | Какія это женщины? |
| Quels sont nos devoirs? | Какія наши обязанности? |

*Rem.* Quelquefois *quel* s'emploie avec *être* sans substantif: *J'ai une chose importante à t'apprendre. — Quelle est-elle?*

3. Les pronoms interrogatifs *absolus* sont: *lequel? qui? que? quoi?* — auxquels on peut joindre les adverbes interrogatifs *où? d'où? par où?*

1) **Lequel?** какой, ая, ое? se décline comme le pronom relatif de même forme: *quel, duquel, auquel, lequel,* etc.

*Emploi.* Ce pronom indique un *choix* à faire. Il se dit des personnes et des choses; il ne peut jamais être joint à un substantif, mais il se rapporte à un substantif qui précède ou qui suit. Le substantif qui suit est toujours au génitif.

| | |
|---|---|
| J'ai vu ton cousin. — Lequel? | Я видѣлъ твоего двоюроднаго брата. — Котораго? |
| J'ai donné ce cahier à l'une de tes sœurs. — A laquelle? | Я отдалъ эту тетрадь одной изъ твоихъ сестеръ. — Которой? |
| Voilà deux rubans; lequel voulez-vous? | Здѣсь двѣ ленты; которую желаете? |
| Lequel de ces jardins est à vous? | Который изъ этихъ садовъ принадлежитъ вамъ? |
| Auxquelles de ces fleurs donnez-vous la préférence? | Которому изъ этихъ цвѣтовъ отдасте вы предпочтеніе? |

2) **Qui?** кто? se décline comme suit:

| | | | |
|---|---|---|---|
| *N.* **Qui?** кто? | | On renforce ce pronom de la manière suivante: | qui est-ce qui? |
| *G.* **de qui?** кого? | | | de qui est-ce que? |
| *D.* **à qui?** кому? | | | à qui est-ce que? |
| *A.* **qui?** кого? | | | qui est-ce que? |

*Emploi.* Ce pronom ne se dit que des personnes, et peut s'employer au féminin et au pluriel:

Qui est là? De qui parlez-vous? A qui écrivez-vous? Qui cherchez-vous? — Qui sont ces jeunes gens? J. J. Rousseau. Il y avait hier chez vous beaucoup de personnes; qui sont-elles? — Chez qui allez-vous?

Le pronom russe чей, чья, чье, se traduit de différentes manières :

| | |
|---|---|
| **A qui** est ce manteau? | Чей это плащъ? |
| **A qui** la faute? | Чья это вина? Кто виноватъ? |
| **De qui** Alexandre était-il fils? | Чей сынъ былъ Александръ? |
| **Quelle** main a commis ce crime? | Чья рука совершила это преступленie? |

*Obs.* Remarquez la question indirecte: *Je sais qui vous l'a dit. J'ignore de qui il est question.*

3) **Que? quoi?** что? — Les formes de ces deux pronoms, qui se complètent l'un par l'autre, sont:

| | | | | |
|---|---|---|---|---|
| *N.* **Que?** | **quoi?** | что? | | qu'est-ce qui? |
| *G.* — | **de quoi?** | чего? | qui se renforcent par: | de quoi est-ce que? |
| *D.* — | **à quoi?** | чему? | | à quoi est-ce que? |
| *A.* **que?** | **quoi?** | что? | | qu'est-ce que? |

*Emploi.* **Que** ne se dit que des choses et ne s'emploie que joint à un verbe: 1) comme nominatif avec un verbe impersonnel ou les verbes *être, devenir, sembler*, etc.; 2) comme accusatif avec les verbes transitifs:

1) Que se passa-t-il? Qu'arriva-t-il? Что случилось?
Que faut-il? *ou* Qu'est-ce qu'il faut? Что нужно?
Qu'y a-t-il de plus magnifique qu'une nuit d'été?
*ou:* Qu'est-ce qu'il y a de plus magnifique qu'une nuit d'été?
*ou:* Quoi de plus magnifique qu'une nuit d'été?
b) Que suis-je? *ou:* Qu'est-ce que je suis? Что я?
Que deviendrons-nous? Что будетъ съ нами?

*Obs.* Quand le verbe est personnel, il faut employer la circonlocution *qu'est-ce qui*: *Qu'est-ce qui tombe?* Что падаетъ?

2) Que faites-vous? *ou* Qu'est-ce que vous faites? Что вы дѣлаете?
Qu'attendez-vous *ou* Qu'est-ce que vous attendez? Чего вы ждете?

4) **Quoi**? что? s'emploie:

a) seul, ou devant un comparatif précédé de la préposition de:

Quoi! vous partez déjà? Что, вы ѣдете уже?
Quoi de plus majestueux que les Alpes? Что можетъ быть величественнѣе Альпъ?
Vous désirez quelque chose? — Quoi? quoi donc?

b) précédé d'une préposition:

De quoi est-il question?
De quoi est-ce qu'il est question? } О чемъ здѣсь говорятъ?

A quoi vous décidez-vous? На что вы рѣшаетесь?
Sur quoi est-il couché? На чемъ лежитъ онъ?

*Rem.* Что такое? se traduit par *qu'est-ce que?* ou par *qu'est-ce que c'est que?* surtout lorsque la question a pour but de demander une définition, dans le sens de: *Que signifie?* что значитъ?

Qu'est-ce que la géographie?
Qu'est-ce que c'est que la géographie? } Что такое географія?
Qu'est-ce que conjuguer?
Qu'est-ce que c'est que (de) conjuguer? } Что значитъ спрягать?

## 53.

Quelle fraîcheur! quel calme! quelle solitude[1]! et en même temps quel beau jour! Un beau jour est vraiment une fête que le ciel donne à la terre. — Quel homme est sans défaut? — A quels empereurs la Russie doit-elle sa grandeur actuelle? — Quelles sont les nations qui se sont le plus illustrées[2] par les arts, les sciences et le commerce? — Alexandre mourut, et toutes les nations furent sans maître. Mais qu'est-ce que ce conquérant, dit Montesquieu, qui est pleuré[3] de tous les peuples qu'il a soumis? Qu'est-ce que cet usurpateur[4] sur la mort duquel la famille qu'il a renversée du trône verse des larmes? — Comme on demandait à Épaminondas lequel des trois il estimait le plus, ou Chabrias, ou Iphicrate, ou lui-même, il répondit: Il faut nous voir mourir avant de décider cette question. — A laquelle des inventions modernes donneriez-vous la préférence? — Puis-je prendre la liberté de vous demander à quoi vous songez si sérieusement? — Vous avez plusieurs raisons à alléguer[5] contre ce que je vous dis; quelles sont-elles? — Quoi de plus doux que l'amitié dans les adversités de la vie? — A quoi sert la science sans la vertu? — Que de folies et de joies au moment du départ! — Que deviendrons-nous enfin? — Un peu plus de gloire et d'opulence, qu'est-ce que tout cela? — Oubliez-vous qui j'estime et qui vous outragez? — Que sera le monde dans cent ans? — Qui est-ce qui sait éviter le trop et le trop peu? — Qu'est-ce qui t'afflige? dis-le moi franchement. — Irons-nous ce soir au spectacle, que vous en semble? — Que vous plaît-il, monsieur? — Qu'est-ce que c'est que la flatterie? La flatterie est une fausse monnaie, qui n'a de cours[6] que par notre vanité.

1 уединеніе; 2 прославиться; 3 оплакивать; 4 похититель престола, самозванецъ; 5 приводить; 6 курсъ.

## 54.

Какія общества[1] посѣщаете[2] вы? — Какой цвѣтъ вы предпочитаете (= donner la préférence)? — Какимъ людямъ довѣрили[3] вы свою тайну? — Какимъ (§ 50, 6) императоромъ основанъ городъ С.-Петербургъ? — При (sous) какомъ римскомъ императорѣ былъ разрушенъ[4] Іерусалимъ? — Когда я смотрю на птицъ, съ какимъ стараніемъ онѣ вьютъ (construire) свои гнѣзда, я всегда спрашиваю себя: какой учитель обучалъ[5] ихъ математикѣ и зодчеству? — Кто можетъ узнать царицу цвѣтовъ въ увядшей[6] розѣ? Что въ ней напоминаетъ[7] намъ о ея прежней (passé) красотѣ? Что?

скажите мнѣ (это). Что сдѣлалось съ (devenir) ея пріятнымъ запахомъ? Какія бабочки садятся [8] на ея увядшій вѣнчикъ [9]? какія? спрашиваю (le). То-же бываетъ (il en est de même de) съ внѣшними преимуществами [10] человѣка, особенно съ красотою. — Чья могущественная рука создала міръ? — Что же это за человѣкъ, который сегодня обѣщаетъ, а завтра уже забылъ (acc.) объ этомъ? — Какія значительнѣйшія рѣки въ Россіи? — Какія главныя произведенія Сибири? — Знаете-ли, какія страны были завоеваны [11] римлянами, и какіе народы покорены [12] ими? — Что скажете вы объ извѣстіи, которое только что (venir de) сообщили [13] намъ? — Если все идетъ такъ дурно, кто (dat.) виноватъ въ этомъ?

1 la société; 2 fréquenter qu.; 3 confier qch.; 4 détruire; 5 enseigner qch. à qn.; 6 desséché; 7 rappeler qch.; 8 se poser; 9 la corolle; 10 avantage; 11 conquérir un pays; 12 soumettre un peuple; 13 apprendre, communiquer.

## 55.

Чей сынъ былъ Петръ Великій? — Чья дочь была Минерва? — О чемъ ты постоянно думаешь, и что безпокоитъ [1] тебя? — Какому изобрѣтенію среднихъ вѣковъ [2] отдадите вы преимущество, и кому обязаны мы этимъ важнымъ изобрѣтеніемъ (nomin.)? — Какіе римскіе полководцы вели войны [3] въ Африкѣ, и съ кѣмъ сражались они? — Чей этотъ божественный [4] голосъ, который говоритъ намъ на землѣ? Кто этотъ вѣрный руководитель [5] несвѣдущаго и слабаго, но разсудительнаго [6] и свободнаго существа? Это ты, совѣсть [7]! Ты непогрѣшительный [8] судья [9] и добра, и зла. Что святѣе [10] твоего голоса? Тебя слушать и тебѣ повиноваться, — что можетъ вѣрнѣе вести ко спасенію [11]! Какого наказанія заслуживали бы мы, если бы мы заглушили [12] его въ себѣ? Кто изъ васъ былъ бы такъ слѣпъ [13] и безчувственъ [14], чтобы желать этого? — Въ чемъ завидовалъ [15] Александръ Ахиллесу? Въ славѣ, быть воспѣту Гомеромъ, и въ счастіи, имѣть такого друга, какъ Патроклъ. — Что достопочтеннѣе (estimable) добродѣтели? — Что новаго? — Сколько погибшихъ надеждъ съ (depuis) этой несчастной ночи! — Есть-ли что достойнѣе большаго удивленія, какъ жизнь и царствованіе Петра Великаго!

1 inquiéter qn.; 2 le moyen âge; 3 faire la guerre; 4 divin; 5 le guide; 6 intelligent; 7 conscience; 8 infaillible; 9 le juge; 10 sacré; 11 félicité; 12 étouffer qch.; 13 aveuglé; 14 dépourvu de sentiment; 15 envier qch. à qn.

## Exercice de conversation.

| | |
|---|---|
| Que manges-tu là, ma fille? | Une pomme, mais une pomme qui m'a bien trompée. |
| De quelle manière une pomme peut-elle tromper? | Vous m'en avez donné deux pour mon déjeuner; toutes deux étaient vermeilles; déjà je les mangeais des yeux. Mais après en avoir coupé une en deux, je l'ai trouvée toute gâtée en dedans. |

| | |
|---|---|
| Laquelle s'est trouvée mauvaise? | Justement celle qui était la plus belle et la plus rouge. |
| Qu'as-tu vu dans l'intérieur? | J'y ai vu un gros ver, qui avait rongé la pomme pour se nourrir. |
| Sais-tu à quoi l'on peut comparer un fruit gâté? | Ma tante me disait tout à l'heure que ce fruit représente un mauvais cœur sous de belles apparences. |
| En quelle saison sommes-nous? | Nous sommes en été. |
| Sais-tu à quelle heure le soleil se lève, et à quelle heure il se couche? | Je crois qu'il se lève à 4 heures du matin, et se couche à 8 heures du soir. |
| Que l'été est une saison agréable! que ces champs sont beaux! | En effet, quoi de plus beau que ces champs de froment et de seigle! |
| A quoi reconnaît-on le froment? | A sa couleur d'un jaune d'or, et à ses épis plus épais et plus pesants que ceux du seigle. |
| Lequel, du seigle ou du froment, donne la meilleure farine? | C'est le froment, qui donne la farine dont on fait le pain blanc. |
| A quoi s'occupent ces gens dans la campagne? | Ne vois-tu pas que ce sont des moissonneurs, qui abattent le blé avec des faux? |
| Et ces femmes-ci, que font-elles? | Elles moissonnent également, mais avec des faucilles. |
| Qu'il fait chaud et que ces bonnes gens doivent être fatigués! | En effet, l'atmosphère est comme embrasée! |
| Mais, papa, qu'est-ce que c'est que l'atmosphère? | L'atmosphère est une espèce de mer aérienne, qui nous presse de toute part, et dans laquelle nous vivons comme les poissons dans l'eau. |

*Autres questions*: A quoi peut-on comparer un beau jour? — Que dit Montesquieu à propos de la mort d'Alexandre? — Qu'est-ce qu'on demandait à Épaminondas, et que répondit-il? — Qu'est-ce que c'est que l'histoire? — la géographie? — la grammaire? etc.

## § 34. PRONOMS INDÉFINIS.

1. Il y a trois sortes de pronoms indéfinis:

1) Les pronoms indéfinis *conjoints*, nommés aussi *adjectifs indéfinis*, parce qu'ils sont toujours joints à un substantif: *Chaque*, *quelque*, etc.

2) Les pronoms indéfinis *disjoints* ou *absolus*, qui ne s'emploient que substantivement, c'est-à-dire pour remplacer un substantif indéfini: *On*, *chacun*, *quelqu'un*, etc.

3) Les pronoms indéfinis qui sont à la fois *conjoints* et *absolus*, c'est-à-dire qui peuvent être employés adjectivement et substantivement: *Aucun*, *plusieurs*, etc.

## § 35. A. PRONOMS INDÉFINIS CONJOINTS (ADJECTIFS INDÉFINIS).

1. Ces pronoms sont:

| | |
|---|---|
| Chaque, каждый, ая, ое. | maint, mainte, maints, maintes, } иной, ая, ое; многіе, я. |
| quelque, какой-нибудь, нѣкоторый. | certain, certaine, certains, certaines, } извѣстный, ая, ое. |
| quelques, нѣкоторые, я. | différents, différentes, divers, diverses. } разный, ая, ое, ые, ыя. |
| quelconque, quelconques, } какой-нибудь, какой-бы ни былъ. | |

2. Ces mots se déclinent régulièrement au moyen des prépositions *de* et *à: Chaque soldat*, DE *chaque soldat*, A *chaque soldat*, *chaque soldat*.

3. Ces mots ne s'emploient qu'adjectivement, c'est-à-dire joints à un substantif qu'ils précèdent toujours; *quelconque* seul se place toujours après le substantif:

| | |
|---|---|
| Un point **quelconque.** | Какая-нибудь точка, какая-бы ни была точка. |

4. *Certains*, *différents*, *divers* s'emploient aussi comme adjectifs *qualificatifs*, et comme tels, ils se placent toujours après le substantif:

| | |
|---|---|
| **Certaines** fleurs répandent un parfum dangereux. | Извѣстные цвѣты распространяютъ вредный запахъ. |
| Des nouvelles **certaines** (sûres). | Вѣрныя извѣстія. |

5. Les exemples suivants feront connaître la signification de chacun de ces mots:

| | |
|---|---|
| Chaque ville et chaque village. | Каждый городъ и каждая деревня. |
| Prêtez-moi quelque livre. | Одолжите мнѣ какую-нибудь книгу. |
| Cueillez-moi quelques fleurs | Сорвите мнѣ нѣсколько цвѣтовъ. |
| Donnez-moi un point quelconque. | Дайте мнѣ какую-нибудь точку. |
| J'ai lu maint livre. | Я читалъ много книгъ. |
| Certaines gens se plaignent de tout. | Извѣстные люди вѣчно и на все жалуются. |
| Certains arbres ne croissent que dans les contrées froides. | Извѣстныя деревья растутъ только въ холодныхъ странахъ. |
| Diverses fleurs croissent dans mon jardin. | Различные цвѣты растутъ въ моемъ саду. |
| Différentes personnes vous font saluer. | Различныя лица приказали вамъ кланяться. |
| Ces deux frères sont différents d'humeur et d'esprit. | Эти два брата различны между собою по нраву и по уму. |

## § 36. B. PRONOMS INDÉFINIS (DISJOINTS).

1. Ces pronoms sont:

| | |
|---|---|
| On (l'on), (подраз. люди). | (ne) — personne, никто. |
| Chacun, chacune, каждый, ая, ое. | autrui, другіе (люди). |
| Quelqu'un, quelqu'une, нѣкто, кто-нибудь. | quelque chose, что-нибудь. |
| | rien, ничто. |
| Quelques - uns, quelques - unes, нѣкоторые, я. | (ne) — rien, ничто. |
| | la plupart, бо̀льшая часть, многіе. |
| Quiconque, тотъ кто, кто бы ни былъ. | l'un l'autre, другъ друга, одинъ другаго. |
| | l'un... l'autre, тотъ... другой. |
| Personne, кто-нибудь. | les uns... les autres, тѣ ... другіе. |

1. Ces pronoms se déclinent régulièrement au moyen des prépositions *de* et *à:* — *On*, cependant, n'est susceptible d'être employé que comme sujet.

2. Après *et*, *ou*, *où*, *si*, on emploie d'ordinaire, par raison d'euphonie, *l'on* au lieu de *on*, excepté toutefois quand le mot qui suit commence par une *l*. Au commencement d'une phrase, *l'on* s'emploie fréquemment pour *on:*

*Si* L'ON *est content, on est heureux. Le lieu où* L'ON *se rassemble.* — Mais on dira: *Le soir on se promène et* ON *lit. Si* ON *le surprend, il sera puni.* — L'ON *dit, et* L'ON *a souvent écrit.*

*Rem.* C'est aussi par raison d'euphonie que l'on emploie d'ordinaire *que l'on* au lieu de *qu'on*, surtout quand le mot suivant commence par la même consonnance: *Je veux* QUE L'ON *continue. Les personnes* QUE L'ON *connaît.* — Mais on dit très-bien: *Je veux* QU'ON *dise*, QU'ON *fasse*, *etc.*

3. Les exemples suivants serviront à faire connaître le sens de ces noms:

| | |
|---|---|
| On dit, l'on dit. | Говорятъ (люди). |
| Qu'en dira-t-on? | Что скажутъ объ этомъ (люди)? |
| Chacun travaille pour soi. | Каждый работаетъ для себя. |
| Rendez à chacun ce qui lui est dû. | Отдайте каждому, что ему слѣдуетъ. |
| Voilà quelqu'un qui désire vous parler. | Кто-то желаетъ говорить съ вами. |
| Quelques-uns le prétendent. | Нѣкоторые утверждаютъ это. |
| J'ai vu quelques-unes de ces dames. | Я видѣлъ нѣкоторыхъ изъ этихъ дамъ. |
| Quiconque veut travailler, trouve de l'ouvrage. | Всякій, желающій трудиться, найдетъ работу. |
| Y a-t-il personne de plus heureux que lui? | Есть-ли кто счастливѣе его? |

| | |
|---|---|
| Personne n'est plus heureux que lui. | Нѣтъ никого, кто бы былъ счастливѣе его? |
| Je ne vois personne. | Я никого не вижу. |
| Ne parlez pas mal d'autrui. | Не говорите дурно о другихъ. |
| Le bien d'autrui. | Чужое добро. |
| Quelque chose est arrivé. | Что-то случилось. |
| Donnez-moi quelque chose. | Дайте мнѣ что-нибудь. |
| Est-il rien de plus beau! | Есть-ли что прекраснѣе! |
| Il ne perd rien. | Онъ ничего не теряетъ. |
| Rien n'est perdu. | Ничего не потеряно. |
| La plupart le savent. | Бóльшая часть знаетъ это. |
| Aimez-vous l'un l'autre, les uns les autres. | Любите другъ друга! |
| L'un dit ceci, l'autre dit cela. | Одинъ говоритъ то, другой — другое. |

## § 37. C. PRONOMS INDÉFINIS QUI SONT TANTÔT CONJOINTS TANTÔT ABSOLUS.

1. L'autre, un autre, другой, ая, ое.
Les autres, d'autres, другіе, ія.
(L'un l'autre, другъ друга).
L'un et l'autre, L'une et l'autre, } оба, обѣ.
Aucun, aucune (ne), Nul, nulle, nuls, nulles (ne). Pas un, pas une (ne), } никакой, ая, ое; никто.
tout, toute; весь, вся, все.
tous, toutes, всѣ.
plusieurs, нѣкоторые.
tel, telle, tels, telles, } такой, ая, ое. иной, ая, ое.
même, самъ, а, о.
le même, (тотъ) самый.
la même, (та) самая.
les mêmes, (тѣ) самые, ыя.

2. Ces mots se déclinent régulièrement au moyen des prépositions *de* et *à*.

3. Ces mots s'emploient tantôt adjectivement tantôt substantivement, c'est-à-dire tantôt joints à un substantif, tantôt à la place d'un substantif.

| | |
|---|---|
| Il n'a fait aucune faute. | Онъ не сдѣлалъ ни одной ошибки. |
| Aucun ne m'a dit cela. | Никто не говорилъ мнѣ этого. |
| Plusieurs messieurs viennent de passer. | Нѣкоторые господа прошли мимо. |
| Plusieurs m'ont dit cela. | Нѣкоторые (многіе) говорили мнѣ это. |

4. Exemples:

| | |
|---|---|
| L'un rit, l'autre pleure. | Одинъ смѣется, другой плачетъ. |
| L'un et l'autre viennent. | Оба идутъ. |
| L'une et l'autre sœur. Les deux sœurs. | Обѣ сестры. |
| Ils rient l'un de l'autre. | Они смѣются другъ надъ другомъ. |

| | |
|---|---|
| Nulle règle sans exception.<br>Pas de règle sans exception. | Нѣтъ (ни одного) правила безъ исключенія. |
| Nul ne sait. | Никто не знаетъ. |
| Il n'y avait pas une âme. | Тамъ не было ни души. |
| Pas un ne sait ce qui l'attend. | Никто не знаетъ, что ждетъ его впереди. |
| Tout est fini. | Все кончено. |
| Tout homme, toute femme. | Всякій мужчина, всякая женщина. |
| Toute la famille. | Все семейство. |
| Tous les enfants. | Всѣ дѣти. |
| Tel rit aujourd'hui qui pleurera demain. | Иной сегодня смѣется, а завтра будетъ плакать. |
| Telle est sa situation. | Таково ея (его) положеніе. |
| Telle vie, telle fin. | Какова жизнь, такова и смерть. |
| Le roi même (lui-même) l'a dit. | Самъ король сказалъ это. |
| Le même jour, la même heure. | Тотъ самый день, тотъ самый часъ. |
| Il est toujours le même. | Онъ все тотъ-же. |
| Votre sœur est la modestie même. | Ваша сестра сама скромность. |
| Je l'ai fait moi-même. | Я самъ это сдѣлалъ. |
| Il a le même livre que moi. | У него такая-же книга, какъ и у меня. |

56.

I. Каждая минута жизни драгоцѣнна. — У каждаго есть свой конекъ [1]. — Каждая страна имѣетъ свои обычаи [2] и свои законы. — Нѣкоторые люди постоянно [3] читаютъ и занимаются (étudier); они научаются всему, только не [4] мыслить. — Каждая изъ его дочерей образованная (bien élevé) [дѣвушка], и говоритъ по-французски и по-англійски. — Иной (maint) старикъ слишкомъ поздно кается въ заблужденіяхъ [5] своей юности. — Обратитесь къ какому-нибудь честному человѣку [6]. — Приведите [7] мнѣ какое-нибудь доказательство. — Видѣли-ли вы кого-нибудь въ нашемъ саду? Нѣтъ, мы никого тамъ не видѣли. — У васъ такъ много книгъ; одолжите мнѣ нѣкоторыя изъ нихъ. — Всякое растеніе имѣетъ извѣстное свойство, которое дѣлаетъ [8] его полезнымъ [9] или вреднымъ [10]. — Извѣстные писатели утверждали [11] это. — Нельзя быть справедливымъ, не бывъ (si) человѣчнымъ. — Гораздо легче заучивать то, что понимаешь, нежели то, чего не понимаешь.

II. Цезарь и Помпей уважали [12] другъ друга, не смотря на вражду [13], которую питали [14] [въ душѣ] одинъ къ (contre) другому. — Эти два офицера дали другъ другу доказательства взаимной дружбы и любви. — Нѣкоторыя изъ этихъ извѣстій вѣрны, другія ложны. — Не принявъ никакихъ предосторожностей [15], Камбизъ углубился [16] въ песчаныя степи Эѳіопіи. — Ни одинъ изъ этихъ домовъ не нравится мнѣ; я не куплю ни одного изъ нихъ. — Никакая тварь (créature) не недостойна Творца. — Вся его библіотека и всѣ его картины проданы. — Я ни съ кѣмъ не говорилъ (pass. indéf.) объ этомъ, потому что ничего не зналъ. — Одинъ Богъ остается всегда неизмѣннымъ (= тѣмъ же самымъ): рѣка времени, которая уноситъ [съ собою] всѣхъ людей, течетъ передъ Его очами. — Вотъ такая квартира, какую я именно ищу. — Развѣ подобное (= такое) положенiе невыносимо [17] ?

1 la marotte, le dada; 2 usage; 3 sans cesse; 4 excepté à; 5 erreur; 6 homme de bien; 7 citer, alléguer; 8 rendre; 9 salutaire; 10 nuisible; 11 soutenir qch.; 12 s'estimer; 13 inimitié; 14 animer qn.; 15 prendre des précautions; 16 s'enfoncer; 17 insupportable.

## 57.

I. Нѣкоторыя изъ самыхъ обыкновенныхъ растенiй въ Европѣ привезены сюда первоначально [1] изъ Азiи. — Нѣкоторые искатели приключенiй [2] овладѣли [3] островомъ. — Таковъ характеръ людей, что они никогда не довольны тѣмъ, что имѣютъ [4]. — Вы такой подняли (= сдѣлали) шумъ, что мы ничего не слыхали. — Возвратите-ли вы намъ книги въ томъ же видѣ (tels), въ какомъ мы отдаемъ ихъ вамъ? — Такiя побудительныя причины [5] всегда заслуживаютъ похвалы (louable). — Нѣкоторыя птицы оставляютъ насъ на (pour) зиму и улетаютъ въ болѣе теплыя страны. — Этотъ чужестранецъ живетъ уже полгода въ нашемъ городѣ и никого не знаетъ; онъ никого не посѣщаетъ и никого не принимаетъ [къ себѣ]. — У тебя такiя же (= ты сдѣлалъ тѣ-же) ошибки, какiя и у твоего двоюроднаго брата. — Одинаковыя причины [6] производятъ [7] одинаковыя же дѣйствiя [8]. — Предлагали различныя средства, но ни одно не было одобрено [9].

II. Писатели этихъ двухъ странъ были несправедливы другъ къ (envers) другу. — Всякое состоянiе имѣетъ свои непрiятности [10]; каждый изъ насъ долженъ переносить ихъ. — Я получилъ отъ него много писемъ, изъ которыхъ иныя писаны совершенно другою рукою. — Одно и то же (c'est le même) солнце освѣщаетъ всѣ народы и всѣ страны земли. — Эти оба полководца пали въ одной и той же битвѣ. — Не должно желать [11] чужаго добра. — Знаете вы какое-нибудь произведенiе (production) этого сочинителя? Никакого не знаю (ни одного). — Изъ всѣхъ зрѣлищъ [12], какiя (que) дало мiру человѣческое искусство, нѣтъ ни одного столь замѣчательнаго, какъ мореплаванiе. — Въ морской битвѣ [13] соединяется [14] все, чтобы увеличить опасность и уменьшить средства [15] къ (de) спасенiю. — Никто (nul) не бывалъ (prés.) пророкомъ въ своемъ отечествѣ. — Каждый считаетъ себя (se croire) лучше другихъ. — Отдайте каждому, что ему слѣдуетъ [16]. — Каждая изъ этихъ молодыхъ дѣвушекъ держала въ (à) рукахъ вѣнокъ изъ цвѣтовъ, который и положила на могилу [17]. — Съ большимъ трудомъ (ce n'est que) выучиваютъ [18] соловья подражать нѣкоторымъ нашимъ пѣснямъ [19] (мелодiямъ).

1 être originaire de; 2 aventurier; 3 s'emparer de; 4 posséder qch.; 5 motif, raison; 6 la cause; 7 produire, amener qch.; 8 effet, m.; 9 approuver; 10 désagrément; 11 désirer, convoiter qch.; 12 spectacle, m.; 13 bataille navale, bataille (combat) sur (de) mer.; 14 conspirer à, se réunir pour; 15 la ressource; 16 § 50, 7; 17 la tombe; 18 enseigner, apprendre qch. à qn.; 19 air, mélodie.

# CHAPITRE VI.

## § 38. DU VERBE.

1. Le verbe exprime l'action.

2. Les verbes se divisent en deux classes, savoir: les verbes *transitifs* et les verbes *intransitifs*.

1) On appelle *transitifs* ou *actifs* les verbes qui expriment une action qui passe directement du sujet au complément qui en est l'objet. Le complément du verbe transitif est toujours un *régime direct*.

2) On appelle *intransitifs* ou *neutres* les verbes qui expriment une action qui demeure dans le sujet: *L'enfant* DORT. *L'arbre* FLEURIT;—ou une action qui ne passe qu'indirectement sur un objet: *L'enfant obéit* à SES PARENTS. *Il jouit* DE SON BONHEUR. — *César combattit* CONTRE POMPÉE. *Trois cents Spartiates périrent* POUR LA PATRIE.

*Obs.* 1) Le mot *transitif* signifie *qui passe*, du latin *transire, transitivus;* le mot *intransitif*, au contraire, signifie *qui ne passe pas.*

2) On nomme aussi *subjectifs* les verbes qui expriment une action qui reste dans le sujet: *L'oiseau* VOLE, *le poisson* NAGE, *l'arbre* FLEURIT; tandis qu'on nomme *objectif* tout verbe qui a besoin d'être complété par un régime soit direct soit indirect: *Le soleil* RÉCHAUFFE *la terre. Nous* PENSONS *à nos devoirs. Il* JOUIT *de son bonheur.*

3) Les verbes transitifs deviennent accidentellement *intransitifs*, quand ils sont employés sans régime: *Je* LIS. *Il ne fait que* MANGER *et* BOIRE. De même aussi certains verbes *intransitifs* de leur nature, deviennent accidentellement transitifs, lorsqu'ils sont employés avec un régime direct: PARLER *le langage de la vérité.* DESCENDRE *la rivière.* COURIR *la ville.* DORMIR *la grasse matinée.*

3. Les verbes transitifs ont deux formes, une forme *active* et une forme *passive.*

1) Le verbe transitif est employé *activement*, lorsque le sujet *fait* l'action exprimée par le verbe: *Le père* AIME *ses enfants. Le loup* MORD *le chien.*

2) Le verbe transitif est employé *passivement*, lorsque le sujet *souffre*, *reçoit* l'action exprimée par le verbe: *Les enfants* SONT AIMÉS *de leur père. Le chien* EST MORDU *par le loup* (§ 50).

4. On distingue encore:

1) Les verbes *pronominaux*, qui sont des verbes transitifs ou intransitifs conjugués avec deux pronoms de la même personne: *Je me rappelle. Tu te baignes. Il se prépare.* — Le verbe pronominal peut exprimer:

a) Une action faite par le sujet sur lui-même: JE ME *vois dans la glace.* NOUS NOUS *reposons.* — Dans ce cas le verbe s'appelle pronominal *réfléchi*, возвратный.

b) L'action mutuelle de plusieurs sujets les uns sur les autres: *Nous nous regardons (les uns les autres).* Ils SE *flattent (l'un l'autre, les uns les autres).* — Dans ce cas le verbe s'appelle pronominal *réciproque*, взаимный. — Il va sans dire que le sens *réciproque* ne peut avoir lieu qu'au pluriel [1].

2) Les verbes *impersonnels*, qui ne s'emploient qu'à la troisième personne du singulier, précédés du sujet grammatical *il: Il pleut*, дождь идетъ; *il neige*, снѣгъ идетъ; *il semble*, кажется.

5. On appelle verbes *auxiliaires*, вспомогательные глаголы, ceux qui servent à former certains temps des autres verbes. La langue française a deux verbes auxiliaires: *être* et *avoir.*

## § 39. CONJUGAISON DES VERBES.

1. Tout verbe se compose de deux parties distinctes, l'une *invariable*, appelée *radical*, корень, l'autre *variable*, appelée *terminaison*, окончанiе.

**Parl-er. Jou-ir. Rec-ev-oir. Entend-re.**

2. Les modifications subies par la terminaison ont pour but d'exprimer certains rapports de l'action avec d'autres idées ou avec celui qui parle. Ces rapports sont au nombre de quatre, savoir: la *personne*, лицо, le *nombre*, число, le *mode*, наклоненiе, et le *temps*, время.

3. Le rapport de *personne* marque le rapport de l'action avec les trois personnes du discours: *Je lis, tu lis, il lit.*

4. Le rapport de *nombre* fait connaître si l'action est faite par un sujet *singulier* ou un sujet *pluriel: Je lis, nous lisons.*

---

[1] La réciprocité s'indique plus nettement encore par les mots *l'un l'autre, réciproquement, mutuellement*, ou quelquefois par la préposition *entre: Ils se flattent l'un l'autre, mutuellement, réciproquement. Ils s'entr'aident.*

5. **Modes et temps.**

Il y a *six modes*, dont quatre seulement indiquent le rapport de personne du sujet. Ces quatre sont nommés *modes personnels;* les deux autres *modes impersonnels.*

A. Les modes personnels sont :

1. **L'indicatif,** изъявительное, qui affirme l'action comme un fait *réel, certain.*—Ce mode a huit formes pour exprimer les rapports de temps, savoir:

   1. Le *présent*: Il parle.
   2. L'*imparfait* (*descriptif* ou *relatif*): Il parlait.
   3. Le *passé défini* (ou *narratif*): Il parla.
   4. Le *passé indéfini*: Il a parlé.
   5. Le *plus-que-parfait*: Il avait parlé.
   6. Le *passé antérieur*: Il eut parlé.
   7. Le *futur simple*: Il parlera.
   8. Le *futur composé* (*antérieur*): Il aura parlé.

2. **Le conditionnel,** условное, qui affirme l'action comme un fait *dépendant d'une condition.* Ce mode a deux temps:

   1. Le *conditionnel présent* (ou *simple*): Il parlerait.
   2. Le *conditionnel passé* (*composé*): Il aurait parlé, *ou*: Il eût parlé.

3. **L'impératif,** повелительное, qui affirme l'action comme un fait *commandé.*—Ce mode n'a qu'un temps:

   1. Le *présent*: Parle! parlons! parlez!

4. **Le subjonctif,** сослагательное, qui affirme l'action comme un fait *incertain.*—Ce mode a quatre temps:

   1. Le *présent* (ou *futur*): Il veut que **je parle.**
   2. L'*imparfait*: Il voulait que **je parlasse.**
   3. Le *passé*: Il doute que **j'aie parlé.**
   4. Le *plus-que-parfait*: Il doute que **j'eusse parlé.**

B. Les deux modes impersonnels sont :

1. **L'infinitif,** неокончательное, неопредѣленное, qui nomme l'action sous la forme d'un *substantif abstrait.* Ce mode a deux temps :

   1. Le *présent*: Parler.
   2. Le *passé*: Avoir parlé.

2. **Le participe,** причастие, qui nomme l'action sous la forme d'un *adjectif.* Ce mode a trois temps, savoir :

   1. Le *présent*: Parlant.

2. Le *passé simple*: Parlé.
3. Le *passé composé*: Ayant parlé.

*Rem.* Le participe présent précédé de la préposition *en*, prend le nom de *gérondif*: *En parlant, en jouant* (1).

6. On distingue, par rapport à la forme, deux espèces de temps: les temps *simples* et les temps *composés*.

a) Les temps *simples* ou *imparfaits* sont ceux qui se forment au moyen de terminaisons diverses ajoutées au radical: *Je parl-e, je parl-ais, je parl-erai, parl-ant.*

b) Les temps *composés* ou *parfaits* sont ceux qui se forment d'un temps simple du verbe auxiliaire et du participe passé du verbe à conjuguer: *J'ai parlé, j'avais parlé, avoir parlé, ayant parlé.*

7. Les verbes, par rapport à la conjugaison, sont *réguliers*, *irréguliers* ou *défectifs*.

1) Les verbes *réguliers* sont ceux dont le radical ne change pas, et qui prennent les terminaisons qui correspondent à la terminaison de leur infinitif. *Donner, finir, recevoir, vendre.*

2) Les verbes *irréguliers* sont ceux dont le radical change, ou qui prennent d'autres terminaisons que celles qui correspondent à leur infinitif, — ou qui présentent les deux anomalies à la fois: *Aller, voir, cueillir, prendre*, etc.

3) On nomme *défectifs* ou *incomplets* les verbes qui ne sont pas usités à tous les modes et à tous les temps, ou qui ne s'emploient pas à toutes les personnes: *Absoudre, frire, ouïr, falloir.*

## § 40. CONJUGAISON DES VERBES AUXILIAIRES.

1. Avant de passer à la conjugaison régulière, il importe de bien connaître la conjugaison des verbes auxiliaires *avoir* et *être*.

### **Avoir**, имѣть.

| *Temps simples (imparfaits).* | *Temps composés (parfaits).* |
|---|---|

#### A. MODES IMPERSONNELS.

#### **I. Infinitif.**

| *Présent.* | *Passé.* |
|---|---|
| (Il faut) | (Après, sans) |
| Avoir. | Avoir eu. |

(1) Il est de la plus grande importance d'habituer les élèves à se rendre compte de l'emploi des modes et des temps. Pour cela, il faut, partout où l'occasion s'en présente, poser les questions suivantes: *A quel mode est ce verbe, et pourquoi? A quel temps est ce verbe, et pourquoi?* On trouvera les règles essentielles résumées aux §§ 46, 47. — Pour plus de développements, voir II P. de § 62 à 75.

### II. Participe.

| *Présent.* | *Passé simple.* | *Passé composé.* |
|---|---|---|
| Ayant. | Eu. | Ayant eu. |

## B. MODES PERSONNELS.

### I. Indicatif.

*Présent.*
(A présent)

J'ai,
tu as,
il (elle) a,
nous avons,
vous avez,
ils (elles) ont.

*Passé indéfini.*
(Aujourd'hui, hier)

J'ai eu,
tu as eu,
il (elle) a eu,
nous avons eu,
vous avez eu,
ils (elles) ont eu.

*Imparfait* (descriptif).
(Quand vous êtes entré)

J'avais,
tu avais,
il (elle) avait,
nous avions,
vous aviez,
ils (elles) avaient.

*Plus-que-parfait.*
(Quand vous êtes entré)

J'avais eu,
tu avais eu,
il (elle) avait eu,
nous avions eu,
vous aviez eu,
ils (elles) avaient eu.

*Passé défini* (narratif).
(La semaine passée, il y a un an)

J'eus,
tu eus,
il (elle) eut,
nous eûmes,
vous eûtes,
ils (elles) eurent.

*Passé antérieur.*
(Quand, aussitôt que)

J'eus eu,
tu eus eu,
il (elle) eut eu,
nous eûmes eu,
vous eûtes eu,
ils (elles) eurent eu.

*Futur absolu.*
(Demain)

J'aurai,
tu auras,
il aura,
nous aurons,
vous aurez,
ils auront.

*Futur antérieur.*
(Je sortirai quand)

J'aurai eu,
tu auras eu,
il aura eu,
nous aurons eu,
vous aurez eu,
ils auront eu.

### II. Conditionnel.

*Présent.*
(Si je pouvais)

J'aurais,
tu aurais,
il aurait,
nous aurions,
vous auriez,
ils auraient.

*Passé.*
(Si vous aviez voulu)

| | | |
|---|---|---|
| J'aurais eu | *ou* | j'eusse eu, |
| tu aurais eu, | | tu eusses eu, |
| il aurait eu, | | il eût eu, |
| nous aurions eu, | | nous eussions eu, |
| vous auriez eu, | | vous eussiez eu, |
| ils auraient eu, | | ils eussent eu. |

### III. Impératif.

Ce temps se complète au moyen des formes du subjonctif :

| | |
|---|---|
| *Présent.* Aie, имѣй! | Qu'il ait! пусть онъ имѣетъ! |
| Ayons, будемъ имѣть! | qu'ils aient! пусть они имѣютъ! |
| Ayez, имѣйте! | |

### IV. Subjonctif.

| *Présent* ou *Futur.* | *Passé.* |
|---|---|
| (Il veut) | (Il désire, il désirera) |
| Que j'aie, | Que j'aie eu, |
| que tu aies, | que tu aies eu, |
| qu'il ait, | qu'il ait eu, |
| que nous ayons, | que nous ayons eu, |
| que vous ayez, | que vous ayez eu, |
| qu'ils aient. | qu'ils aient eu. |

| *Imparfait.* | *Plus-que-parfait.* |
|---|---|
| (Il voulait, il voudrait) | (Il aurait voulu) |
| Que j'eusse, | Que j'eusse eu, |
| que tu eusses, | que tu eusses eu, |
| qu'il eût, | qu'il eût eu, |
| que nous eussions, | que nous eussions eu, |
| que vous eussiez, | que vous eussiez eu, |
| qu'ils eussent. | qu'ils eussent eu. |

---

## Verbe **être**, быть.

## A. MODES IMPERSONNELS.

### I. Infinitif.

| *Présent.* | *Passé.* |
|---|---|
| (Il faut) | (Après, sans) |
| Être. | Avoir été. |

### II. Participe.

| *Présent.* | *Passé.* | |
|---|---|---|
| | Simple. | Composé. |
| (Alors) | | (Alors) |
| Étant. | Été. | Ayant été. |

## B. MODES PERSONNELS.

### III. Indicatif.

| *Présent.* | *Passé indéfini.* |
|---|---|
| (Présentement) | (Ce matin, cette semaine-ci) |
| Je suis, | J'ai été, |
| tu es, | tu as été, |
| il est, | il a été, |
| nous sommes, | nous avons été, |
| vous êtes, | vous avez été, |
| ils sont. | ils ont été. |

*Imparfait.*
(Quand vous êtes entré)
J'étais,
tu étais,
il était,
nous étions,
vous étiez,
ils étaient.

*Plus-que-parfait.*
(Quand vous êtes entré)
J'avais été,
tu avais été,
il avait été,
nous avions été,
vous aviez été,
ils avaient été.

*Passé défini.*
(Hier, le mois passé)
Je fus,
tu fus,
il fut,
nous fûmes,
vous fûtes,
ils furent.

*Passé antérieur.*
(Quand, dès que)
J'eus été,
tu eus été,
il eut été,
nous eûmes été,
vous eûtes été,
ils eurent été.

*Futur absolu.*
(Demain, ce soir)
Je serai,
tu seras,
il sera,
nous serons,
vous serez,
ils seront.

*Futur antérieur.*
(Je sortirai quand)
J'aurai été,
tu auras été,
il aura été,
nous aurons été,
vous aurez été,
ils auront été.

## IV. Conditionnel.

*Présent.*
(Si je pouvais)
Je serais,
tu serais,
il serait,
nous serions,
vous seriez,
ils seraient.

*Passé.*
(Si vous aviez voulu)
1-re forme:
J'aurais été,
tu aurais été,
il aurait été,
nous aurions été,
vous auriez été,
ils auraient été.

2-e forme:
J'eusse été,
tu eusses été,
il eût été,
nous eussions été,
vous eussiez été,
ils eussent été.

## V. Impératif.

***Présent:*** Sois, будь!
soyons, да будемъ!
soyez, будьте!
Qu'il soit! пусть онъ будетъ!
qu'ils soient! пусть они будутъ!

### VI. Subjonctif.

| *Présent.* | *Passé.* |
|---|---|
| (Il veut) | (Il doute) |
| Que je sois, | Que j'aie été, |
| que tu sois, | que tu aies été, |
| qu'il soit, | qu'il ait été, |
| que nous soyons, | que nous ayons été, |
| que vous soyez, | que vous ayez été, |
| qu'ils soient. | qu'ils aient été. |

| *Imparfait.* | *Plus-que-parfait.* |
|---|---|
| (Il voulait, il voudrait) | (Il aurait voulu) |
| Que je fusse, | Que j'eusse été, |
| que tu fusses, | que tu eusses été, |
| qu'il fût, | qu'il eût été, |
| que nous fussions, | que nous eussions été, |
| que vous fussiez, | que vous eussiez été, |
| qu'ils fussent. | qu'ils eussent été. |

*Rem.* Le participe passé *été* est toujours invariable; le participe *eu* suit la règle du participe conjugué avec l'auxiliaire *avoir* (§ 43, II).

## § 41. OBSERVATIONS SUR LA FORME INTERROGATIVE ET SUR LA FORME NÉGATIVE.

1. Un verbe peut se conjuguer de quatre manières:

   1. *Affirmativement*: Je suis, j'ai, etc.
   2. *Interrogativement*: Suis-je? Ai-je?
   3. *Négativement*: Je **ne** suis **pas**, je **n'**ai **pas**.
   4. *Interro-négativement*: Ne suis-je pas? N'ai-je pas?

2. Mais il faut remarquer les points suivants:

1) La forme interrogative et la forme interro-négative n'ont que deux modes, l'indicatif et le conditionnel.

2) Dans l'interrogation, si le sujet du verbe est un pronom personnel, ou l'un des pronoms *ce*, *on*, il se place après le verbe, et, dans les temps composés, entre l'auxiliaire et le participe:

Suis-je? Ai-je eu? N'ai-je pas eu? (§ 66, V).

3) Si la 3-ième personne du verbe se termine par une voyelle, on place un *t* euphonique entre le verbe et le pronom:

A-t-il? Sera-t-elle? Aura-t-on?

4) Si le sujet du verbe est un substantif ou un mot équivalent, comme *personne*, *quelqu'un*, etc., il commence la phrase, et se répète après le verbe sous la forme du pronom personnel conjoint:

Ton **frère** est-**il** ici? Ta **sœur** a-t-**elle** ma plume?

5) Toute question peut se faire au moyen de la tournure *est-ce que?* Ainsi, au lieu de *Suis-je?* on peut dire: **Est-ce que** *je suis?* (§ 33).

6) La négation française s'exprime par *ne*, qui se place avant le verbe, et par l'un des mots *pas, point, rien, jamais*, etc., qui se place après le verbe:

Je **ne** suis **pas**. Je **n'**ai **jamais** raison.

Dans les temps composés, le complément négatif se place d'ordinaire immédiatement après le verbe auxiliaire:

Je **n'**ai **pas** été. Il **n'**a **point** été ici. Je **n'**ai **rien** eu.

*Rem.* Il faut, pour tous les verbes que l'on conjugue, faire le tableau complet de toutes ces formes.

58.

Où es-tu, mon enfant? — Je suis ici. — Combien de temps avez-vous été à Paris? — Nous y avons été six mois. — Nous n'avons jamais qu'un moment à vivre, et nous avons des espérances pour plusieurs années. — J'ai eu toutes les peines du monde à réussir [1]. — Dieu accorde le sommeil aux méchants, afin que les bons aient quelques moments de repos. — Louis XIV avait l'âme plus grande que l'esprit. — Arcadius eut l'Orient, et Honorius eut l'Occident. — Nous avons eu pour vous beaucoup d'indulgence [2], et nous voudrions que vous n'en eussiez pas moins pour les autres. — Soyez laborieux, et vous ne serez jamais exposés à l'indigence [3]. — Si vous aviez été moins prodigues [4] dans votre jeunesse, vous ne seriez pas maintenant exposés à la misère [5]. — Dieu dit: «Que la lumière soit!» et la lumière fut.—Il faut que la conscience soit l'étoile polaire des actions humaines. — Il est fâcheux de n'avoir jamais eu l'occasion d'être utile à sa patrie. — Nous aurions été moins fiers, si vous eussiez été plus humbles [6]. — Sois toujours indulgent pour les autres, ne le sois jamais pour toi. — Ayant été indisposée, ma sœur n'a pu achever le petit ouvrage que vous lui aviez donné à faire. — Robinson, après avoir été bien longtemps dans son île, put enfin se rembarquer [7] pour son pays natal. — N'aie honte que du mal.

1 успѣвать, удаваться; 2 снисхожденie; 3 бѣдность, нужда; 4 расточительный; 5 нищета; 6 смиренный; 7 снова сѣсть на корабль, чтобы отправиться.

59.

Гдѣ были вы сегодня утромъ? — Мы были у вашего друга, который очень боленъ. — Легко сказать: я доволенъ, но не легко быть [довольнымъ]. — Будьте такъ добры, одолжите (inf.) мнѣ вашего ножика. — Благодарность — память сердца. — Если бы мы имѣли (imparf. après *si*) въ сердцѣ страхъ Божій, то не имѣли бы никакого другаго страха. — Мнѣ нужно было бы сказать вамъ нѣчто, если бы вы имѣли время проводить меня. — Будь справедливъ и благочестивъ [1], и ты будешь счастливъ, на сколько возможно счастье (autant qu'on peut...) на землѣ. — Если бы ты поѣхалъ вчера, ты имѣлъ бы прекрасную погоду. — Такъ какъ у меня нѣтъ (partic.) карандаша, я не могу рисовать. — Будемъ мужественно (avoir le courage) противиться искушенію[2]. — Не хочешь-ли, чтобы я былъ твоимъ проводникомъ (guide)? — Я прошу васъ объ этомъ (en). — Кто довольствуется необходимымъ, тотъ не нуждается[3] въ богатствѣ. — Если бы мы не были высокомѣрны (orgueilleux), [то] не были бы такъ склонны[4] къ жалобамъ на (de) высокомѣріе[5] другихъ. — Не стыдитесь насмѣшекъ[6], если вы имѣете убѣжденіе[7], что дѣйствовали[8] справедливо. — Послѣ того, какъ я прохворалъ (être malade, pas. ant.) три недѣли, мы отправились[9] въ Москву. — Былъ-ли боленъ твой другъ? Я не думаю, чтобы онъ былъ боленъ (Quel mode?).

1 pieux; 2 séduction; 3 avoir besoin de; 4 porté, enclin à; 5 orgueil; 6 moquerie, raillerie; 7 conscience; 8 agir (inf. passé); 9 partir pour.

60.

Если Колумбъ не былъ бы равнодушенъ[1] къ оскорбленіямъ[2], которыми (dont) его враги преслѣдовали[3] его, онъ не имѣлъ бы славы открыть новую часть свѣта. — Онъ, безъ сомнѣнія, былъ (futur antérieur) такъ добръ (avoir la bonté) и (de) переговорилъ объ этомъ съ моимъ отцомъ.—Если ты богатъ, будь щедръ[4]; если ты не обладаешь (avoir) богатствами, утѣшайся (= имѣй утѣшеніе[5]) мыслію что ты ихъ заслуживаешь. — Я сомнѣваюсь, былъ-ли (que) онъ достаточно благоразуменъ[6], чтобы избѣжать[7] этой опасности. — Имѣйте всегда Бога въ душѣ (= передъ глазами). — Я желаю, чтобы вы были (Quel mode? § 47) внимательнѣе и прилежнѣе. — Будь скромна, моя дочь! — Такъ какъ я былъ боленъ (part. composé), я не могъ сдержать обѣщаніе и посѣтить твоихъ родителей. — Дай Богъ[8], чтобы другъ мой былъ (Quel mode? quel temps?) еще живъ (en vie). — Такъ какъ отецъ мой боленъ (part. prés.), мы всѣ въ величайшемъ безпокойствѣ[9].— Такъ какъ прошлое лѣто было (part.) холодное, въ этомъ году у насъ будетъ мало плодовъ[10]. — За недѣлю до настоящаго времени (§ 53, 6, 3) я былъ въ Москвѣ, черезъ двѣ недѣли я буду въ Германіи. — Если бы вы вчера не пришли, я опасаюсь, что ваши родители чрезвычайно безпокоились[11] бы (Quel mode? quel temps?).

1 insensible à; 2 outrage; 3 poursuivre de; 4 libéral, généreux; 5 consolation; 6 sage, prudent; 7 échapper à, éviter qch.; 8 plût à Dieu; 9 inquiétude; 10 le fruit; 11 être inquiet.

## Exercice de conversation.

| | |
|---|---|
| Monsieur N. a-t-il été à Moscou? | Non, je ne crois pas qu'il y ait été. |
| Je suis surpris que ma sœur ne soit pas venue aujourd'hui. | Elle sera indisposée, ou quelque événement inattendu l'aura empêchée de venir. |
| Je vous ai cherché partout, où avez-vous été? | Je suis allé voir un de mes condisciples, qui est malade depuis plusieurs jours. |

| | |
|---|---|
| De quoi avez-vous eu peur tout à l'heure? | J'ai eu peur d'un serpent, qui s'est glissé dans l'herbe. |
| N'auriez-vous pas envie d'un verre de limonade? | Je vous remercie, Madame; je n'ai pas soif. |
| Pensez-vous que ma lettre soit arrivée à Moscou? | Pas encore, mais je pense que votre frère l'aura ce soir ou demain matin. |
| Enfants, dépêchez-vous, afin d'être prêts à l'heure indiquée. | Sois sans inquiétude, maman; dans un quart d'heure, nous serons prêts à partir. |
| N'as-tu pas besoin d'argent? | Non, papa; je n'ai besoin de rien pour le moment. |

*Autres questions*: Pourquoi Dieu accorde-t-il le sommeil aux méchants?— Que dit-on de Louis XIV? — Que dites-vous de la conscience? — Pourquoi y a-t-il peu de fruits cette année-ci?

## § 42. CONJUGAISON RÉGULIÈRE. (FORME ACTIVE.)

I. Les verbes français se divisent, d'après la terminaison de l'infinitif, en quatre classes appelées *conjugaisons*.

1) Les verbes de la première se terminent en *er: parl*ER, *don-n*ER, etc.

2) Ceux de la seconde en *ir*: *bât*IR, *fin*IR, *ven*IR, etc.

3) Ceux de la troisième en *oir*: *recev*OIR, *dev*OIR, etc.

4) Ceux de la quatrième en *re: vend*RE, *perd*RE, etc.

*Rem.* Il n'est pas inutile de savoir que, des 5000 verbes à peu près que compte la langue française, il y en a plus de 4500 qui appartiennent à la première conjugaison. Après la première conjugaison, c'est la 2-e qui en compte le plus, et c'est la troisième qui en compte le moins.

II. Formation des temps.

1. Il y a *quatre* temps du verbe dont on peut dériver tous les autres. Ces quatre temps qu'il faut d'abord connaître, sont appelés temps *primitifs*, первообразныя времена; les autres sont appelés temps *dérivés*, производныя времена.

2. Les quatre temps primitifs sont: 1) *L'infinitif présent.* 2) *Le présent de l'indicatif.* 3) *Le passé défini.* 4) *Le participe passé.*

I. **L'infinitif présent** forme:

| | |
|---|---|
| 1) Le *futur simple*,<br>2) Le *présent du conditionnel*, | par l'addition de *ai*, pour le futur, et de *ais*, pour le conditionnel, après l'*r* de la finale de l'infinitif. |

| Ex.: *Infinitif.* | *Futur.* | *Conditionnel.* |
|---|---|---|
| Parler. | Je parler**ai**. | Je parler**ais**. |
| Finir. | Je finir**ai**. | Je finir**ais**. |
| Recevoir. | Je recevr**ai**. | Je recevr**ais**. |
| Vendre. | Je vendr**ai**. | Je vendr**ais**. |

*Rem.* 1) Dans les verbes en *er*, l'*e* fermé qui précède l'*r* devient muet.
2) Dans les verbes en *evoir*, *oi* se retranche. Il en est de même de l'*e* final des verbes en *re*.

**II. Le présent de l'indicatif forme:**

1) L'*impératif*, qui se dérive des personnes correspondantes du présent de l'indicatif, par la suppression des pronoms sujets, sans autre changement que la suppression de l'*s* de la deuxième personne du singulier des verbes en *er*.

| *Présent de l'indicatif.* | *Impératif.* |
|---|---|
| 1) Tu donnes, | Donne (s), |
| nous donnons, | donnons, |
| vous donnez. | donnez. |
| 2) Tu finis, | Finis, |
| nous finissons, | finissons, |
| vous finissez. | finissez. |
| 3) Tu reçois, | Reçois, |
| nous recevons, | recevons, |
| vous recevez. | recevez. |
| 4) Tu vends, | Vends, |
| nous vendons, | vendons, |
| vous vendez. | vendez. |

*Rem.* La deuxième personne du singulier des verbes en *er*, prend une *s* euphonique, quand elle est suivie des particules pronominales *en* et *y* : *donnes-en*, *donnes-y*. Il en est de même pour le verbe *aller* : *va*, *vas-y*, *vas-en chercher*, et des verbes en *frir*, *vrir* et *illir* : *souffre*, *couvre*, *cueille*, *souffres-y*, *cueilles-en*.

2) L'*imparfait de l'indicatif*, en changeant en *ais* la terminaison *ons* de la 1re personne du pluriel :

| | |
|---|---|
| Nous parl-*ons*, | Je parl-*ais*, |
| nous finiss-*ons*, | je finiss-*ais*, |
| nous recev-*ons*, | je recev-*ais*, |
| nous vend-*ons*. | je vend-*ais*. |

3) Le *présent du subjonctif*, en changeant en *e* la terminaison *ons* de la 1re personne du pluriel :

| | |
|---|---|
| Nous parl-*ons*, | Que je parl-*e*, |
| nous finiss-*ons*, | que je finiss-*e*, |
| nous recev-*ons*, | que je reçoiv-*e*, |
| nous vend-*ons*. | que je vend-*e*. |

*Rem.* 1) Dans les verbes en *evoir*, *ev* se change en *oiv* devant une syllabe muette.

2) Le présent du subjonctif peut aussi se dériver de la 3me personne du pluriel du présent de l'indicatif, par la suppression de la finale *nt* :

| | |
|---|---|
| Ex. : Ils donn-*ent*, | Que je donn-*e*, |
| ils finiss-*ent*, | que je finiss-*e*, |
| ils reçoiv-*ent*, | que je reçoiv-*e*, |
| ils vend-*ent*. | que je vend-*e*. |

4) Le *participe présent*, en changeant en *ant* la terminaison *ons* de la 1re personne du pluriel :

| | |
|---|---|
| Nous donn-*ons*, | Donn-*ant*, |
| nous finiss-*ons*, | finiss-*ant*, |
| nous recev-*ons*, | recev-*ant*, |
| nous vend-*ons*. | vend-*ant*. |

III. Le **passé défini** forme l'*imparfait du subjonctif*, par l'addition de *se* à la première personne du singulier. Dans les verbes en *er*, *ai* se change en *asse*.

| | |
|---|---|
| Je donn-*ai*, | Que je donn-*asse*, |
| je fin-*is*, | que je fin-*isse*, |
| je reç-*us*, | que je reç-*usse*, |
| je vend-*is*. | que je vend-*isse*. |

IV. Le **participe passé**, joint au verbe auxiliaire *avoir* ou *être*, forme tous les temps composés, savoir :

| | | |
|---|---|---|
| 1. *Infinitif passé* : | Avoir parlé. | Être tombé. |
| 2. *Participe passé composé* : | Ayant parlé. | Étant tombé. |
| 3. *Passé indéfini* : | J'ai parlé. | Je suis tombé. |
| 4. *Plus-que-parfait* : | J'avais parlé. | J'étais tombé. |
| 5. *Passé antérieur* : | J'eus parlé. | Je fus tombé. |
| 6. *Futur antérieur* : | J'aurai parlé. | Je serai tombé. |
| 7. *Conditionnel passé* : | J'aurais parlé.<br>J'eusse parlé. | Je serais tombé.<br>Je fusse tombé. |
| 8. *Passé du subjonctif* : | Que j'aie parlé. | Que je sois tombé. |
| 9. *Plus-que-parfait du subj.* | Que j'eusse parlé. | Que je fusse tombé. |

*Rem.* Tous les verbes transitifs, ou employés transitivement, se conjuguent avec l'auxiliaire *avoir*.

## § 43. I. CONJUGAISON DES VERBES RÉGULIERS (FORME ACTIVE).

| 1re conjugaison. | 2me conjugaison. | 3me conjugaison. | 4me conjugaison. |
|---|---|---|---|

### A. MODES IMPERSONNELS.

### I. Infinitif.

1. *Présent.*

(Il faut)

| | | | |
|---|---|---|---|
| Port-*er*. | Pun-*ir*. | Rec-*ev-oir*, | Vend-*re*. |

2. *Passé.*

(Après, sans)

| | | | |
|---|---|---|---|
| Avoir porté. | Avoir puni. | Avoir reçu. | Avoir vendu. |

## II. Participe.

1. *Présent.*

| | | | |
|---|---|---|---|
| Port-*ant*. | Pun-*iss-ant*. | Rec-*ev-ant*. | Vend-*ant*. |

2. *Passé.*

| | | | |
|---|---|---|---|
| Port-*é*. | Pun-*i*. | Reç-*u*. | Vend-*u*. |

3. *Passé composé.*

| | | | |
|---|---|---|---|
| Ayant porté. | Ayant puni. | Ayant reçu. | Ayant vendu. |

# B. MODES PERSONNELS.

## III. Indicatif.

1. *Présent.*

(Que faites-vous présentement?)

| | | | |
|---|---|---|---|
| Je port-*e*, | Je pun-*is*, | Je reç-*ois*, | Je vend-*s*, |
| tu port-*es*, | tu pun-*is*, | tu reç-*ois*, | tu vend-*s*, |
| il port-*e*, | il pun-*it*, | il reç-*oit*, | il vend, |
| n. port-*ons*, | n. pun-*issons*, | n. rec-*evons*, | n. vend-*ons*, |
| v. port-*ez*, | v. pun-*issez*, | v. rec-*evez*, | v. vend-*ez*, |
| ils port-*ent*. | ils pun-*issent*. | ils reç-*oivent*. | ils vend-*ent*. |

2. *Imparfait.*

(Que faisiez-vous, quand je suis entré?)

| | | | |
|---|---|---|---|
| Je port-*ais*, | Je pun-*iss-ais*, | Je rec-*ev-ais*, | Je vend-*ais*, |
| tu port-*ais*, | tu pun-*iss-ais*, | tu rec-*ev-ais*, | tu vend-*ais*, |
| il port-*ait*, | il pun-*iss-ait*, | il rec-*ev-ait*, | il vend-*ait*, |
| n. port-*ions*, | n. pun-*iss-ions*, | n. rec-*ev-ions*, | n. vend-*ions*, |
| v. port-*iez*, | v. pun-*iss-iez*, | v. rec-*ev-iez*, | v. vend-*iez*, |
| ils port-*aient*. | ils pun-*iss-aient*. | ils rec-*ev-aient*. | ils vend-*aient*. |

*Passé défini.*

(Que fîtes-vous alors?—la semaine passée?)

| | | | |
|---|---|---|---|
| Je port-*ai*, | Je pun-*is*, | Je reç-*us*, | Je vend-*is*, |
| tu port-*as*, | tu pun-*is*, | tu reç-*us*, | tu vend-*is*, |
| il port-*a*, | il pun-*it*, | il reç-*ut*, | il vend-*it*, |
| n. port-*âmes*, | n. pun-*îmes*, | n. reç-*ûmes*, | n. vend-*îmes*, |
| v. port-*âtes*, | v. pun-*îtes*, | v. reç-*ûtes*, | v. vend-*îtes*, |
| ils port-*èrent*. | ils pun-*irent*. | ils reç-*urent*. | ils vend-*irent*. |

*Passé indéfini.*

(Qu'avez-vous fait ce matin, hier au soir, cette semaine?)

| | | | |
|---|---|---|---|
| J'ai porté, | J'ai puni, | J'ai reçu, | J'ai vendu, |
| tu as porté, | tu as puni, | tu as reçu, | tu as vendu, |
| il a porté, | il a puni, | il a reçu, | il a vendu, |
| n. avons porté, | n. avons puni, | n. avons reçu, | n. avons vendu, |
| v. avez porté, | v. avez puni, | v. avez reçu, | v. avez vendu, |
| ils ont porté. | ils ont puni. | ils ont reçu. | ils ont vendu. |

*Plus-que-parfait.*

(Qu'aviez-vous fait avant mon arrivée?)

| | | | |
|---|---|---|---|
| J'avais porté, | J'avais puni, | J'avais reçu, | J'avais vendu. |
| tu avais porté, | tu avais puni, | tu avais reçu, | tu avais vendu, |
| il avait porté, | il avait puni, | il avait reçu, | il avait vendu, |
| n. avions porté, | n. avions puni, | n. avions reçu, | n. avions vendu, |
| v. aviez porté, | v. aviez puni, | v. aviez reçu, | v. aviez vendu, |
| ils avaient porté. | ils avaient puni. | ils avaient reçu. | ils avaient vendu. |

*Passé antérieur.*

(Aussitôt que, quand, lorsque)

| | | | |
|---|---|---|---|
| J'eus porté, | J'eus puni, | J'eus reçu, | J'eus vendu, |
| tu eus porté, | tu eus puni, | tu eus reçu, | tu eus vendu, |
| il eut porté, | il eut puni, | il eut reçu, | il eut vendu, |
| n. eûmes porté, | n. eûmes puni, | n. eûmes reçu, | n. eûmes vendu, |
| v. eûtes porté, | v. eûtes puni, | v. eûtes reçu, | v. eûtes vendu, |
| ils eurent porté. | ils eurent puni. | ils eurent reçu. | ils eurent vendu. |

*Futur absolu (simple).*

(Que ferez-vous demain, ce soir, dans une heure?)

| | | | |
|---|---|---|---|
| Je port-*e-rai*, | Je pun-*i-rai*, | Je rec-*ev-rai*, | Je vend-*rai*, |
| tu port-*e-ras*, | tu pun-*i-ras*, | tu rec-*ev-ras*, | tu vend-*ras*, |
| il port-*e-ra*, | il pun-*i-ra*, | il rec-*ev-ra*, | il vend-*ra*, |
| n. port-*e-rons*, | n. pun-*i-rons*, | n. rec-*ev-rons*, | n. vend-*rons*, |
| v. port-*e-rez*, | v. pun-*i-rez*, | v. rec-*ev-rez*, | v. vend-*rez*, |
| ils port-*e-ront*. | ils pun-*i-ront*. | ils rec-*ev-ront*. | ils vend-*ront*. |

*Futur antérieur.*

(Quand sortirez-vous?—Je sortirai quand...)

| | | | |
|---|---|---|---|
| J'aurai porté, | J'aurai puni, | J'aurai reçu, | J'aurai vendu, |
| tu auras porté, | tu auras puni, | tu auras reçu, | tu auras vendu, |
| il aura porté, | il aura puni, | il aura reçu, | il aura vendu, |
| n. aurons porté, | n. aurons puni, | n. aurons reçu, | n. aurons vendu, |
| v. aurez porté, | v. aurez puni, | v. aurez reçu, | v. aurez vendu, |
| ils auront porté. | ils auront puni. | ils auront reçu. | ils auront vendu. |

## IV. Conditionnel.

*Présent.*

(Que feriez-vous, si vous pouviez?)

| | | | |
|---|---|---|---|
| Je port-*e-rais*, | Je pun-*i-rais*, | Je rec-*ev-rais*, | Je vend-*rais*, |
| tu port-*e-rais*, | tu pun-*i-rais*, | tu rec-*ev-rais*, | tu vend-*rais*, |
| il port-*e-rait*, | il pun-*i-rait*, | il rec-*ev-rait*, | il vend-*rait*, |
| n. port-*e-rions*, | n. pun-*i-rions*, | n. rec-*ev-rions*, | n. vend-*rions*, |
| v. port-*e-riez*, | v. pun-*i-riez*, | v. rec-*ev-riez*, | v. vend-*riez*, |
| ils port-*e-raient*. | ils pun-*i-raient*. | ils rec-*ev-raient*. | ils vend-*raient*. |

*Passé.* (1re forme.)

(Qu'auriez-vous fait, si vous aviez pu?)

| | | | |
|---|---|---|---|
| J'aurais porté, | J'aurais puni, | J'aurais reçu, | J'aurais vendu, |
| tu aurais porté, | tu aurais puni, | tu aurais reçu, | tu aurais vendu, |
| il aurait porté, | il aurait puni, | il aurait reçu, | il aurait vendu, |
| n. aurions porté, | n. aurions puni, | n. aurions reçu, | n. aurions vendu, |
| v. auriez porté, | v. auriez puni, | v. auriez reçu, | v. auriez vendu, |
| ils auraient porté. | ils auraient puni. | ils auraient reçu. | ils auraient vendu. |

*Passé.* (2me forme.)

(Si vous eussiez voulu,)

| | | | |
|---|---|---|---|
| J'eusse porté, | J'eusse puni, | J'eusse reçu, | J'eusse vendu, |
| tu eusses porté, | tu eusses puni, | tu eusses reçu, | tu eusses vendu, |
| il eût porté, | il eût puni, | il eût reçu, | il eût vendu, |
| n. eussions porté, | n. eussions puni, | n. eussions reçu, | n. eussions vendu, |
| v. eussiez porté, | v. eussiez puni, | v. eussiez reçu, | v. eussiez vendu, |
| ils eussent porté. | ils eussent puni. | ils eussent reçu. | ils eussent vendu. |

## V. Impératif.

*Présent.*

| | | | |
|---|---|---|---|
| Porte(*es*), | Pun-*is*, | Reç-*ois*, | Vend-*s*, |
| port-*ons*, | pun-*iss-ons*, | rec-*ev-ons*, | vend-*ons*, |
| port-*ez*. | pun-*iss-ez*. | rec-*ev-ez*. | vend-*ez*. |

## VI. Subjonctif.

*Présent.*

(On désire, on désirera)

| | | | |
|---|---|---|---|
| Que je port-*e*, | Que je pun-*iss-e*, | Que je reç-*oiv-e*, | Que je vend-*e*, |
| que tu port-*es*, | que tu pun-*iss-es*, | que tu reç-*oiv-es*, | que tu vend-*es*, |
| qu'il port-*e*, | qu'il pun-*iss-e*, | qu'il reç-*oiv-e*, | qu'il vend-*e*, |
| que n. port-*ions*, | que n. pun-*iss-ions*, | que n. rec-*ev-ions*, | que n. vend-*ions*, |
| que v. port-*iez*, | que v. pun-*iss-iez*, | que v. rec-*ev-iez*, | que v. vend-*iez*, |
| qu'ils port-*ent*. | qu'ils pun-*iss-ent*. | qu'ils reç-*oiv-ent*. | qu'ils vend-*ent*. |

*Imparfait.*

(On désirait, on désirerait)

| | | | |
|---|---|---|---|
| Que je port-*ass-e*, | Que je pun-*iss-e*, | Que je reç-*uss-e*, | Que je vend-*iss-e*, |
| que tu port-*ass-es*, | que tu pun-*iss-es*, | que tu reç-*uss-es*, | que tu vend-*iss-es*, |
| qu'il port-*ât*, | qu'il pun-*ît*, | qu'il reç-*ût*, | qu'il vend-*ît*, |
| que n. port-*ass-ions*, | que n. pun-*iss-ions*, | que n. reç-*uss-ions*, | que n. vend-*iss-ions*, |
| que v. port-*ass-iez*, | que v. pun-*iss-iez*, | que v. reç-*uss-iez*, | que v. vend-*iss-iez*, |
| qu'ils port-*ass-ent*. | qu'ils pun-*iss-ent*. | qu'ils reç-*uss-ent*. | qu'ils vend-*iss-ent*. |

*Passé.*

(On doute, on doutera)

| | | | |
|---|---|---|---|
| Que j'aie porté, | Que j'aie puni, | Que j'aie reçu, | Que j'aie vendu, |
| que tu aies porté, | que tu aies puni, | que tu aies reçu, | que tu aies vendu, |
| qu'il ait porté, | qu'il ait puni, | qu'il ait reçu, | qu'il ait vendu, |
| que n. ayons porté, | que n. ayons puni, | que n. ayons reçu, | que n. ayons vendu, |
| que v. ayez porté, | que v. ayez puni, | que v. ayez reçu, | que v. ayez vendu, |
| qu'ils aient porté. | qu'ils aient puni. | qu'ils aient reçu. | qu'ils aient vendu. |

*Plus-que-parfait.*

(On aurait voulu)

| | | | |
|---|---|---|---|
| Que j'eusse porté, | Que j'eusse puni, | Que j'eusse reçu, | Que j'eusse vendu, |
| que tu eusses porté, | que tu eusses puni, | que tu eusses reçu, | que tu eusses vendu, |
| qu'il eût porté, | qu'il eût puni, | qu'il eût reçu, | qu'il eût vendu, |
| que n. eussions porté, | que n. eussions puni, | que n. eussions reçu, | que n. eussions vendu, |
| que v. eussiez porté, | que v. eussiez puni, | que v. eussiez reçu, | que v. eussiez vendu, |
| qu'ils eussent porté. | qu'ils eussent puni. | qu'ils eussent reçu. | qu'ils eussent vendu. |

*Rem.* 1) La troisième personne de l'impératif s'exprime au moyen de la 3me personne du présent du subjonctif. Ex: *Qu'il porte!* пусть онъ несетъ! *qu'ils portent!* пусть они несутъ!

2) La 1re personne du pluriel de l'impératif s'emploie aussi pour se commander à soi-même:

Ex.: ALLONS! *Ne* TARDONS *plus*, MARCHONS; *et s'il faut que je meure*, MOURONS! RACINE.

II. *Orthographe du participe passé.* Le participe passé des verbes conjugués avec *avoir* ne s'accorde pas avec le sujet, mais avec le *régime direct*, et cela seulement lorsque le régime direct précède le participe. Si le participe n'a pas de régime direct, ou si ce régime suit le participe, ce dernier reste invariable (II P. § 87).

Ils ont **parlé.** Elle a **ri.** Nous avons **mangé** des fruits. *Mais on écrira, en parlant de* LETTRES: Je **les** ai **portées** à la poste, je **les** ai **écrites**, je **les** ai **reçues**. — Enfants, votre maman **vous** a **appelés**. — Les pommes que j'ai **mangées**. — Quelles **fleurs** avez-vous **cueillies?**

*Verbes à conjuguer*: Accompagner, abaisser, aimer, allumer, dîner, donner, commander, éclairer, frapper, habiller, inventer, montrer, raconter, siffler, etc.— Accomplir, adoucir, aigrir, bannir, éclaircir, embellir, enrichir, noircir, nourrir, rafraîchir, etc. — Concevoir, apercevoir, décevoir, devoir, percevoir, etc. — Attendre, confondre, défendre, rompre, mordre, perdre, rendre, répondre, etc.

*On fera aussi conjuguer de vive voix et par écrit les phrases suivantes, ou d'autres semblables*: Rencontrer un ami et lui souhaiter le bonjour. Accepter un cadeau et en remercier. Aimer Dieu et le bénir. Donner sa parole et ne pas la trahir. Planter des fleurs et les arroser. Aider les pauvres et les nourrir. Respecter et chérir ses parents. Emprunter une plume et la rendre. Aimer son maître, lui obéir et le rendre heureux. — Poser une question et y répondre. Bénir Dieu et lui rendre grâce. Vider son verre, le remplir et en répandre le vin. Devoir de l'argent et ne pas le rendre. Recevoir une lettre et en être heureux. Ramasser la plume de son camarade et la lui donner.

## § 44. REMARQUES SUR LA FORME INTERROGATIVE.

*Obs.* On s'exercera à conjuguer de vive voix et par écrit les verbes du tableau précédent (§ 43) dans toutes les formes indiquées ci-dessus (§ 41).

1. Quand la première personne se termine par un *e* muet, cet *e* se change en *é* fermé à la forme interrogative:

Ex.: *Donn*É-*je? Tomb*É-*je? Arriv*É-*je? Ne chant*É-*je pas?*

Cependant cette forme n'est guère employée, et l'on préfère généralement, dans le langage ordinaire du moins, employer la circonlocution *est-ce que?* et l'on dit: *Est-ce que je donne? Est-ce que j'arrive?* etc.

De même dans les expressions exclamatives: *Eussé-je! fussé-je! dussé-je!* mises pour *quand même j'aurais, quand même je serais, quand même je devrais*, даже если бы я имѣлъ, — былъ, — долженъ былъ! et dans *puissé-je!* mis pour *que ne puis-je!* если бы я могъ!

1) Il faut de même employer *est-ce que* dans tous les cas où la question simple offre une tournure désagréable à l'oreille; c'est ce qui a lieu surtout:

a) Quand la 1re personne du présent de l'indicatif n'est que d'une syllabe. Ainsi l'on ne dit pas: *Cours-je? Dors-je? Sens-je?* etc., mais: *Est-ce que je cours? Est-ce que je dors?* etc.

Cependant on dit très-bien: *Suis-je? Ai-je? Dois-je? Sais-je? Puis-je?* etc., parce que ces tournures n'ont rien de désagréable à l'oreille.

b) Dans les verbes terminés en *ger* et en *cher*. Ainsi l'on dit: *Est-ce que je mange? Est-ce que je cherche?* et non *Mangé-je? Cherché-je?*

2. Nous donnerons, comme modèle de la forme interrogative et de la forme négative, un temps simple et un temps composé du verbe *parler*.

| Forme interrogative. | Forme négative. | Forme interro-négative. |
|---|---|---|
| | *Présent de l'indicatif.* | |
| Parlé-je? *ou* Est-ce que je parle? | Je ne parle pas. | Ne parlé-je pas? |
| parles-tu? | tu ne parles pas. | ne parles-tu pas? |
| parle-t-il, (t-elle, -t-on?) | il ne parle pas. | ne parle-t-il pas? |
| parlons-nous? | nous ne parlons pas. | ne parlons-nous pas? |
| parlez-vous? | vous ne parlez pas. | ne parlez-vous pas? |
| parlent-ils? | ils ne parlent pas. | ne parlent-ils pas? |
| | *Passé indéfini.* | |
| Ai-je parlé? | Je n'ai pas parlé. | N'ai-je pas parlé? |
| as-tu parlé? | tu n'as pas parlé. | n'as-tu pas parlé? |
| a-t-il parlé? | il n'a pas parlé. | n'a-t-il pas parlé? |
| avons-nous parlé? | nous n'avons pas parlé. | n'avons-nous pas parlé? |
| avez-vous parlé? | vous n'avez pas parlé. | n'avez-vous pas parlé? |
| ont-ils parlé? | ils n'ont pas parlé. | n'ont-ils pas parlé? |

On conjuguera, pour s'exercer, des phrases telles que: *Ne pas avoir faim; ne pas être malade; ne rien manger; chercher et ne trouver personne; tout commencer et ne rien finir; emprunter une somme et n'en rendre que la moitié*, etc.

### § 45. ACCORD DU VERBE AVEC SON SUJET.

1. Le verbe s'accorde en *nombre* et en *personne* avec son sujet:

La rose fleur**it**. Les violettes sent**ent** bon. Tu **es** fatigué.

2. Si le sujet se compose de plusieurs substantifs ou pronoms singuliers, le verbe doit être au pluriel:

Le soleil et la lune **sont** des corps célestes. Elle et lui **sont** en France.

3. Si les sujets sont de différentes personnes, le verbe adopte celle qui a la priorité: la première personne a la priorité sur les deux autres, et la seconde sur la troisième.

Lui, toi et moi, **nous** fer**ons** le voyage ensemble.
Lui et toi, **vous** aur**iez** dû venir à mon secours.
Narbal et moi, **nous** admir**âmes** la bonté des dieux. FÉNELON.
Vous et lui, **vous** sav**ez** la chose. BUFFIER.

4. Quand le pronom sujet *qui* a pour antécédent un pronom personnel, il communique au verbe la personne et le nombre de ce pronom.

C'est moi qui **suis** malade, **я** боленъ.
C'est toi qui **es** malade.
C'est lui (elle) qui **est** malade.
C'est nous qui **sommes** malades.
C'est vous qui **êtes** malades.
Ce sont eux (elles) qui **sont** malades.
C'est moi qui **suis** Guillot. LA FONTAINE. — Est-ce nous qui **avons** fait cela? ACAD.
Pour plus de développements, voir II P. § 58.

### § 46. PRINCIPALES RÈGLES SUR L'EMPLOI DES TEMPS DE L'INDICATIF.

*Obs.* Avant de passer aux exercices suivants, il sera utile de rappeler les principales règles concernant l'emploi des temps de l'indicatif. On y ramènera l'attention des élèves aussi souvent que l'occasion s'en présentera. Il en est de même pour les règles sur l'emploi du subjonctif, § 47.

1. Le *présent* exprime, comme en russe, une action qui se fait, qui dure encore au moment de la parole:

Je **porte** ce bouquet à ma mère. Le peuple russe **aime** le chant.

2. Le *passé indéfini* exprime une action déjà *accomplie*, *passée* au moment où l'on parle. On l'emploie:

a) pour rapporter les événements récents ou éloignés qui ont rapport à la vie ordinaire, au temps présent:

**J'ai trouvé** cette fleur aujourd'hui, ce matin, hier, la semaine passée.
Il **a fait** un voyage cette année-ci, l'été dernier, l'année dernière.

b) pour rapporter des événements historiques *détachés*, *isolés*, c'est-à-dire exprimés sans rapport avec aucun autre:

Dieu **a créé** le monde. Romulus **a fondé** la ville de Rome.

3. Le *passé défini*, nommé aussi passé *historique* ou *narratif*, répond à la question: *Qu'est-ce qui arriva?* что случилось? — Il exprime:

a) Un fait arrivé *une seule fois*: Il **cueillit** une fleur.

b) Un *fait historique* de longue ou de courte durée: Romulus **fonda** la ville de Rome. L'empire romain **subsista** mille ans.

c) Dans le *récit*, les faits *essentiels*, qui, se succédant les uns aux autres, indiquent un progrès dans la narration:

Il **serra** sa fille sur son cœur, l'**embrassa**, la **quitta**, **revint** à elle et l'**embrassa** encore. ALF. DE MUSSET. — Qu'arriva-t-il? Les eaux se **retirèrent**, et les carpillons **demeurèrent**. Bientôt ils **furent** pris, et frits. FLORIAN.

4. L'*imparfait*, nommé aussi passé *descriptif* ou *relatif*, répond à la question: *Qu'est-ce qui était déjà?* что было уже? — Il exprime:

a) La *répétition* de la même action: Il **cueillait** des fleurs, et les **offrait** à ceux qui **venaient** le voir.

b) Une action *présente* par rapport à une autre action *passée*: Les enfants **jouaient** quand le maître arriva.

c) Les *mœurs*, les *coutumes*, les *habitudes*, un *état* d'une durée illimitée. Les Égyptiens **adoraient** des plantes et des animaux. — Romulus **était** belliqueux. — Mon père **était** alors malade.

d) Dans le *récit*, les circonstances *accessoires*, *descriptives*, qui indiquent une pause, une halte dans la narration: Nous entrâmes dans un joli jardin, qui **était** grand et beau; nous y trouvâmes des dames, qui s'y **promenaient**. Le temps **était** superbe.

5. Le *passé antérieur* et le *plus-que-parfait* indiquent l'un et l'autre une action *accomplie*, *parfaite*, совершенное. — Le *passé antérieur* répond au *passé défini*, et le *plus-que-parfait* à l'*imparfait*:

a) Je **partis** aussitôt que j'**eus reçu** sa lettre.

b) J'**allais** me baigner, quand j'**avais achevé** mon travail.
Il **avait fini** son travail, quand j'arrivai.

Pour plus de développements, voir II P. § 63.

## § 47. PRINCIPALES RÈGLES SUR L'EMPLOI DU SUBJONCTIF.

Le subjonctif est le mode de l'*incertitude*. Il s'emploie essentiellement :

1. Dans les prépositions *subordonnées* commençant par la conjonction **que**, après les verbes exprimant :

   a) la *volonté*, tels que *vouloir*, *permettre*, *désirer*, *défendre*, etc. : *Je veux que vous* RESTIEZ.

   b) un *mouvement de l'âme* (*joie*, *tristesse*, *crainte*, etc.) : *Je suis triste qu'il* PLEUVE. *Je suis bien aise que vous* SOYEZ *ici.*

   c) un acte de la *pensée* ou de la *parole*, tels que *croire*, *penser*, *dire*, *assurer*, etc., mais seulement quand ils sont employés *négativement* ou *interrogativement*, ou lorsqu'ils ont par eux-mêmes un sens négatif, tels que *douter*, *nier*, etc. : *Je crois qu'il* VIENDRA. *Je ne crois pas qu'il* VIENNE. *Croyez-vous qu'il* VIENNE ? *Je doute qu'il* VIENNE.

   d) après la plupart des verbes *impersonnels* et des *locutions impersonnelles* : *Il est heureux que vous* SOYEZ *venu*. *Il est temps que vous* PARTIEZ.

2. Après certaines *conjonctions*, telles que : *afin que*, *pour que*, *quoique*, etc. (Voir § 63, 6) : *Rentrez avant qu'il* PLEUVE.

3. Dans les propositions *relatives* (= commençant par un pronom relatif) :

   a) quand elles expriment une chose *douteuse*, qui n'est encore qu'*exigée*, *voulue*, *désirée*.

      Je cherche un livre qui **soit** intéressant. Cueillez une fleur qui **sente** bon.

   b) quand elles se rapportent à un substantif ou à un pronom précédé d'une *négation*, d'un *superlatif*, ou de l'une des expressions *le seul*, *l'unique*, *le premier*, *le dernier* :

      Il n'y a personne ici qui ne l'**ait** vu. Il n'y a pas de jour où il ne **pleuve**. C'est la plus belle fleur qu'on **puisse** voir. C'est la seule chose que nous **désirions**. C'est la première chose que vous **ayez** à faire.

Pour plus de développements, voir II P. §§ 68—75.

61.

Le but de l'ambition[1] est comme l'horizon ; il recule à mesure qu'on[2] avance. — Les hommes, oubliant l'auteur de l'univers, adorèrent le soleil qui les éclairait, et la lune qui présidait[3] à la nuit. — Mon père souhaite qu'après avoir séjourné quelques mois en Suisse, nous visitions ensemble tout le nord de l'Italie. — Aimez qu'on vous conseille, et non pas qu'on vous loue. — La Grèce ne pouvait souffrir que l'Asie pensât à la subjuguer [4]. — Il est des astres qui se montrent une fois, et s'évanouissent [5] ensuite pour jamais. — Je ne concevrai jamais qu'un homme reçoive un bienfait, et ne s'en montre pas reconnaissant. — Nous entendîmes le tonnerre mugir [6] dans le lointain. — J'ai éprouvé une joie inexprimable en apercevant le port, que je n'espérais plus revoir. — Croyez-vous que j'aie perdu mon temps et ma peine? — J'ai pris la poste après avoir reçu la nouvelle que vous m'avez transmise. — Le mouvement de la terre sur son axe ayant partagé en jours et en nuits les espaces de la durée, tous les êtres vivants qui habitent le globe ont leur temps de lumière et leur temps de ténèbres [7]. — Nous aurons achevé ce travail quand ceux qui l'ont commandé le réclameront [8]. — Si vous nous aviez consultés, nous vous aurions avertis [9] du danger que vous couriez. — Télémaque eût souhaité que Mentor l'eût arraché malgré lui de cette île fatale. — Dès que les juges eurent entendu les faits, ils se retirèrent dans la salle des délibérations.

1 честолюбіе; 2 въ той мѣрѣ, какъ; по мѣрѣ того, какъ; 3 предсѣдательствовать; 4 покорить; 5 исчезать; 6 гремѣть; 7 темнота, мракъ; 8 требовать; 9 предостерегать.

62.

(Extrait des *Aventures d'Aristonoüs*, par Fénelon.)

I. Софронимъ, потерявъ (part. composé), вслѣдствіе крушенія корабля [1] и другихъ несчастій [2], имѣніе (pl.) своихъ предковъ [3], искалъ утѣшенія [4] въ (par) мудрости, на (= въ) островѣ Делосѣ. Онъ воспѣлъ (Quel temps?), на золотой лирѣ [5], чудеса [6] бога, которому тамъ поклоняются [7], не оставлялъ (= занимался [8]) музъ, которыя нѣжно любили его, доискивался [9] тайнъ природы, особенно же старался [10] украсить свою душу добродѣтелью, и такъ судьба [11], которая должна бы была (cond. passé) сломить [12] его, дала (pl. parf.) ему истинную славу, — славу, которую даруетъ [13] только мудрость.

Однажды увидѣлъ [14] (Quel temps)? онъ въ этомъ уединеніи почтеннаго старца, котораго онъ не зналъ. Это (Quel temps?) былъ чужестранецъ, за день передъ тѣмъ высадившійся [15] (Quel temps?) на островъ, который разсматривалъ [16] храмъ, окруженный высокими столбами. Бѣлая борода его лежала [17] на груди; лицо его, хотя и покрытое морщинами [18], не имѣло ничего суроваго [19]; въ немъ не было замѣтно дряхлости отъ лѣтъ [20]; глаза его обличали (trahir) еще живость; ростъ [21] его былъ высокъ и величественъ, но нѣсколько согбенъ [22].

1 naufrage; 2 malheur; 3 les ancêtres; 4 se consoler de qch. (Quel temps?); 5 la lyre; 6 merveille; 7 adorer un dieu; 8 cultiver qch.; 9 rechercher qch.; 10 s'appliquer à; 11 la fortune; 12 abattre qn.; 13 procurer qch.; 14 apercevoir qch.; 15 aborder dans; 16 considérer; 17 pendre sur; 18 ridé; 19 austère; 20 être exempt des infirmités de l'âge; 21 taille; 22 courbé.

II. Софронимъ подошелъ [1] (Quel temps?) къ нему. Чего ищете вы, сказалъ онъ ему, на неизвѣстномъ, какъ кажется (qui semble), вамъ островѣ? Если это храмъ бога, то примите [2] мои услуги; я проведу [3] васъ туда, потому что я покоряюсь богамъ, и знаю [4], чѣмъ обязаны мы чужестранцамъ и какъ должны принимать ихъ [5], по волѣ Юпитера (= какъ Юпитеръ хочетъ, чтобъ... (qu'on). (Quel mode?)

Я съ радостію принимаю ваше предложеніе [6], отвѣчалъ старецъ; я молю [7] боговъ, да вознаградятъ (infin.) они васъ за (de) вашу доброту къ (envers) чужестранцамъ; пойдемте во храмъ! Дорогою [8] разсказывалъ онъ Софрониму о (acc.) причинахъ своего путешествія. Я называюсь, продолжалъ онъ, Аристоноемъ; я сынъ бѣдныхъ родителей, скудныя средства (indigence) которыхъ воспрепятствовали (empêcher qn.) имъ воспитать меня. Они подкинули [9] меня, и я былъ принятъ [10] (§ 50, 6) старою женщиною, которая вскормила меня козьимъ молокомъ. Такъ какъ [11] она сама едва могла пропитать [12] себя, то и продала меня, какъ только (aussitôt que) я въ состояніи былъ работать, работорговцу, который взялъ [13] меня въ Ликію. Онъ перепродалъ меня одному богатому и добродѣтельному мужу, по имени Альцину, которому я и обязанъ (passé déf.) моимъ воспитаніемъ. Альцинъ посвятилъ меня искусствамъ, которымъ покровительствуетъ [14] Аполлонъ, и этотъ богъ, который вдохновлялъ [15] меня, открылъ мнѣ чудныя тайны. Альцинъ любилъ меня все болѣе и болѣе [16]; радуясь успѣхамъ [17] своихъ попеченій [18] обо мнѣ, онъ освободилъ [19] меня и отправилъ къ Поликрату, тирану самосскому, который, среди невѣроятнаго (incroyable) своего счастія, постоянно страшился [20], что судьба, такъ долго благопріятствовавшая ему, сурово предастъ его (Imp. du subj. avec *ne*).

1 aborder qn.; 2 accepter qch.; 3 conduire qn.; 4 ne pas ignorer qch.; 5 recevoir; 6 offre, f.; 7 prier qn. de; 8 en chemin; 9 exposer qn.; 10 recueillir qn.; 11 comme; 12 avoir de quoi vivre; 13 emmener qn.; 14 favoriser qch.; 15 inspirer qn.; 16 de plus en plus; 17 le succès; 18 les soins; 19 affranchir; 20 appréhender que.

*Questions*: Qu'arriva-t-il aux hommes, lorsqu'ils eurent oublié leur créateur? — A quoi compare-t-on avec raison le but de l'ambition? — Qu'est-ce que les Grecs ne pouvaient souffrir? — Que savez-vous de certains astres? — Racontez pourquoi Sophronyme s'était retiré dans l'île de Délos, et dites quel genre de vie il y menait. — Qu'aperçut-il un jour? — Dépeignez le vieillard qu'il aperçut. — Quelles paroles lui adressa Sophronyme? — Réponse et récit d'Aristonoüs.

## § 48. REMARQUES SUR LES VERBES RÉGULIERS.

### *Première conjugaison.*

1. Dans les verbes en *cer* et en *ger*, le *c* prend une cédille, et le *g* est suivi d'un *e* euphonique, quand la terminaison commence par *a* ou par *o*, pour que les consonnes *c* et *g* conservent dans toute la conjugaison le son qu'elles ont à l'infinitif. Dans les verbes en *cevoir*, le *c* prend également une cédille devant *o* et *u*.

Avancer. Nous avan**ç**ons. Ils avan**ç**aient. Il avan**ç**a.

Manger. Nous mang**e**ons. Ils mang**e**aient. Il mang**e**a.

Recevoir. Je re**ç**ois. Il re**ç**ut. Qu'ils re**ç**ussent.

2. Les verbes qui ont un *e* muet ou un *é* fermé à l'avant-dernière syllabe, changent cet *e* en *è* ouvert toutes les fois que la syllabe suivante est muette [1]. De là les règles suivantes:

1) Dans les verbes en *eler* et en *eter*, les consonnes *l* et *t* se doublent devant une syllabe muette:

Appe**l**er. J'appe**ll**e. Nous appe**ll**erons. Ils appe**l**èrent.
Je**t**er. Il je**tt**e, il je**tt**era, qu'il je**tt**e; ils je**t**èrent.

Excepté *acheter*, *geler*, *dégeler*, *celer*, *harceler*, *peler*, qui prennent un accent grave:

J'ach**è**te, il g**è**lera; il p**è**le sa pomme; ils harc**è**lent l'ennemi.

2) Tous les autres verbes en *er* qui ont à l'avant-dernière syllabe un *e* muet, le changent en *è* ouvert lorsque la syllabe qui suit est muette:

M**e**ner. Je m**è**ne, je m**è**nerai; *mais* ils m**e**nèrent.
L**e**ver. Je l**è**ve, je l**è**verai; » ils l**e**vèrent.

3) Les verbes qui ont, à l'avant-dernière syllabe, un *é* fermé, le changent aussi en *è* ouvert devant une syllabe muette:

Esp**é**rer. J'esp**è**re, il esp**è**rera [2]; *mais* ils esp**é**r**è**rent
R**é**gner. Je r**è**gne, il r**è**gnera; » ils r**é**gnaient.

*Rem.* 1) Les verbes en *éger* conservent l'*é* fermé dans toute la conjugaison:

Abr**é**ger: Il abr**é**ge, il abr**é**gerait, qu'il abr**é**ge.
Prot**é**ger: Il prot**é**ge, il prot**é**gera, qu'ils prot**é**gent.

2) Dans les verbes en *éer*, comme *créer*, *agréer*, l'*é* qui termine le radical est toujours fermé:

Cr**é**er, создавать, творить. Il cr**é**e, il cr**é**era, ils cr**é**èrent.
Agr**é**er, принимать съ благоволеніемъ, одобрять. Il agr**é**e, il agr**é**erait, qu'ils agr**é**ent.

3. Dans les verbes en *yer*, l'*y* qui termine le radical se change en **i** devant une syllabe muette. Il en est de même pour tous les verbes, réguliers ou irréguliers, quand le radical se termine par un *y*. Cependant les verbes en *ayer* et en *eyer* gardent toujours l'*y*.

a) Emplo**yer,** употреблять: J'emplo**i**e, j'emplo**i**erai.
Appu**yer,** подпирать: J'appu**i**e, j'appu**i**erais.

b) Fuir, бѣжать: (Nous fu**y**ons, fu**y**ant), ils fu**i**ent.
Voir, видѣть: (Nous vo**y**ons, vo**y**ant), qu'il vo**i**e.

c) Pa**yer,** платить: Il pa**y**e. Je pa**y**erai, qu'il pa**y**e.
Grasse**yer,** картавить, пришепётывать: Il grasse**y**e, il grasse**y**erait.

---

[1] On appelle syllabe *muette* celle qui a le son de l'*e* muet: *e*, *es*, *ent*, *e-rai*.
[2] Cependant l'Académie conserve l'*é* fermé au futur et au conditionnel: *Il séchera*, *il régnerait*. M. Littre écrit de même: *Il cédera*, *il céderait*, tout en signalant cet usage comme une *mauvaise et inutile contradiction*.

4. Il faut remarquer encore les formes suivantes, qui du reste sont parfaitement régulières:

1) L'*i* qui suit l'*y* à l'imparfait de l'indicatif et au présent du subjonctif, dans les verbes dont le radical se termine par un *y*:

Payer, платить: Nous pay**i**ons, мы платили, que nous pay**i**ons.
Nettoyer, чистить: Vous nettoy**i**ez. Que vous nettoy**i**ez.

2) Le double *i* aux mêmes temps, quand le radical se termine par un *i*:

Prier, просить: Nous pr**ii**ons; que vous pr**ii**ez.
Crier, кричать: Vous cr**ii**ez; que vous cr**ii**ez.

3) Un double *é* fermé au participe passé des verbes en *éer*.

| | | | | |
|---|---|---|---|---|
| Créer, | создавать. | Créé, созданный. | *Féminin.* | Créée. |
| Agréer, | одобрить. | Agréé, одобренный. | » | Agréée. |

*Verbes à conjuguer*: Affliger, allonger, arranger, corriger, venger, etc. — Effacer, tracer, commencer, placer, devancer, etc. — Cacheter, empaqueter, épeler, ficeler, acheter, geler, etc. — Céder, celer, considérer, inquiéter, répéter, semer, peser, promener, crever, etc. — Déployer, bégayer, effrayer, s'ennuyer, etc. — Prier, nier, créer, etc.

*Deuxième conjugaison.*

1. Dans *haïr*, ненавидѣть, l'*i* s'écrit avec un tréma (§ 65) dans toute la conjugaison, excepté aux trois personnes singulières du présent de l'indicatif, et à la deuxième personne singulière de l'impératif:

Haïr. Je hais, tu hais, il hait. *Impératif*: Hais! nous haïssons, vous haïssez, ils haïssent.

Au passé défini *nous haïmes, vous haïtes*, et à l'imparfait du subjonctif *qu'il haït*, le tréma remplace l'accent circonflexe.

2. Le verbe *fleurir*, цвѣсти, est régulier; seulement à l'imparfait et au participe présent, il a, outre la forme ordinaire *fleurissait, fleurissant*, une autre forme *florissait, florissant*, qui s'emploie au figuré dans le sens de *briller, prospérer*. *Les arts* FLORISSAIENT *à Athènes sous Périclès.*

3. Le verbe *bénir*, благословлять, outre le participe passé régulier *béni, bénie*, en a encore un autre *bénit, bénite*, qui ne s'emploie que comme adjectif, et signifie освященный, *consacré par une cérémonie religieuse*: *Du pain bénit, de l'eau bénite, des cierges bénits;* просфора, святая вода, освященныя свѣчи.

*Troisième conjugaison.*

1. Tous les verbes terminés par le son *oir* sont de la 3me conjugaison, excepté *boire, croire*, qui sont de la quatrième.

2. Le participe passé du verbe *devoir* et *redevoir* prend un accent circonflexe, mais seulement au masculin singulier.

Devoir, быть должнымъ: dû; *mais* due, dus, dues.
Redevoir, по разсчету оставаться должнымъ: redû; » redue, redus, redues.

*Quatrième conjugaison.*

1. Les seuls verbes entièrement réguliers de cette conjugaison sont *rompre* et *interrompre. Il rompт.* Tous ceux dont le radical se termine par un *d*, perdent le *t* à la troisième personne du présent de l'indicatif: *Il vend.*

2. Les verbes en *indre* et en *soudre* perdent le *d* du radical au singulier du présent de l'indicatif et à l'impératif.

Plaindre, жаловаться: Je plains, tu plains, il plaint; plains.
Résoudre, рѣшать: Je résous, tu résous, il résout; résous.

3. *Répandre*, распространять et *épandre*, разбрасывать, sont les seuls verbes de cette finale qui prennent *a*; tous les autres s'écrivent par *e*: *Rendre*, *attendre*, etc.

4. De tous les verbes en *indre*, il n'y en a que trois, *craindre*, *plaindre* et *contraindre*, qui s'écrivent par *ain*, les autres prennent *e*: *feindre*, *peindre*, *teindre*, etc.

63.

Charles-Quint renonça[1] volontairement aux couronnes qu'il avait portées pendant plus de quarante ans. — On double son bonheur en le partageant avec un ami. — Les assiégeants jettent des bombes dans une forteresse pour forcer les assiégés à se rendre. — Les Suédois appelèrent au trône de leur pays Bernadotte, général français. — On appelle croisades les grandes expéditions des chrétiens qui avaient pour but d'enlever aux infidèles le saint sépulcre de notre Sauveur Jésus-Christ. Les guerriers qui allaient combattre pour cette sainte cause s'appelaient eux-mêmes croisés, parce qu'ils portaient une croix sur leur armure[2]. — La manière moderne d'assiéger une ville diffère beaucoup de celle des anciens. — Les Anglais possèdent des ports dans toutes les parties du monde. — Autrefois les Français possédaient une partie considérable de l'Amérique septentrionale. — Tout chemin mène à Rome (Proverbe). — Rien n'abrége le temps comme le travail. — La marine française a été créée par Colbert.— Que d'hommes, comme des plantes, végètent et ont végété sur cette terre! — Il n'est rien que nous oubliions aussi promptement que les malheurs passés. — Vous êtes sûr de ne point vous égarer [3], tant que vous vous appuierez sur de nobles exemples. — Les timides cherchent un chemin que les plus hardis se frayent[4]. — Rendez à César ce qui est (dû) à César, à Dieu ce qui est (dû) à Dieu. — L'invention de l'imprimerie est due à un Allemand. — Les arts et les sciences florissaient à la cour des califes de

Cordoue. — Les arbres fleurissaient, lorsque nous passâmes dans cette délicieuse vallée. — Dieu seul peut tout ce qu'il résout. — Un homme droit et franc hait la flatterie. — Bénis soient les rois qui ont été les pères de leurs peuples! — Des enfants de chœur qui précédaient l'évêque, portaient de l'eau bénite. — La poésie crée les héros et les dieux. — Jamais l'esprit et la routine ne suppléeront[5] au bon sens ni au savoir.

1 отказаться; 2 вооруженіе, латы; 3 впасть въ заблужденіе, заблуждаться; 4 прокладывать (дорогу, путь); 5 вознаградить, замѣнить.

64.

Матросы[1], которыхъ приводило въ уныніе[2] долгое морское путешествіе[3], начали уже угрожать жизни Колумба, какъ (= когда) вдругъ одинъ матросъ объявилъ (Quel temps?), что видна матерая земля. — Русскій флотъ созданъ (p. ind.) Петромъ Великимъ (§ 50, 6). — Смерть Цицерона опечалила даже самихъ противниковъ[4] его. — Ганнибалъ болѣе одного раза (часто) угрожалъ Риму, но никогда не дѣлалъ[5] серьезнаго нападенія на этотъ городъ. — Два большія дерева осѣняли[6] домъ, въ которомъ жили мои родители. — Человѣкъ, который платитъ за зло добромъ[7], подобенъ дереву, которое даетъ плоды бросающимъ (= тому, который...) въ него (dat.) камнями. — Нисколько не преувеличиваютъ[8], когда говорятъ, что Константинополь представляетъ прелестнѣйшій видъ (aspect) въ мірѣ. — Богъ благословилъ (p. ind.) оружіе нашего отечества. — Католики имѣютъ въ своихъ церквахъ святую воду. — Оказывайте этому мужу почести (plur.), которыхъ онъ заслуживаетъ (être dû). — Благословляй тѣхъ, которые ненавидятъ тебя. — Ненавидь порокъ; безъ добродѣтели ты никогда не будешь счастливъ. — Всѣ предложенія министра одобрены (passé indéf.) государемъ. — Я расплачиваюсь по моимъ счетамъ (payer ses comptes) перваго числа каждаго мѣсяца. — Средними вѣками называютъ то (le) время, которое протекло[9] отъ[10] паденія Римской имперіи до открытія Америки. — Окончи[11] твое письмо, запечатай его и отошли (его) на почту. — Французская пословица говоритъ: собака, которая лаетъ, не укуситъ (prés.). — Марсель долгое время былъ самымъ цвѣтущимъ городомъ въ Галліи.

1 matelot; 2 décourager (quel temps?); 3 navigation; 4 adversaire; 5 diriger une attaque contre; 6 ombrager (quel temps?) 7 rendre le bien pour le mal; 8 exagérer; 9 s'écouler; 10 depuis; 11 achever.

65.

Россія владѣетъ (posséder qch.) большою частію Азіи. — Ты желаешь, чтобы я еще сегодня окончилъ (achever, § 47, 1, a) мое письмо, — и такъ, я сокращу его. — Я не желаю, милостивый государь, чтобы вы просили его приходить ко мнѣ. — Въ Англіи нѣтъ обыкновенія[1] говорить *ты*[2], даже самые искренніе (intime) друзья не говорятъ другъ другу *ты* (se tutoyer). — Карѳагенъ былъ самою цвѣтущею колоніею финикіянъ. — Въ нашемъ саду лиліи цвѣли обыкновенно прежде розъ. — Громовыми отводами[3] мы обязаны (être dû) Франклину. — Французская литература процвѣтала (imparf.) при Людовикѣ XIV, особенно во второй половинѣ семнадцатаго вѣка. Трагедіями Расина и комедіями Мольера мы одолжены (devoir, *passif*) этому вѣку. — Въ этомъ году вишневыя деревья цвѣли въ концѣ мая. — Дѣти, которыя несли освященныя пальмовыя вѣтви [4], открывали шествіе [5]. — Человѣкъ, который осушаетъ слезы несчастныхъ, будетъ благословенъ небомъ. — Повтори правила, которыя я изложилъ тебѣ; всѣ повторите ихъ. — Я надѣюсь, что ты не соскучишься у насъ. — Я надѣюсь, любезная маменька, что ты болѣе не безпокоишься о (de) моей участи [6]; ты слышала, что мнѣ покровительствуютъ [7] могущественные друзья. Умѣрь [8] твою печаль и осуши твои слезы; я скоро опять буду у (auprès de) тебя. — Королева, которая управляетъ (régner) въ настоящее время Англіею, называется королевою Викторіею. — Въ зрѣломъ возрастѣ (âge) мы совершенно иначе смотримъ (voir) на вещи, нежели какъ смотрѣли (imparf.) на нихъ въ юности. — По смерти Александра Великаго, полководцы его раздѣлили между собою обширную монархію, основанную имъ, которая, вслѣдствіе многихъ войнъ, распалась на части [9]. — Весна вновь приноситъ [10] съ собою прекрасные цвѣты и возобновляетъ [11] всю природу.

1 d'usage, en usage; 2 tutoiement; 3 le paratonnerre; 4 la palme; 5 le cortége, la marche; 6 le sort; 7 protéger qn.; 8 modérer qch.; 9 morceler qch.; 10 ramener; 11 renouveler qch.

*Questions*: a) Que fit l'empereur Charles-Quint vers la fin de sa vie? — Comment double-t-on son bonheur? — Quelles guerres appelle-t-on *croisades?* — Quels pays la Russie possède-t-elle en Asie? — Que signifie le proverbe: *Tout chemin mène à Rome?* — Par qui a été créée la marine russe? — A qui est due la découverte de l'Amérique? — Quelle différence y a-t-il entre *fleurissant* et *florissant?* — b) A qui ressemblent ceux qui rendent le bien pour le mal? — Quelle époque appelle-t-on le *moyen âge?* c) Le tutoiement est-il d'usage en Angleterre? — A qui sont dus les paratonnerres? — A quelle époque la littérature française fut-elle florissante? — Qu'arriva-t-il après la mort d'Alexandre le Grand?

## § 49. OBSERVATIONS SUR L'ORTHOGRAPHE DES VERBES.

Les remarques suivantes s'appliquent à tous les verbes français, tant réguliers qu'irréguliers.

1. Il y a **six** temps (simples) dont la terminaison est la même dans tous les verbes français. Ce sont:

   1. L'*imparfait de l'indicatif*, qui a toujours pour terminaisons:

      **ais, ais, ait, ions, iez, aient.**

   2. Le *futur simple*, qui a toujours pour terminaisons:

      **rai, ras, ra, rons, rez, ront.**

   3. Le *conditionnel présent*, qui a pour terminaisons:

      **rais, rais, rait, rions, riez, raient.**

   4. Le *présent du subjonctif*, qui a pour terminaisons:

      **e, es, e, ions, iez, ent.**

      Les deux verbes auxiliaires *être* et *avoir* font seuls exception.

5. L'*imparfait du subjonctif*, qui a pour terminaisons :

**ss-e, ss-es, t, ss-ions, ss-iez, ss-ent.**

6. Le *participe présent*, dont la terminaison est toujours **ant.**

2. Comme il y a *onze* temps simples, y compris l'infinitif, il n'en reste donc que *quatre* dont les terminaisons ne soient pas exactement semblables dans tous les verbes. Ce sont :

1) Le *présent de l'indicatif*, qui se termine de deux manières :

a) en **e, es, e, ons, ez, ent,** dans les verbes en *er* (excepté *aller*), et dans les verbes en *frir*, *vrir*, *illir* :

Je donn-*e*, tu -*es*, il -*e*, nous -*ons*, vous -*ez*, ils -*ent*.
Je cueill-*e*, -*es*, -*e*, -*ons*, -*ez*, -*ent*.

b) en **s, s, t, ons, ez, ent,** dans les autres verbes :

Je fin-**is**, tu -**is**, il -**it**, nous -**issons**, vous -**issez**, ils -**issent**.
Je voi**s**, tu voi**s**, il voi**t**, n. voy**ons**, v. voy**ez**, ils voi**ent**.

*Rem.* 1) Les verbes en *dre* et en *seoir* se terminent au singulier en *ds, ds, d* : Je *ven***ds**, tu *ven***ds**, il *ven***d**. Je *m'assie***ds**, tu *t'assie***ds**, il *s'assie***d**.

2) Au pluriel les terminaisons sont toujours *ons*, *ez*, *ent*. Les seules exceptions sont : Nous *sommes* — vous *êtes*, vous *dites*, vous *faites* ; — ils *sont*, ils *ont*, ils *vont*, ils *font*.

3) Les verbes *pouvoir*, *vouloir*, *valoir* se terminent au singulier du présent par *x, x, t* : Je *veux*, tu *veux*, il *veut*. — *Vaincre* et *convaincre* ont un *c* à la troisième personne du singulier : Il *vainc*, il *convainc*.

2) Le *passé défini*, qui se termine partout en *s, s, t, mes, tes, rent*, excepté dans les verbes en *er*, dont les terminaisons sont : *ai, as, a, âmes, âtes, èrent*.

Je pri**s**, pri**s**, pri**t**, prî**mes**, prî**tes**, pri**rent**.
Je tomb-**ai**, -**as**, -**a**, -**âmes**, -**âtes**, -**èrent**.

3) L'*impératif*, qui a les mêmes terminaisons que les personnes correspondantes du présent de l'indicatif, excepté dans les verbes en *er*, et en *frir*, *vrir*, *illir*, où l'*s* de la deuxième personne du singulier se retranche. Il en est de même du verbe *aller*.

| | | | | |
|---|---|---|---|---|
| Tu donne**s**. | Impératif : | Donn**e** ; | *mais* | donne**s-en**, donne**s-y**. |
| Tu souffre**s**. | » | Souffr**e** ; | » | souffres-en, souffres-y. |
| Tu ouvre**s**. | » | Ouvre ; | » | ouvres-en, ouvres-y. |
| Tu cueille**s**. | » | Cueille ; | » | cueilles-en, cueilles-y. |
| Tu va**s**. | » | Va. | » | vas-en, vas-y. |

L'on remarquera les quatre exceptions suivantes : *Aie*, *ayons*, *ayez* ; *sois*, *soyons*, *soyez* ; *sache*, *sachons*, *sachez*. *Veuille*, *veuillez*.

4) Le *participe passé*, qui a pour terminaisons *é*, *i*, *u*, *u* dans les verbes réguliers. Dans les verbes irréguliers, il a des terminaisons très-diverses : *fui*, *ouvert*, *conquis*, *assis*, *fait*, *lu*, *pu*, *né*, etc.

## § 50. PASSIF.

1. Les verbes transitifs sont les seuls qui soient susceptibles d'être employés passivement ([1]).

Le vent **chasse** les nuages. César **vainquit** Pompée.
Les nuages **sont chassés** par le vent. Pompée **fut vaincu** par César.

2. L'objet qui souffre l'action de la proposition active devient sujet de la proposition passive.

3. Le passif se forme au moyen du verbe auxiliaire *être*, быть, auquel on ajoute le participe passé du verbe à conjuguer.

| *Forme active.* | *Forme passive.* |
| --- | --- |
| Frapper, бить. | Être frappé, быть биту. |
| Punir, наказывать. | Être puni, быть наказану. |
| Apercevoir, усмотрѣть. | Être aperçu, быть усмотрѣну. |
| Mordre, укусить, | Être mordu, быть укушену. |
| Voir, видѣть. | Être vu, быть видиму. |
| Prendre, взять. | Être pris, быть взяту. |

4. Ce participe passé, ainsi que tout participe passé conjugué avec l'auxiliaire **être**, *s'accorde en genre et en nombre avec le sujet.*

Les frères sont aim**és**. Les sœurs sont aim**ées**.

5. Conjugaison du verbe passif *être aimé*, быть любиму.

A. *Modes impersonnels.*

### I. **Infinitif**.

| *Présent.* | *Passé.* |
| --- | --- |
| Être aimé, быть любиму. | Avoir été aimé, быть любиму. |

### II. **Participe**.

| *Présent.* | *Passé.* | |
| --- | --- | --- |
| Étant aimé. | *Simple:* | Aimé. |
| | *Composé:* | Ayant été aimé. |

---

([1]) *Obéir* et *désobéir* sont les seuls verbes intransitifs susceptibles d'être employés passivement: *Je veux être obéi. Vous le voulez, Madame? Eh bien, vous* **serez obéie.**

B. *Modes personnels:*

### III. **Indicatif.**

*Présent.*

Je suis aimé,
tu es aimé,
il est aimé,
elle est aim**ée,**
nous sommes aim**és,**
vous êtes aim**és,**
ils sont aim**és,**
elles sont aim**ées.**

*Passé indéfini.*

J'ai été aimé,
tu as été aimé,
il a été aimé,
elle a été aimée,
nous avons été aimés,
vous avez été aimés,
ils ont été aimés,
elles ont été aimées.

*Imparfait.*

J'étais aimé,
tu étais aimé, etc.

*Plus-que-parfait.*

J'avais été aimé.

*Passé défini.*

Je fus aimé.

*Passé antérieur.*

J'eus été aimé.

*Futur absolu.*

Je serai aimé.

*Futur antérieur.*

J'aurai été aimé.

### IV. **Conditionnel.**

*Présent.*

Je serais aimé.

*Passé.*

a) J'aurais été aimé,
b) J'eusse été aimé.

### V. **Impératif.**

Sois aimé, будь любимъ!
Soyons aimés, да будемъ любимы!
Soyez aimés, будьте любимы!

### VI. **Subjonctif.**

*Présent.*

Que je sois aimé.

*Passé.*

Que j'aie été aimé.

*Imparfait.*

Que je fusse aimé.

*Plus-que-parfait.*

Que j'eusse été aimé.

*Obs.* On conjuguera ce verbe négativement, interrogativement et interro-négativement.

Verbes à conjuguer: *Être attendu par quelqu'un, être compris, être obéi, n'être pas interrompu, n'être pas accompagné,* etc.

6. Dans la proposition passive, le nom de la personne ou de la chose qui fait l'action, est précédé de la préposition *de* ou de la préposition *par*, qui l'une et l'autre servent à rendre l'instrumental [1] russe.

Sur ce point difficile, nous établirons les distinctions suivantes:

1) Si le verbe employé passivement exprime une activité qui vient de l'*âme*, du *sentiment*, on emploie la préposition **de**; mais si l'activité provient de l'*esprit*, de la *réflexion*, il faut employer **par**.

a) Il est aimé (respecté, estimé) **de** tout le monde (всѣми).
Il est haï (détesté, méprisé) **de** tout le monde.
Ce prince est adoré **de** ses sujets (подданными).

[1] Творительный падежъ.

b) Cette machine a été inventée **par** un Anglais (англичаниномъ).
Il a été élevé (instruit, enseigné) **par** un homme habile.
Les comédies composées **par** cet auteur.

*Obs.* De là vient qu'on dit: L'**Avare**, *comédie en cinq actes*, **par** *Molière*.

2) Quand l'activité est d'une autre nature, et ne provient ni de l'*âme*, ni de l'*esprit*, il faut distinguer si elle suppose un certain *effort*, une certaine *participation de la volonté* ou *non*: dans le premier cas on emploie **par**, dans le second **de**:

a) La Gaule fut conquise **par** César (Цезаремъ).
Il a été blessé **par** un assassin (убійцею).
La ville de St-Pétersbourg a été fondée **par** Pierre le Grand (Петромъ Великимъ).
Il fut sauvé **par** un de ses amis (однимъ изъ своихъ друзей).

b) Il voulut n'être vu **de** personne (никѣмъ).
Je ne suis pas connu **de** vous (вами).
Il était suivi **d'**un domestique.
Le prince était accompagné **d'**une suite nombreuse.

3) Il en résulte que **de** s'emploie de préférence pour les objets *inanimés*, et **par**, au contraire, pour les objets *animés*, ou pour les objets *inanimés qu'on personnifie*. Ex.: *Il est dévoré* D'*ambition. Il a été dévoré* PAR *les lions. Il fut dévoré* PAR *les flammes*. (Dans ce dernier exemple, les *flammes* figurent comme un être agissant.) *Il a été tué* D'*un coup de canon, blessé* D'*un coup de fusil; il est tourmenté* DE *la goutte. Il est tourmenté* DE *remords*, PAR *les remords. Cet auteur a été fort maltraité* PAR *la critique* (c'est-à-dire PAR *les critiques*).

*Rem.* L'oreille et l'usage décident quelquefois aussi de l'emploi de ces deux prépositions. C'est ainsi que les verbes *être accompagné*, *être suivi*, *être précédé*, *être connu*, *être entouré*, sont ordinairement suivis de la préposition *de*.

7. On remarquera encore que les verbes intransitifs russes сидѣть, лежать, se rendent par les locutions passives *être assis*, *être couché*.— *Il est assis*, онъ сидитъ.

## Exercices.

*Obs.* Les élèves s'exerceront à transformer les propositions actives en propositions passives, et réciproquement. Ils pourront le faire d'après le modèle suivant.

| a) *Forme active.* | *Forme passive.* |
|---|---|
| Personne n'*aime* l'égoïste. | L'égoïste n'*est aimé* DE personne. |
| Les Arabes *ont inventé* les chiffres | Les chiffres *ont été inventés* PAR les Arabes. |
| La pluie *a détrempé* la terre. | La terre *a été détrempée* PAR la pluie. |

| b) *Forme passive.* | *Forme active.* |
| --- | --- |
| La terre *est rafraîchie* par les rosées bienfaisantes. | Les rosées bienfaisantes *rafraîchissent* la terre. |
| Les orages *sont prévus et annoncés* par les hirondelles. | Les hirondelles prévoient et annoncent les orages. |
| Les élèves studieux *seront récompensés.* | On *récompensera* les élèves studieux. |

On fera conjuguer aussi un verbe passif, avec la forme active en regard, d'après le modèle suivant:

*Présent de l'indicatif.*

| | |
| --- | --- |
| Je suis aimé de Dieu. | Dieu *m*'aime. |
| Tu es aimé de Dieu. | Dieu *t*'aime. |
| Il est aimé de Dieu. | Dieu *l*'aime. |
| Elle est aimée de Dieu. | Dieu *l*'aime. |
| Nous sommes aimés de Dieu. | Dieu *nous* aime. |
| Vous êtes aimés de Dieu. | Dieu *vous* aime. |
| Ils (elles) sont aimés (ées) de Dieu. | Dieu *les* aime, etc. |

66.

On fera traduire, puis transformer de vive voix et par écrit, les phrases suivantes :

I. Les petits ruisseaux forment les grandes rivières. — La mort de Turenne consterna [1] toute l'armée. — Apollon allongea les oreilles de Midas. — Dieu créa le ciel et la terre en six jours. — Le chant des oiseaux égaye nos campagnes. — Six chevaux blancs traînaient le char du triomphateur. — Titus assiégea et prit Jérusalem. — Toujours le maître a puni, punira et devra punir la paresse.—Pourquoi le maître ne punirait-il pas la paresse? — La nuit nous a surpris. — Moïse changea les eaux du Nil en sang.—Votre bonté l'a rassurée.— Darius et Xerxès attaquèrent les Grecs.

II. La vue est blessée par l'éclat du soleil. — Il est enchanté de tout. — Nos plus fastueux monuments seront effacés par le temps. — Nous aurions été reconnus. — La ville d'Herculanum a été ensevelie [2] par la lave du Vésuve. — Rome fut prise et brûlée par les Gaulois. — Jeanne d'Arc fut brûlée à Rouen par les Anglais. — L'Océanie a été découverte par les Hollandais. — Les trois quarts de la surface de la terre sont occupés par les eaux de la mer. — Les moutons seront toujours dévorés par les loups, et les corbeaux seront toujours trompés par les renards.

III. Le Nil traverse l'Égypte dans toute sa longueur. — L'homme ennoblit [3] la terre, la peuple et l'enrichit. — Où sont maintenant ceux qui ont construit les pyramides? — Le doigt de Dieu a marqué des bornes [4] à la mer. — Les grandes actions de Pierre le Grand ont à jamais affermi [5] sa gloire. — Dieu a permis que les irruptions [6] des Barbares renversassent l'empire romain. — Il semble que la nature ait employé la règle et le compas [7] pour peindre la robe du zèbre. — Il n'est aucun métal que le feu n'amollisse. — La grotte de Calypso était tapissée d'une jeune vigne. — Le tabac fut apporté en France l'an

1560, par un Français nommé Nicot. — La montagne était couverte de peupliers, de platanes et de frênes d'une beauté surprenante. — La Russie est arrosée par de grands fleuves. — La foudre frappe souvent ceux qui cherchent un abri sous les arbres. — La plupart des hommes redoutent la mer. — Il serait à souhaiter que les pères de famille suivissent un tel exemple.

1 поражать; 2 залить; 3 облагородить, возвысить; 4 предѣлы, границы; 5 укрѣплять, упрочить; 6 вторженіе; 7 циркуль.

67.

On fera donner une traduction double, c'est-à-dire active et passive, des phrases suivantes:

Когда Ксерксъ напалъ (на) грековъ, послѣдніе были спасены (Quel temps?) хитростію[1] Өемистокла. — Прекрасный и цвѣтущій Карөагенъ былъ (Quel temps?) взятъ и сожженъ римлянами. — Городъ С. Петербургъ основанъ Петромъ Великимъ. — Россія управляема[2] императоромъ. — Безъ компаса[3] Америка не была бы открыта Колумбомъ. — Наполеонъ I былъ разбитъ англичанами и пруссаками при (à) Ватерло. — Нашъ императоръ почитаемъ и любимъ всѣми подданными. — Многіе историки[4] сомнѣваются, что Киръ былъ воспитанъ (Quel mode?) среди пастуховъ. — У персовъ справедливость почиталась[5] первою добродѣтелью; неблагодарность наказывалась какъ величайшій порокъ. — Какимъ образомъ получили вы (p. indéf.) это извѣстіе прежде насъ, если оно не было сообщено[6] вамъ по телеграфу? — Городъ Іерусалимъ былъ бы пощаженъ[7] римлянами, еслибы солдаты исполнили приказанія своихъ начальниковъ. — Городъ долго былъ осаждаемъ и наконецъ взятъ приступомъ[8]. — Катонъ требовалъ, чтобы всѣ приверженцы[9] Катилины были (Quel mode?) осуждены на смерть, и чтобы имѣніе (pl.) ихъ было конфисковано[10]. — Я сомнѣваюсь, чтобы слова оратора были поняты всѣми слушателями[11]. — Благо[12] общества требуетъ, чтобы всѣ законы были исполняемы. — Кѣмъ были изобрѣтены карманные часы? Они были изобрѣтены однимъ нѣмцемъ. — Колоссъ родосскій (de Rhodes) былъ низверженъ землетрясеніемъ.

1 la ruse; 2 gouverner qch.; 3 la boussole; 4 historien; 5 regarder comme; 6 communiquer; 7 épargner qch.; 8 d'assaut; 9 partisan; 10 confisquer qch.; 11 auditeur; 12 le bien.

## Exercice de conversation.

| | |
|---|---|
| Par qui le verre a-t-il été inventé? | Il a été inventé par les Phéniciens. |
| Par qui la ville de Carthage fut-elle prise? | Elle fut prise d'assaut par Scipion l'Africain. |
| La ville fut-elle épargnée? | Elle fut pillée, livrée aux flammes; les habitants furent emmenés en esclavage. |
| Ne resta-t-il aucun édifice debout? | Tous les édifices que le feu avait épargnés furent rasés et démolis. |

| | |
|---|---|
| Quel sentiment éprouva Scipion à l'aspect de Carthage en flammes? | On raconte qu'il versa des larmes à la pensée que Rome, sa patrie, serait un jour livrée au même sort. |
| Quel fut le sort d'Annibal, le grand général carthaginois? | Craignant d'être livré aux Romains, il s'empoisonna 183 avant Jésus-Christ. |
| Connaissez-vous quelque écrivain qui ait raconté la vie de ce grand homme? | Sa vie a été racontée par Cornélius Népos, historien romain. |

*Autres questions:* Par qui la ville de Troie fut-elle détruite? — Qui a détruit l'empire des Perses? — Comment mourut César? — Que savez-vous des villes d'Herculanum et de Pompéi? — Comment mourut Jeanne d'Arc? — Par quel fleuve l'Égypte est-elle arrosée? — De quoi doutent certains écrivains? etc.

## 68.

### Походъ[1] принца Карла-Эдуарда (Extrait de Voltaire).

Принцъ Эдуардъ былъ сынъ того принца, который былъ названъ претендентомъ[2]. Всѣмъ извѣстно, что его прадѣдъ[3] былъ осужденъ на смерть, а дѣдъ лишенъ престола (être détrôné). Этотъ принцъ, послѣдняя отрасль[4] столькихъ королей и столькихъ несчастливцевъ[5], жилъ въ Римѣ, питая надежду вновь вступить[6] на престолъ своихъ отцовъ. Въ 1742 году уже онъ былъ призванъ во Францію, и вѣроятно была бы предпринята[7] высадка[8] въ Англію, еслибы представился къ тому какой-нибудь благопріятный случай. Перемѣны[9] тогдашней общей войны не дозволяли думать о немъ; имъ пожертвовали[10] (passif) общественному несчастію.

Разъ разговаривалъ (Quel temps?) онъ съ кардиналомъ Тенциномъ (Tencin) который сказалъ (Quel temps?) ему: «вы никогда не обольщались надеждою, что высадка въ сѣверную Шотландію можетъ быть приведена въ дѣйствіе[11]? Будьте увѣрены, что однимъ только вашимъ присутствіемъ легко могло бы быть образовано войско изъ вѣрныхъ приверженцевъ, и какъ только (aussitôt que) будетъ увѣдомлена[12] Франція объ этомъ первомъ успѣхѣ, то вамъ тотчасъ же будутъ присланы изъ этой страны и вспомогательныя войска, и деньги. Если вамъ, въ началѣ вашего предпріятія, поблагопріятствуетъ счастіе[13], то помощь[14] эта обезпечена (être assuré à) для васъ.

Этотъ смѣлый совѣтъ понравился Эдуарду, и рѣшеніе было тотчасъ же принято[15]. Преслѣдуемый[16] (infin. passé) столь долго несчастіемъ, схватился[17] онъ съ радостію за средство, которое представляло ему хотя слабый (quelque) лучъ[18] надежды. Планъ его первоначально былъ сообщенъ только семи офицерамъ, которые давно уже были преданы[19] ему, и они, послѣ того какъ были ознакомлены (informer, *passif*,) со всѣми подробностями, дали ему слово остаться вѣрными его судьбѣ до послѣдней минуты.

Былъ купленъ восемнадцати-пушечный фрегатъ, и принцъ сѣлъ на корабль (s'embarquer) со своими семью офицерами, имѣя для этого великаго предпріятія только тысячу восемьсотъ сабель, тысячу двѣсти ружей и около сорока восьми тысячъ франковъ. Фрегатъ былъ конвоированъ[20] королевскимъ кораблемъ «Елисавета», который былъ вооруженъ арматоромъ[21] въ Дюнкирхенѣ[22], что (comme) тогда часто случалось во время (dans) морской войны. Принцъ счастливо высадился (aborder) въ Шотландіи, и этотъ первый успѣхъ вдохнулъ[23] въ него надежду, которая впослѣдствіи жестоко обманула[24] его.

1 expédition; 2 prétendant; 3 bisaïeul; 4 rejeton; 5 infortuné; 6 remonter sur; 7 tenter qch.; 8 descente; 9 vicissitude; 10 sacrifier qn. à qch.; 11 opérer qch.; 12 informer qn. de qch.; 13 fortune; 14 appui; 15 prendre une résolution; 16 persécuter qn.; 17 saisir qch.; 18 lueur; 19 attaché à; 20 escorter qn; 21 armateur; 22 Dunkerque; 23 inspirer qch. à qn.; 24 décevoir, tromper.

## § 51. VERBES PRONOMINAUX.

1. Il y a un assez grand nombre de verbes qui ne s'emploient que pronominalement; tels sont:

a) Se repentir, каяться.
s'abstenir, воздерживаться.
se souvenir, вспоминать.
s'emparer, овладѣть.
s'absenter, отлучаться.
s'agenouiller, стать на колѣни.
s'empresser, спѣшить.
se moquer, насмѣхаться.
se méfier, недовѣрять.
s'arroger, присвоивать себѣ.

D'autres verbes ont, dans la forme pronominale, une signification particulière, différente de celle qu'ils ont quand ils sont employés non pronominalement; tels sont:

| | |
|---|---|
| b) S'apercevoir de qch., замѣчать. | apercevoir qch., увидѣть. |
| se douter de qch., подозрѣвать. | douter de qch., сомнѣваться въ чемъ. |
| se louer de qn., быть довольнымъ. | louer qn., хвалить. |
| se taire, молчать. | taire, умалчивать о чемъ. |
| s'attendre à qch., ожидать. | attendre, ждать. |

Ces deux classes de verbes sont nommés *pronominaux essentiels* (ou *essentiellement pronominaux*). Dans tous ces verbes, le pronom réfléchi est régime direct; il n'y a d'exception que pour le verbe *s'arroger*.

*Rem.* On retranche toutefois le pronom réfléchi après *faire* dans les expressions comme *faire repentir*, *faire souvenir*, заставить раскаяться, вспомнить, etc. *Il fallait l'en* FAIRE REPENTIR *par une patience à toute épreuve.* FÉNELON.

2. On nomme au contraire verbes *pronominaux accidentels*, les verbes transitifs ou intransitifs employés pronominalement. Ainsi les verbes *montrer*, показывать, *nuire*, вредить, *plaire*, нравиться, *lever*, поднимать, *amuser*, забавлять, etc., sont *accidentellement* pronominaux quand on dit: *se montrer*, показываться, *se lever*, встать, восходить, *s'amuser*, забавляться, *se nuire*, вредить себѣ, etc.

La plupart des verbes transitifs et intransitifs sont susceptibles d'être ainsi employés pronominalement.

Dans les verbes accidentellement pronominaux, le pronom réfléchi peut être régime direct ou régime indirect:

Je **me** prépare. (Я приготовляюсь), (**me** est mis pour **moi**).
Je **me** prépare un verre de limonade. (**me** est pour **à moi**).
Il **se** lave (**se**, accusatif). — Il **se** lave les mains, (**se**, datif).

3. *Les verbes pronominaux se conjuguent dans leurs temps composés au moyen de l'auxiliaire* ÊTRE. — Mais dans ce cas, le verbe *être* est considéré comme ayant la signification du verbe *avoir*. Ainsi on analysera *je me suis préparé*, comme s'il y avait *je m'*AI *préparé*.

4. Le participe passé d'un verbe pronominal s'accorde en genre et en nombre avec le pronom réfléchi, si ce pronom est à l'accusatif (régime direct); mais si ce pronom est au datif (régime indirect), le participe reste invariable, — à moins qu'il ne soit précédé d'un autre régime direct.

Elle **s'**est réjoui**e**.
Nous **nous** sommes baigné**s**.
Elle **s'**est blessé**e**.

Elle **s'**est imagin**é**.
Nous **nous** sommes **donné** de la peine.
Elle **s'**est blessé la main.

Ces dames **se** sont **parlé** et **se** sont **écrit**.

Mais on écrira: *La peine* QUE *je me suis donné*E. *La maison* QU'*ils se sont bâti*E, en accordant le participe avec *que*, régime direct, qui le précède.

Il résulte de ce qui a été dit plus haut que le participe des verbes pronominaux essentiels s'accorde toujours avec le pronom réfléchi : *Elle s'est souvenu*E. *Ils se sont aperçus trop tard de leur méprise*.— Mais *s'arroger* suit la règle générale: *Ils se sont* ARROGÉ *des droits*.

5. Conjugaison du verbe pronominal *se vanter*, хвалиться.

A. *Modes impersonnels.*

### I. Infinitif.

| *Présent.* | *Passé.* |
|---|---|
| Se vanter. | S'être vanté. |

### II. Participe.

| *Présent.* | *Passé.* |
|---|---|
| Se vantant. | a) *Simple:* Vanté (1).<br>b) *Composé:* S'étant vanté. |

(1) Le participe passé ne pouvant être construit avec les pronoms personnels conjoints, ne peut s'employer pronominalement.

B. *Modes personnels.*

## III. **Indicatif.**

| *Présent.* | *Passé indéfini.* |
|---|---|
| Je me vante, | Je me suis vanté, |
| tu te vantes, | tu t'es vanté, |
| il se vante, | il s'est vanté, |
| elle se vante, | elle s'est vanté**e**, |
| on se vante, | on s'est vanté, |
| nous nous vantons, | nous nous sommes vanté**s**, |
| vous vous vantez, | vous vous êtes vanté**s**, |
| ils se vantent, | ils se sont vanté**s**, |
| elles se vantent. | elles se sont vanté**es**. |
| *Imparfait.* | *Plus-que-parfait.* |
| Je me vantais, | Je m'étais vanté, |
| tu te vantais, | tu t'étais vanté, |
| il se vantait, | il s'était vanté, |
| nous nous vantions, | nous nous étions vantés, |
| vous vous vantiez, | vous vous étiez vantés, |
| ils se vantaient. | ils s'étaient vantés. |
| *Passé défini.* | *Passé antérieur.* |
| Je me vantai, | Je me fus vanté, |
| tu te vantas, | tu te fus vanté, |
| il se vanta, | il se fut vanté, |
| nous nous vantâmes, | nous nous fûmes vantés, |
| vous vous vantâtes, | vous vous fûtes vantés, |
| ils se vantèrent. | ils se furent vantés. |
| *Futur absolu.* | *Futur antérieur.* |
| Je me vanterai, | Je me serai vanté, |
| tu te vanteras, | tu te seras vanté, |
| il se vantera, | il se sera vanté, |
| nous nous vanterons, | nous nous serons vantés, |
| vous vous vanterez, | vous vous serez vantés, |
| ils se vanteront. | ils se seront vantés. |

## IV. **Conditionnel.**

| *Présent.* | | *Passé.* |
|---|---|---|
| Je me vanterais, | 1-re forme : | Je me serais vanté, |
| tu te vanterais, | | tu te serais vanté, |
| il se vanterait, | | il se serait vanté, |
| nous nous vanterions, | | nous nous serions vantés, |
| vous vous vanteriez, | | vous vous seriez vantés, |
| ils se vanteraient. | | ils se seraient vantés. |
| | 2-me forme : | Je me fusse vanté, |
| | | tu te fusses vanté, |
| | | il se fût vanté, |
| | | nous nous fussions vantés, |
| | | vous vous fussiez vantés, |
| | | ils se fussent vantés. |

## V. **Impératif.**

| | |
|---|---|
| Vante-*toi !* | Qu'il se vante ! |
| vantons-*nous !* | qu'ils se vantent ! |
| vantez-*vous !* | |

### VI. Subjonctif.

*Présent.*

Que je me vante,
que tu te vantes,
qu'il se vante,
que nous nous vantions,
que vous vous vantiez,
qu'ils se vantent.

*Passé.*

Que je me sois vanté,
que tu te sois vanté,
qu'il se soit vanté,
que nous nous soyons vantés,
que vous vous soyez vantés,
qu'ils se soient vantés.

*Imparfait.*

Que je me vantasse,
que tu te vantasses,
qu'il se vantât,
que nous nous vantassions,
que vous vous vantassiez,
qu'ils se vantassent.

*Plus-que-parfait.*

Que je me fusse vanté,
que tu te fusses vanté,
qu'il se fût vanté,
que nous nous fussions vantés,
que vous vous fussiez vantés,
qu'ils se fussent vantés.

*Obs.* La conjugaison de ces verbes exige de la part des élèves beaucoup d'attention et d'exercice. On conjuguera, d'après le modèle précédent, des verbes pronominaux des quatre conjugaisons, et cela non-seulement affirmativement, mais aussi *négativement*, *interrogativement* et *interro-négativement*.

6. Nous donnerons ici deux temps à chacune de ces formes:

### Indicatif.

*Forme négative.*

*Présent.*

Je ne me vante pas,
 я не хвалюсь.
tu ne te vantes pas,
il ne se vante pas,
nous ne nous vantons pas,
vous ne vous vantez pas,
ils ne se vantent pas.

*Passé indéfini.*

Je ne me suis pas vanté,
 я не хвалился.
tu ne t'es pas vanté,
il ne s'est pas vanté,
nous ne nous sommes pas vantés,
vous ne vous êtes pas vantés,
ils ne se sont pas vantés.

*Forme interrogative.*

Me vanté-je?
Est-ce que je me vante?
 хвалюсь-ли я?
te vantes-tu?
se vante-t-il?
nous vantons-nous?
vous vantez-vous?
se vantent-ils?

Me suis-je vanté?
 хвалился-ли я?
t'es-tu vanté?
s'est-il vanté?
nous sommes-nous vantés?
vous êtes-vous vantés?
se sont-ils vantés?
se sont-elles vantées?

*Forme interro-négative.*

Ne me vanté-je pas?
Est-ce que je ne me vante pas?
 не хвалюсь-ли я?
ne te vantes-tu pas?
ne se vante-t-il pas?
ne nous vantons-nous pas?
ne vous vantez-vous pas?
ne se vantent-ils pas?

Ne me suis-je pas vanté?
 не хвалился-ли я?
ne t'es-tu pas vanté?
ne s'est-il pas vanté?
ne nous sommes-nous pas vantés?
ne vous êtes-vous pas vantés?
ne se sont-ils pas vantés?

*A conjuguer;* Se laver, se promener, s'ennuyer, s'engager, se placer, s'appeler, s'abonner, s'habituer, se lier; se réjouir, se noircir les doigts, se salir, se salir les mains, s'applaudir, s'apercevoir; se rendre, s'entendre, se défendre, se tordre, etc.; s'entre-choquer, s'entr'aider, etc. Le soleil se lève le matin et se couche le soir.

7. En français, comme en russe, les verbes pronominaux s'emploient fréquemment au lieu de la forme passive:

| | |
|---|---|
| La maison **se bâtit.** | Домъ строится. |
| Cela **se vend** cher. | Это дорого продается. |
| Ce mot ne se prononce pas ainsi. | Это слово не такъ произносится. |
| Cela se voit tous les jours. | Это видится (видишь) ежедневно. |

Il faut donc bien distinguer:

| | |
|---|---|
| La maison **se bâtit.** | Домъ строится. |
| *de:* La maison **est bâtie.** | Домъ построенъ. |

8. Un grand nombre de verbes sont pronominaux en français, tandis qu'ils ne le sont pas en russe. D'autres sont pronominaux en russe, tandis qu'ils ne le sont pas en français.

Outre les verbes pronominaux déjà cités, on remarquera ceux qui suivent:

S'en aller, уходить.
se promener, гулять.
s'arrêter, останавливаться.
s'échapper, убѣжать, скрыться.
s'enfuir, убѣжать.
s'envoler, улетать.
s'écouler, протекать.
se passer, проходить.
se passer de, обойтись безъ чего.
se mettre à, начинать.
s'en retourner, возвращаться.
s'en revenir, приходить назадъ.
se tenir debout, стоять.
s'asseoir, сѣсть.
se lever, встать.
se coucher, идти спать, ложиться.
s'endormir, засыпать.
s'éveiller, } просыпаться.
se réveiller, }
se lasser, уставать.
se reposer, отдыхать.
se noyer, утопать, утонуть.
se mourir, умирать.
s'éteindre, погасать, вымирать.
se trouver mal, } падать въ
s'évanouir, } обморокъ.

se faner, } сохнуть, увядать.
se flétrir, }
se moquer de, } насмѣхаться, смѣяться.
se rire de, }
s'écrier, вскричать.
se confesser, исповѣдываться.
se fier à, довѣрять.
se défier de, } недовѣрять.
se méfier de, }
se raviser, одуматься.
s'aviser de, приходить на умъ.
se plaindre de, жаловаться.
s'obstiner à, упрямиться.
s'opiniâtrer à, упорствовать.
se fâcher, сердиться.
s'y prendre, приниматься.
se dégoûter de, получать отвращеніе.
s'ennuyer, скучать.
s'épouvanter, испугаться.
s'impatienter, терять терпѣніе.
se parler, разговаривать (съ кѣмъ).
se refroidir, простудиться.
se souvenir de qch., } вспоминать.
se rappeler qch., }
etc.

9. Les verbes suivants ne sont pas pronominaux en français:

| | |
|---|---|
| Avoir peur, бояться. | briguer qch, домогаться. |
| avoir honte, стыдиться. | embellir, украшаться. |
| prendre garde, беречься. | dissimuler, скрываться. |
| prendre la liberté, осмѣливаться. | délibérer, рѣшиться. |
| convenir, годиться. | en appeler à, ссылаться. |
| empirer, ухудшаться. | acquérir, стяжать (добиться). |
| rajeunir, молодиться. | tourner, обращаться. |
| augmenter, увеличиваться. | séjourner, пребывать, остановиться. |
| diminuer, уменьшаться. | changer, перемѣняться. |
| serpenter, извиваться. | refuser, отказываться. |

69.

La cannelle est l'écorce d'un arbre qui se trouve dans l'île de Ceylan. — La langue française se parle dans toute l'Europe. — Quel homme peut se vanter de ne s'être jamais trompé? — Quand les forces de notre corps se sont épuisées[1] par le travail, elles se renouvellent par le sommeil. — Charles XII, roi de Suède, s'était fortifié et endurci au point[2] qu'il dormait en plein champ au cœur de[3] l'hiver. — Lycurgue voulut que la jeunesse de Lacédémone s'accoutumât à supporter les fatigues de la guerre. — Les jeux olympiques se célébraient tous les quatre ans. — La plupart des mots français ne se prononcent pas comme ils s'écrivent. — Chez les anciens, les spectacles se donnaient en l'honneur des dieux. — Il faut que jeunesse se passe, dit un proverbe dont bien des jeunes gens abusent. — Comme on fait son lit on se couche. (Prov.) — Je prends la liberté de vous dire que cet orgueil ne convient ni à votre âge ni à votre position. — Je ne m'attendais pas à ce que les choses tournassent si mal. — Le lierre[4] monte autour des arbres en serpentant. — Auguste et Antoine se défiaient l'un de l'autre. — Au printemps la nature rajeunit; on voit chaque matin comme tout a embelli. — L'eau du Nil ayant séjourné quelque temps sur les campagnes, diminue et rentre dans son lit. — Taisez-vous, s'écria-t-il; je me repens de m'être fié à vous. — Nous nous assîmes, nous tirâmes de notre sac quelques morceaux de pain et de viande, que nous nous mîmes à manger de bon appétit. — Hâtez-vous lentement, et sans perdre courage, Vingt fois sur le métier remettez votre ouvrage. — Hâte-toi donc, petit babillard, souviens-toi que ton maître s'est déjà plaint plus d'une fois de ta négligence. — J'attends que George se soit habillé.

1 истощиться; 2 такимъ образомъ; 3 среди, въ самой срединѣ (зимы); 4 плющъ.

70.

Александръ Великій показалъ себя великодушнымъ относительно (envers) матери и супруги Дарія. — Цезарь былъ еще молодымъ, неизвѣстнымъ человѣкомъ, когда (que) Помпей прославился (se distinguer, pl. parf.) уже во многихъ войнахъ. — Благочестивый (pieux) христіанинъ не отойдетъ ко сну (s'endormir), не (sans) поручивъ себя милосердію[1] Божію въ усердной[2] молитвѣ. — Древніе египтяне занимались[3] (Quel temps?) астрономіею. —

На всемъ пространствѣ отъ Балтійскаго моря въ Европѣ до Берингова пролива въ Америкѣ, говорятъ (forme réfléchie) русскимъ языкомъ. — Мы съ удовольствіемъ вспоминаемъ о тѣхъ случаяхъ, въ которыхъ мы отличились, и о тѣхъ, въ которыхъ мы вели себя[4], по крайней мѣрѣ, честнымъ образомъ. — Вы очень измѣнились съ тѣхъ поръ, какъ я видѣлъ васъ въ послѣдній разъ. — Земля обращается вокругъ солнца и, въ то-же время, вокругъ своей оси. — Ласточки и другія птицы, въ началѣ зимы, отлетаютъ въ болѣе теплыя страны, и возвращаются съ весною. — Лѣтомъ солнце восходитъ раньше 3-хъ часовъ утра и заходитъ уже позже (ne-que) 9-ти часовъ вечера. — Земля, море и вѣтры безмолвствовали при (à) его голосѣ. — Молчите, дѣти, пока я отдыхаю. — Англійскія слова не такъ выговариваются, какъ пишутся. — Эти два предложенія хорошо написаны. — Мои двоюродныя сестры пробыли два года въ Лондонѣ. Старшая изъ нихъ сдѣлалась почти англичанкою; она стыдится говорить по-русски, и отказывается отвѣчать мнѣ, когда я говорю не по-англійски. Я уже рѣшился (prendre la liberté) сказать ей, что это смѣшно и что совершенно нейдетъ (convenir) стыдиться говорить на своемъ родномъ языкѣ.

1 la grâce; 2 fervent; 3 s'occuper de; 4 se comporter.

## 71.

Петръ Великій вставалъ въ 3 часа утра, и рано ложился спать. — Очень хорошо вставать рано. — Александръ, покоривъ (s'emparer de) почти всю Азію, возвратился въ Вавилонъ, гдѣ (и) умеръ, въ цвѣтущихъ лѣтахъ (à la fleur de l'âge). — Не пойдемъ-ли мы гулять? — Извините; я еще не одѣта. Я давно уже одѣлась-бы, если-бы моя портниха принесла мнѣ мое новое платье. — Ленты продаются аршинами (à l'aune). — Эти яблоки ѣдятъ (forme réfl.) зимою. — Не ошиблись-ли (p. indéf.) вы въ вашихъ разсчетахъ? — Я не думаю, чтобы я ошибся. (Quel mode?) — Отчего ты не мылась еще, дочь моя? — Я не одѣлась еще, потому что нездорова; я, вѣроятно, (fut. ant.) простудилась вчера вечеромъ, во время нашей прогулки. — На востокѣ[1] часто проводятъ (réfl.) ночи подъ открытымъ небомъ[2]; обычай этотъ не шелъ бы (convenir) въ нашемъ климатѣ. — Приготовься[3] и поторопись, чтобы поскорѣе отправиться[4] въ школу. — Догадываетесь-ли[5] вы о причинѣ моего посѣщенія? Нѣтъ, не догадываюсь. — Я не подозрѣвалъ (se douter de) бы этого, если бы онъ не написалъ мнѣ. — Густавъ Адольфъ не начиналъ ни одной битвы, не поручивъ (se recommander, infin. pas.) себя покровительству[6] Бога. — Римляне не прежде даровали (accorder) миръ карѳагенянамъ, какъ они обязались[7] выдать[8] свои корабли и ни съ кѣмъ не начинать войны безъ согласія римлянъ.

1 l'Orient; 2 en plein air; 3 se préparer à qch.; 4 se mettre en chemin; 5 se douter de; 6 protection, la garde; 7 s'engager à qch.; 8 livrer qch.

### Exercice de conversation.

| | |
|---|---|
| A quelle heure vous levez-vous ordinairement? | J'ai l'habitude de me lever de très-bonne heure; ce matin je me suis levé à cinq heures et demie. |

| | |
|---|---|
| Que vous proposez-vous de faire cette après-midi? | Nous nous proposons d'aller voir quelques connaissances. |
| Comment se porte Madame votre mère? | Elle se porte de mieux en mieux; et il est à espérer qu'elle se rétablira bientôt entièrement. |
| N'avez-vous pas l'intention d'aller vous promener par ce beau temps? | Je ne puis m'absenter, parce que ma mère et mes sœurs sont allées se promener. |
| Venez, promenons-nous un peu dans ce beau parc. | Permets, maman, que nous nous asseyions un instant sur ce banc, pour nous reposer. |
| Mais où sont vos frères? Je ne me suis pas aperçue de leur disparition. | Ne t'inquiète pas, maman; ils s'en sont allés pour courir après un papillon dont ils voulaient s'emparer. |
| Les voilà qui reviennent. Eh bien! avez-vous réussi à vous emparer de ce papillon? | Non, maman; il s'est échappé au moment où nous croyions nous en saisir. |
| Je pensais bien qu'il s'échapperait. Mais voici votre papa qui vient; levons-nous et allons à sa rencontre. | Bonjour, cher papa; viens t'asseoir sur ce banc: il fait si bon s'y reposer! |
| Tournez-vous, enfants, vers l'occident; le soleil va se coucher. | Ah! que c'est beau! regarde, maman, comme le soleil dore les nuages derrière lesquels il s'est caché! |
| Le voilà entièrement disparu. Allons-nous-en, enfants; il est temps de rentrer. | Retournons-nous-en par ce joli chemin; nous y rencontrerons Charles et Louis, qui se sont éloignés de ce côté-là. |

*Autres questions:* a) Qu'est-ce que la cannelle? — Jusqu'à quel point Charles XII s'était-il endurci? — Que désirait Lycurgue? — Que signifie le proverbe: «Comme on fait son lit on se couche»? — b) De quoi s'occupaient les anciens Égyptiens? — De quels événements nous souvenons-nous avec plaisir? — Que font les hirondelles en automne? — c) A quelle heure se levait Pierre le Grand? — Comment se vendent les rubans? — A quelles conditions les Carthaginois obtinrent-ils la paix?

## 72.

**Карлъ V и молодой монахъ въ (de) монастырѣ св. Юста (изъ Фенелона).**

*Карлъ.* Ну (allons), мой братъ; время вставать. Вчера ты рано заснулъ, ты долженъ сегодня рано проснуться. Въ юности должно показывать рвеніе [1]. — *Монахъ.* Когда же и спать мнѣ (quand voulez-vous que je), если не въ [2] юности. Сонъ очень хорошо примиряется [3] съ рвеніемъ. — *Карлъ.* Если пріучишь себя рано вставать, то просыпаешься [4] очень скоро. — *Монахъ.* Да, если такъ старъ, какъ ваше величество; но въ (à) моемъ возрастѣ (âge) можно стоя (debout) спать. — *Карлъ.* Тогда (eh bien), мой братъ, людямъ моихъ лѣтъ слѣдуетъ будить слишкомъ заспавшуюся [5] юность. — *Монахъ.* Усиливаясь [6] (inf. passé) столь долгое время нарушать [7] спокойствіе цѣлаго міра, вы не можете (и) меня оставить въ покоѣ? Вы только для того [8] встаете такъ рано, чтобы день былъ (pour trouver le jour) длиннѣе. Сознайтесь откровенно, вы скучаете [9] здѣсь, не имѣя (infin.) никакого дѣла, какъ только молиться Богу, заводить [10] часы и будить послушниковъ [11], которые нисколько не виноваты [12] въ вашей скукѣ. — *Карлъ.* У меня двѣнадцать слугъ, которыхъ я сохранилъ [13] себѣ. — *Монахъ.* Можете вы съ ними бесѣдовать? Никогда не приходило вамъ на умъ [14] жаловаться на (de) это печальное уединеніе? — *Карлъ.* У меня есть лошадь; я могу ѣздить верхомъ [15] по (= въ) этой прекрасной долинѣ, у подножія горъ Эстремадуры, покрытыхъ безчисленными стадами. — *Монахъ.* Все это хорошо, но все это не говоритъ; вы не можете отказаться отъ обхожденія [16] съ людьми. Вы не раскаиваетесь, что отстали [17] (infin. pas.) отъ нихъ?

1 ferveur; 2 sinon pendant que; 3 s'accorder avec qch.; 4 être éveillé; 5 trop paresseux. trop endormi; 6 s'efforcer de; 7 troubler qch.; 8 ne—que pour; 9 s'ennuyer de; 10 monter, remonter une horloge; 11 novice; 12 être coupable de qch.; 13 se réserver; 14 s'aviser de qch.; 15 se promener à cheval; 16 le commerce de qn., 17 quitter qch.

II. *Карлъ.* Я получаю сто тысячъ талеровъ пенсіи [1]. — *Монахъ.* Довольно дурно выплачиваемой. Король, вашъ сынъ, рѣдко старался [2] уплатить [3] свой долгъ исправно (ponctuellement). — *Карлъ.* Правда, скоро забываютъ людей, которые лишили себя [4] достоинства и унизились [5]. — *Монахъ.* Развѣ вы не были готовы на это (s'attendre à), когда отказывались [6] отъ міра? — *Карлъ.* Теперь я хорошо вижу [7], что это должно было такъ случиться (en être ainsi). — *Монахъ.* Если вы приготовились къ тому, почему вы удивляетесь, что это случилось [8]? Держитесь [9] вашего перваго плана [10], откажитесь отъ (renoncer à) всего, забудьте все, отдыхайте (se reposer) и дайте (laisser) успокоиться другимъ. — *Карлъ.* Если бы мой сынъ послушался совѣта [11], то, можетъ быть, послѣ битвы при Сенъ-Кентенѣ, овладѣлъ (s'emparer de) бы городомъ Парижемъ; но нѣтъ, все становится хуже, все гибнетъ [12]. Онъ управляетъ [государствомъ] дурно; онъ смѣется надъ моими совѣтами и презираетъ [13] вѣрныхъ слугъ, которые служили мнѣ (acc.). Это огорчаетъ [14] и безпокоитъ [15] меня. — *Монахъ.* Такъ какъ вы простились съ остальнымъ [16] міромъ, чтобы жить въ покоѣ, то и оставайтесь при [17] этомъ, что-бы ни (quoi que) случилось. Пусть счастіе ваше не зависитъ (faire dépendre) отъ войнъ, которыя волнуютъ [18] міръ. Но скажите [по] правдѣ, вы не знали уединенія, когда искали его, и вы не ожидали встрѣтить (= найти) здѣсь такую скуку. — *Карлъ.* Увы (hélas), мой бѣдный юноша, ты говоришь слишкомъ справедливо (ne dire que trop vrai), и дай Богъ (Dieu veuille), чтобы ты не ошибся [19], какъ я, оставивъ (gér.) міръ для этого искуса [20].

1 la pension; 2 s'empresser de; 3 s'acquitter de qch.; 4 se dépouiller de; 5 se dégrader; 6 se retirer de; 7 voir; 8 arriver; 9 s'en tenir à qch.; 10 le projet; 11 se laisser conseiller; 12 se perdre; 13 mépriser qch.; 14 affligen qn.; 15 inquiéter qn.; 16 du reste du; 17 s'en tenir à qch.; 18 agiter qch.; 19 se mécompter (Quel mode? quel temps?) 20 le noviciat.

## § 52. VERBES INTRANSITIFS (NEUTRES)

1. Comme nous l'avons vu, les verbes *transitifs* se conjuguent tous avec *avoir* dans la forme active, et avec *être* dans la forme passive.

2. Les verbes *intransitifs* se conjuguent dans leurs temps simples de la même manière que les verbes transitifs. La seule difficulté qu'ils offrent, est celle du choix du verbe auxiliaire dans les temps composés.

3. De près de 600 verbes intransitifs que compte la langue française, il y en a environ 550 *qui se conjuguent toujours avec* AVOIR.

J'ai dormi. J'ai couru. J'ai voyagé. J'ai dansé. J'ai nagé.

4. Un certain nombre de verbes intransitifs (environ une vingtaine), se conjuguent toujours avec *être*. Ce sont:

| | |
|---|---|
| Aller, идти, ѣхать. | arriver, приходить. |
| venir, приходить. | partir, отправляться. |
| *et les composés*: | entrer, входить. |
| devenir, становиться, дѣлаться. | sortir, выходить. |
| revenir, возвращаться. | mourir, } умирать (умереть). |
| parvenir, доходить, достигать. | décéder, } умирать (умереть). |
| intervenir, вмѣшиваться, | naître, родиться. |
| provenir, происходить. | tomber, падать, упасть. |
| survenir, наступать, | éclore, разцвѣтать, открываться. |
| Retourner, возвращаться. | rester, остаться. (II P. § 59). |

ainsi que leurs composés intransitifs, tels que : *repartir*, опять отправляться, *rentrer*, опять входить, *retomber*, опять упадать, etc.

Contrevenir à qch., нарушать, преступать что, } se conjuguent avec
Subvenir à, помогать. } *avoir*.

Ex.: Je **suis** allé. Elle **est** venue. Les feuilles des arbres **sont** tombées. Il **est** mort de faim. Ces fleurs **sont** écloses cette nuit. ACAD. Il **a** contrevenu à la loi.

Il va sans dire que, si l'un de ces verbes se trouve employé transitivement, il se conjugue avec l'auxiliaire *avoir*:

| | |
|---|---|
| Le cocher **a** sorti les chevaux de l'écurie. | Кучеръ вывелъ лошадей изъ конюшни. |
| Le tailleur **a** retourné mon habit. | Портной выворотилъ мой фракъ. |

5. Un certain nombre de verbes intransitifs, dont la plupart expriment *le passage d'un état à un autre*, se conjuguent tantôt avec *avoir*, tantôt avec *être*: avec **avoir** quand on a en vue l'*action* elle-même, son *développement successif*; avec **être** quand on veut exprimer le *résultat* de l'action, l'*état* qui en est la conséquence:

| | |
|---|---|
| Le vaisseau **a échoué** en approchant de la côte. | Судно, приближаясь къ берегу, было брошено на мель. |
| Le vaisseau **est** maintenant **échoué** sur un banc de sable. | Судно сидитъ теперь на мели. |

De même : *Cet enfant* A *bien* GRANDI *en quelques années. Je ne le re-*

*connaissais pas, tant il* EST GRANDI! *La diligence* A PASSÉ *à midi* (проѣхалъ). *Les beaux jours* SONT PASSÉS (прошли). *Cette mode, cette fleur* EST *passée.*

Les plus employés de ces verbes sont: (Voir encore II P. § 59).

| | |
|---|---|
| Aborder, приставать къ берегу. | déchoir, приходить въ упадокъ. |
| accourir, прибѣгать. | déborder, разливаться. |
| apparaître, являться. | dégénérer, вырождиться. |
| accroître, увеличиваться. | débarquer, высаживаться на берегъ. |
| avancer, подвигаться впередъ. | demeurer, оставаться, жить. |
| baisser, опускаться, понижаться. | descendre, сходить, спускаться, происходить. |
| changer, измѣняться. | échapper, убѣжать. |
| cesser, переставать. | échouer, разбиваться, садиться на мель. |
| coucher, лежать. | expirer, умирать. |
| croître, рости. | embellir, хорошѣть. |
| disparaître, исчезать. | empirer, становиться хуже. |
| décroître, убывать. | rajeunir, молодѣть. |
| grandir, увеличиваться. | vieillir, старѣть. |
| monter, всходить. | |
| passer, проходить. | |

Il va sans dire que dans les cas où ces verbes sont employés transitivement, ils prennent l'auxiliaire *avoir*.

| | |
|---|---|
| On **a descendu** des voyageurs. | Высадили пассажировъ. |
| J'**ai remonté** ma montre. | Я завелъ мои часы. |

6. Le participe passé des verbes intransitifs conjugués avec **avoir** est toujours invariable.

Le participe passé des verbes intransitifs conjugués avec **être** s'accorde en genre et en nombre avec le sujet.

a) Elle a **ri**. Elles ont **pleuré**. Ils nous ont **nui**.
b) Elle est **venue**. Ils sont arriv**és**. Ils sont pass**és**.

73.

Après avoir marché deux lieues, nous vîmes sur une hauteur une belle maison de pierre. — Chaque jour des crieurs publics annoncent dans la ville de combien le Nil a crû. — Il a monté pendant deux heures pour arriver au haut de la montagne. — Le thermomètre a descendu de quatre degrés pendant la journée. — On a descendu le malade dans la rue. — Mon frère a monté le blé au grenier. — Le jardinier n'a pas encore sorti les orangers de la serre; il a rentré les pots à fleurs. — Le batelier a passé des voyageurs toute la journée. — Les travaux sont déjà bien avancés. Ils ont avancé rapidement pendant les derniers mois. — La chaleur a avancé les plantes. — Hérodote a voyagé en Europe, en Asie et en Afrique. — Tandis qu'à Rome on remerciait un consul qui avait fui, de n'avoir pas désespéré du salut[2] de la république, on accusait à Carthage Annibal victorieux. — Les Bourbons ont succédé aux Valois sur le trône de France. — Napoléon I est né à Ajac-

cio en 1769, et il est mort à Sainte-Hélène, le 5 mai 1821. Ses restes ont été transférés[3] à Paris, à l'Hôtel des Invalides, en 1840. — De vingt-deux mille Bavarois qui avaient passé l'Oder, onze mille seulement étaient arrivés au bord de la Duna. — Les Romains ont bien dégénéré[4] pendant les derniers siècles de leur empire. A la mort d'Auguste, ils étaient déjà bien dégénérés. — Midi a sonné comme vous sortiez de la maison. Midi est sonné depuis plus de dix minutes. — La procession a passé sous nos fenêtres. — La foi du centenier[5], la foi du charbonnier[6] sont passées en proverbe.

1 отчаиваться; 2 спасеніе; 3 перенести, перевезти; 4 выродиться, испортиться; 5 сотникъ; 6 угольщикъ.

## 74.

Петръ Великій родился (passé indéf.) въ 1672 году, и умеръ въ 1725 году. Императрица Екатерина II родилась въ 1729 году, скончалась въ 1796 году. — Императоръ Николай I наслѣдовалъ[1] (passé indéf.) Александру I. — Въ Англіи, послѣ дома Стюартовъ, правилъ (succéder) домъ Тюдоровъ. — Долго путешествовали (p. ind.) вы по Франціи? когда пріѣхали вы въ Парижъ? — Я прибылъ въ этотъ славный городъ въ 1862 году, и черезъ три года только возвратился въ отечество. — Мы долго блуждали[2] по улицамъ этого большаго города. — Во время (dans) похода Камбиза противъ эѳіоплянъ, погибло[3] много (p. ind.) персовъ въ пустынѣ. — Войско было въ походѣ (marcher) восемнадцать дней безъ отдыха; многіе солдаты погибли[4] отъ напряженія[5]. — Почему вы такъ торопились (courir)? Я шелъ гораздо медленнѣе, а все-же (cependant) пришелъ довольно рано. — Арабы замѣтно (bien) выродились въ правленіе[6] послѣднихъ калифовъ. — Арабы уже выродились, когда османы овладѣли (passé déf.) востокомъ. — Онъ видимо[7] постарѣлъ. — Я чувствую, что я очень постарѣлъ. — Вода со вчерашняго дня поднялась[8] и все еще прибываетъ. — Посмотрите, какъ поднялись рѣки. — При (à) видѣ охотника, волки исчезли (p. indéf.) — Вы безопасно можете идти[9] черезъ этотъ лѣсъ, волки исчезли вотъ уже нѣсколько мѣсяцевъ.

1 succéder à; 2 errer; 3 périr; 4 succomber à; 5 les fatigues, f.; 6 pendant le règne; 7 à vue d'œil; 8 croître; monter; 9 traverser (la forêt).

## 75.

Мы выѣхали (p. indéf.) изъ Берлина 25 іюня, и черезъ[1] недѣлю прибыли въ Петербургъ. — Десять тысячъ грековъ, которые участвовали въ походѣ (marcher) Кира противъ Артаксеркса, потерявъ (inf. passé) своего предводителя въ битвѣ при Кунаксѣ, возвратились (p. indéf.) въ отечество. Греки эти долго блуждали (p. ind.), пока (avant de) достигли береговъ Чорнаго моря. — Корабль, приближаясь къ берегу, сѣлъ на мель (échouer, p. ind.). — Прекрасный корабль сидитъ теперь на мели (échouer). — Мои родители ушли вчера въ 7 часовъ вечера и возвратились[2] домой только въ 12 часовъ. — Такъ какъ холода наступили[3] (part. comp.) такъ неожиданно, садовники поспѣшно убрали (rentrer) померанцевыя деревья. — Какъ быстро прошло прекрасное время года! прекрасные дни уже прошли! — Эти дѣти пробѣгали (courir, p. ind.) цѣлый день и (sans) ничего не ѣли. Въ послѣднюю ночь состояніе больнаго сдѣлалось хуже[4]. Я вижу, дѣйствительно, что состояніе больнаго ухудшилось.—Въ 1815 году, союзники вторично (pour la seconde fois) вступили[5] въ Парижъ, послѣ того какъ Наполеонъ проигралъ битву при (de) Ватерлоо.

1 plus tard; 2 rentrer; 3 arriver, commencer; 4 empirer; 5 entrer.

### Exercice de conversation.

| | |
|---|---|
| Bonjour, Monsieur, depuis quand êtes-vous revenu de vos voyages? | Je suis de retour depuis une huitaine de jours. |
| Dans quels pays avez-vous voyagé? | J'ai voyagé en Italie et en Grèce. |
| Êtes-vous resté longtemps à Rome? | J'y ai passé une quinzaine de jours. |
| L'Italie n'a-t-elle pas bien changé pendant ces dernières années? | En effet j'ai trouvé qu'elle était bien changée. |
| Où êtes-vous allé en quittant l'Italie? | J'ai passé en Grèce. |
| Avez-vous débarqué près de la ville d'Athènes? | Oui, Monsieur, et longtemps avant d'être débarqués, nous aperçûmes les ruines du Parthénon. |
| On a tiré du canon tous les quarts d'heure. Il faut que l'eau de la Néva ait monté pendant la nuit. | En effet, la rivière est débordée à certains endroits. Elle a débordé deux fois cette année-ci. |

*Autres questions:* Dans quels pays Hérodote a-t-il voyagé? — Indiquez le lieu de la naissance et le lieu de la mort de Napoléon I. — Où et quand sont nés Pierre le Grand? — Catherine II? — Où est mort Alexandre le Grand? etc.

## § 53. VERBES IMPERSONNELS.

1. Les verbes impersonnels ne s'emploient qu'à la troisième personne du *singulier*, avec le sujet grammatical *il*, оно.

Il pleut. Il neige. Il semble.

2. Ces verbes se divisent en:

1) Verbes *essentiellement* impersonnels, qui ne s'emploient que sous la forme impersonnelle (*). A l'exception de *il faut*, ces verbes expriment tous des phénomènes de la nature. Ce sont:

| | |
|---|---|
| Il pleut, дождь идетъ. | Il tonne, гремитъ (громъ). |
| Il neige, снѣгъ идетъ. | Il éclaire (il fait des éclairs), молнія сверкаетъ. |
| Il gèle, мерзнетъ. | Il faut, надо, должно, нужно, слѣдуетъ. |
| Il dégèle, таетъ. | |
| Il grêle, градъ идетъ. | |

Tous ces verbes se conjuguent avec *avoir:* Il A *neigé.*

(*) Exceptionnellement, quelques-uns de ces verbes peuvent s'employer personnellement: *Les bombes y pleuvent,* pour: *Il y pleut des bombes.*

2) Verbes *accidentellement* impersonnels. Ces derniers sont des verbes intransitifs, réfléchis ou auxiliaires, qui sont employés impersonnellement dans un sens particulier. Les plus utiles à connaître sont :

Il est, } Il y a, } есть, бываетъ, бываютъ.
Il fait froid, холодно.
Il arrive, } случается.
Il se passe, } бываетъ.
Il semble, } Il paraît, } кажется.
Il appartient, подобаетъ.
Il convient, } Il sied, } прилично, слѣдуетъ, подобаетъ.
Il suffit, довольно, достаточно.

Il importe, надлежитъ, важно.
Il s'ensuit, } Il résulte, } слѣдуетъ, проистекаетъ.
Il s'agit de } Il y va de, } дѣло идетъ о чемъ, касается.
Il reste, остается.
Il me tarde de, мнѣ хочется.
Il tient à vous, } Il dépend de vous, } зависитъ отъ васъ.
Il vaut mieux, лучше.

*Rem.* Tous ces verbes, à l'exception de *il arrive, il résulte, il reste*, se conjuguent avec *avoir*. Il va sans dire que ceux qui sont de forme pronominale se conjuguent avec *être*: *Il* A *semblé. Il* s'EST *agi.*

3. Les verbes *accidentellement* impersonnels ont, outre le sujet grammatical *il*, un sujet déterminé, qui suit le verbe, et qui est exprimé :

a) par un *substantif* :

| | |
|---|---|
| Il vient des **dames.** | Идутъ дамы. |
| Il croît **des fleurs** dans mon jardin. | Ростутъ цвѣты въ моемъ саду. |
| Il vient un **monsieur.** | Приходитъ господинъ. |

*Rem.* 1) Le verbe impersonnel reste toujours au singulier, même quand le sujet logique est au pluriel.

2) On ne peut faire usage de cette forme impersonnelle, si le substantif est précédé de l'article *défini*, à moins que l'article défini ne soit là seulement pour former le superlatif. On ne pourra donc pas dire: *Il vient* LE *monsieur*; mais on dira très-bien: *Il se répand* LES *bruits les plus étranges.*

b) par un *infinitif* :

| | |
|---|---|
| Il suffit **de dire** un mot. | Довольно сказать одно слово |
| Il s'agit **de commencer!** | Пора начинать! |

c) par une *proposition secondaire* (proposition *sujet*. II P. § 2).

| | |
|---|---|
| Il me semble qu'**il vient.** | Мнѣ кажется, что онъ идетъ. |
| Il arriva qu'**ils s'égarèrent.** | Случилось, что они заблудились. |

4. Le participe passé des verbes impersonnels est toujours invariable : *Il est* VENU *des dames. Les choses qu'il s'est* PASSÉ.

5. *Conjugaison du verbe impersonnel* NEIGER, идти снѣгу.

### I. Infinitif.

| *Présent.* | *Passé.* |
|---|---|
| Neiger, идти снѣгу. | Avoir neigé, идти снѣгу. |

### II. Participe.

| *Présent.* | *Passé.* |
|---|---|
| Neigeant. | Neigé. |

### III. Indicatif.

| *Présent.* | *Passé indéfini.* |
|---|---|
| Il neige, снѣгъ идетъ. | Il a neigé, шелъ снѣгъ. |
| *Imparfait.* | *Plus-que-parfait.* |
| Il neigeait, шелъ снѣгъ. | Il avait neigé, шелъ снѣгъ. |
| *Passé défini.* | *Passé antérieur.* |
| Il neigea, шелъ снѣгъ. | Il eut neigé, шелъ снѣгъ. |
| *Futur absolu.* | *Futur antérieur.* |
| Il neigera, пойдетъ снѣгъ. | Il aura neigé, пойдетъ снѣгъ. |

### IV. Conditionnel.

| *Présent.* | *Passé.* |
|---|---|
| Il neigerait, шелъ бы снѣгъ. | 1) Il aurait neigé, шелъ бы снѣгъ. |
| | 2) Il eût neigé, шелъ бы снѣгъ. |

### V. Subjonctif.

| *Présent.* | *Passé.* |
|---|---|
| Qu'il neige, чтобы шелъ снѣгъ. | Qu'il ait neigé, чтобы шелъ снѣгъ. |
| *Imparfait.* | *Plus-que-parfait.* |
| Qu'il neigeât, чтобы шелъ снѣгъ. | Qu'il eût neigé, чтобы шелъ снѣгъ. |

*Rem.* On s'exercera aussi à conjuguer les verbes impersonnels *négativement*, *interrogativement* et *interro-négativement*. On conjuguera, par exemple: *il y a*, *il résulte* (avec *être*), *il s'agit*, *il faut*, *il fait du vent*, *de quoi s'agit-il? à quoi tient-il? ne semble-t-il pas?* etc.

### 6. REMARQUES SUR L'EMPLOI DE QUELQUES VERBES IMPERSONNELS.

1) Les personnes du verbe **falloir** s'expriment ou par les pronoms personnels conjoints du datif, ou en employant au subjonctif le verbe qui suit:

| | | |
|---|---|---|
| Il *me* faut sortir, | *ou bien:* | Il faut que *je* sorte, мнѣ надобно выйти, я долженъ уйти. |
| Il *te* faut sortir, | » | Il faut que *tu* sortes, |
| Il *lui* faut sortir, | » | Il faut qu'*il* sorte, |
| Il *lui* faut sortir, | » | Il faut qu'*elle* sorte, |
| Il *nous* faut sortir, | » | Il faut que *nous* sortions, |
| Il *vous* faut sortir, | » | Il faut que *vous* sortiez, |

Il *leur* faut sortir, *ou bien*: Il faut qu'*ils* sortent,
Il *leur* faut sortir, » Il faut qu'*elles* sortent.
Il *me* fallait sortir, » Il fallait que *je* sortisse, etc., *я* долженъ былъ уйти.

*Rem.* A la 3^me^ personne, le subjonctif est plus généralement employé.

Quand le sujet de *falloir* n'est pas un pronom personnel, on ne peut employer que le subjonctif.

| | |
|---|---|
| Il faut que les **enfants** obéissent. | Дѣти должны слушаться. |
| Il faut que ma **sœur** parte. | Моя сестра должна уѣхать. |

*Falloir*, employé sans aucun autre verbe, signifie *avoir besoin de.*

| | |
|---|---|
| Il faut des souliers à ces pauvres enfants. | Этимъ бѣднымъ дѣтямъ нужны башмаки. |
| Il leur faudra aussi des livres. | Имъ тоже будутъ нужны книги. |

*Il le faut*, signifie должно быть; *s'il le faut*, если это нужно; *comme il faut*, какъ должно быть, какъ слѣдуетъ.

2) **Il est** s'emploie devant des *adjectifs* et des *substantifs.*

| | |
|---|---|
| Il est juste, справедливо. | Il est temps, пора, время. |
| Il est probable, вѣроятно. | Il est minuit, полночь. |
| Il est possible, возможно. | Il est neuf heures, девять часовъ. |
| Il est tard, поздно. | Il est de bonne heure, рано. |

3) **Il y a** marque *l'existence*, un *temps passé*, un *éloignement de lieu.*

| | |
|---|---|
| a) Il y a un Dieu. / Il est, il existe un Dieu. | Есть Богъ. |
| Il y a une voiture à la porte. | Передъ дверьми (есть, стоитъ) экипажъ. |
| Il y a un livre sur le plancher. | На полу (есть, лежитъ) книга. |
| Y a-t-il déjà des cerises? | Есть уже вишни? |
| Il y aura beaucoup de monde au concert. | Будетъ много народу въ концертѣ. |
| Il y aura bal demain. | Завтра будетъ балъ. |
| b) Il y a deux mois qu'il est parti. | Уже два мѣсяца, какъ онъ уѣхалъ. |
| Il est parti il y a deux mois. | Онъ уѣхалъ два мѣсяца тому назадъ. |
| Il y a un an. | За годъ передъ этимъ. |
| Il y a bien des années. | За много лѣтъ передъ этимъ. |
| c) Il y a vingt verstes d'ici à N. | Двадцать верстъ отсюда до N. |
| Il y a une lieue d'ici au bord de la mer. | Отсюда до морскаго берега миля. |

4) **Il fait** s'emploie avec des *adjectifs* et des *substantifs*, en parlant de la *température* et d'autres *phénomènes* qui y ont rapport:

| | |
|---|---|
| Il fait froid. | Холодно. |
| Il fait chaud. | Тепло. |
| Il fait du vent, de l'orage. | Вѣтрено, бурно. |

| | |
|---|---|
| Il fait du brouillard. | Туманно. |
| Il fait nuit. | Ночь, темно. |
| Il fait des éclairs (il éclaire). | Сверкаетъ, блеститъ (молнія). |
| Il fait de la neige (il neige). | Снѣгъ идетъ. |
| Il fait de la pluie (il pleut). | Дождь идетъ. |
| Il fait sec, humide, frais. | Сухо, сыро, свѣжо. |
| Il commence à faire sombre. | Темнѣетъ (начинаетъ темнѣть). |
| Il fait de la poussière. | Пыльно. |
| Sortirez-vous par le temps qu'il fait? | Пойдете вы въ такую погоду? |

Et dans d'autres locutions, telles que:

| | |
|---|---|
| Il fait bon sous cet arbre. | Пріятно подъ этимъ деревомъ. |
| Il fait cher vivre à Paris. | Жить въ Парижѣ дорого. |

*Rem.* Si le substantif sujet précédait le verbe, il faudrait employer *être* à la forme personnelle et dire: *Le temps* EST *beau*, *l'air* EST *doux*. — *Les chemins* SONT-*ils sales?* *La vie* EST *chère à Paris*.

5) **Il vaut** (impersonnel) ne s'emploie qu'avec les adverbes *mieux* et *autant*.

| | |
|---|---|
| Il vaut mieux se taire que **de** parler mal à propos. | Лучше молчать, нежели говорить не во время. |
| Il vaut autant rester ici. | Также хорошо и здѣсь остаться. |

*Rem.* Dans ce cas, quand *mieux* est suivi de deux infinitifs, le premier s'emploie sans *de*, tandis que le second prend ordinairement cette préposition.

6) Il faut encore remarquer les locutions suivantes, qui sont personnelles en français, tandis que la plupart d'entre elles sont impersonnelles en russe.

| | |
|---|---|
| J'ai chaud, мнѣ жарко. | Je regrette, я сожалѣю. |
| J'ai froid, мнѣ холодно. | Je suis fâché, мнѣ жаль. |
| J'ai faim, мнѣ хочется ѣсть. | Je suis bien fâché, Je suis désolé, } мнѣ очень жаль. |
| J'ai soif, мнѣ хочется пить. | |
| J'ai sommeil, мнѣ хочется спать. | Je suis bien aise, я радъ. |
| J'ai peur, мнѣ страшно, я боюсь. | Je suis charmé, Je suis enchanté, } я очень радъ. |
| J'ai mal au cœur, мнѣ дурно. | Je m'étonne, я удивляюсь. |
| Je me sens mal, Je me trouve mal, } мнѣ нездоровится. | Je me plais ici, мнѣ здѣсь нравится. |
| | Je manque de, мнѣ недостаетъ. |
| Je réussis à, Je parviens à, } мнѣ удается. | Il s'avisa de, ему пришло на умъ. |
| | Que deviendrai-je? что будетъ со мною? |
| Je me repens, я каюсь. | |

76.

En hiver, il neige rarement à Paris, mais il pleut presque constamment. — Il éclaire beaucoup et dans quelques instants il tonnera, car la foudre gronde dans le lointain. — Quel été! il fait beau le matin, le soir il tonne, et le lendemain il pleut! — Le temps est beau, mais bien chaud. — Il a neigé dans ces vallées pendant une grande partie du mois de mai. — Les trois semaines qu'il nous a fallu rester à la campagne, nous ont paru bien longues; car nous pensions aux amis et aux joies qu'il nous avait fallu quitter. — Quelle tempête il a fait la nuit passée! — Cet auteur réussit mieux dans la prose que dans les vers. — Si vous vous avisiez de parler mal de moi, vous vous en repentiriez! — Il n'appartient qu'aux grands esprits de faire de grandes choses. — Charlemagne a gouverné un des plus grands empires qu'il y ait eu depuis les Romains. — Il est un Dieu, tout l'univers le proclame. — Quel beau clair de lune il fait! — Il vaut mieux rester chez soi que de sortir par le temps qu'il fait. — Il vaut bien la peine de penser à cette affaire. — Il vaut mieux souffrir le mal que de le faire. — On dit qu'il s'est passé des choses effrayantes. — Connaissez-vous les tristes nouvelles qu'il est arrivé ce matin? — En été il fait bon se promener le soir. — Il ne dépend souvent pas de nous de n'être pas pauvres; mais il dépend de nous de faire respecter notre pauvreté. — Quelqu'un demandait à Aristote comment on jugeait du mérite d'un livre. Aristote répondit: Un livre est bon si l'auteur dit tout ce qu'il faut, s'il ne dit que ce qu'il faut, et s'il le dit comme il faut.

77.

Идетъ снѣгъ? — Да, и очень сильный (fort) (= идетъ снѣгъ); снѣгъ шелъ (Quel temps?) цѣлый день. — Не будетъ-ли сегодня ночью морозить? — Я думаю, что будетъ морозить, потому что небо ясно. — Вамъ должно (falloir) остаться дома, потому что (car) идетъ дождь, гремитъ громъ и сверкаетъ молнія. — Какія груды (masse) снѣгу! Въ эту ночь, должно быть, шелъ (il faut que...) сильный снѣгъ. — Безъ сомнѣнія начало бы таять, еслибы продолжалась[1] такая погода. — О чемъ дѣло? Дѣло идетъ о моей чести и имѣніи. — Много людей на свѣтѣ, которые постоянно жалуются на (de) свою дурную память; но очень мало такихъ, которые сожалѣютъ о недостаткѣ[2] ума[3]. — Не нашлось ни одного наслѣдника[4], чтобы принять это богатое наслѣдство[5]. — Въ правленіе Людовика XIV случились (se passer, p. ind.) великія событія. — Что мнѣ за дѣло (importer que), хвалятъ или порицаютъ мои поступки безразсудные[6] люди! — Есть люди, которые никогда не довольны тѣмъ, что имѣютъ. — Есть Богъ, который защищаетъ[7] невинность. — Когда отечество было въ опасности, каждый римскій гражданинъ долженъ (falloir) былъ браться[8] (за) оружіе и защищать его. — Въ которомъ часу должны (falloir) мы быть на (à) станціи[9] желѣзной дороги? — Вы должны (falloir) быть тамъ никакъ не позже половины одиннадцатаго. — Честный человѣкъ долженъ (falloir) держать свое слово. — Уже десять часовъ, газеты должны бы (falloir) были прійти (Quel mode?). — Со вчерашняго дня распространились (se répandre) по [= въ] городу самые страшные слухи[10].

1 Continuer; 2 le manque, le défaut de; 3 esprit, m.; 4 héritier; 5 héritage; 6 déraisonnable; 7 protéger qn.; 8 prendre qch.; 9 la gare du chemin de fer; 10 le bruit.

78.

Въ Россіи встрѣчаются люди, которые живутъ болѣе ста лѣтъ, и были (p. indéfini), которые жили слишкомъ 125 лѣтъ. — За день до (le jour avant) торжества (la fête), весьма безпокоились[1] по случаю (à cause) погоды: шелъ дождь, сверкала молнія, гремѣлъ громъ, былъ сильнѣйшій вѣтеръ; короче (bref, en un mot) — была совершенная буря; но на слѣдующій день была прелестная погода, небо было чисто, облака разсѣялись, и около (vers) полудня было даже жарко. — Я радъ, что вамъ удалось получить[2] это мѣсто, и удивляюсь, что не дали (Mode?) вамъ его прежде. — Я удивляюсь, какъ вы зябнете (Mode?) въ этой комнатѣ; мнѣ напротивъ, жарко. — Охотно бываешь подъ открытымъ небомъ, когда хорошая погода. — Часто случается, что лучше молчать, чѣмъ говорить. — Въ южной Россіи собираютъ (impers.) много хлѣба[3]. — Во (dans) всякое время найдутся (impers.) люди, которые умѣли бы (fut.) управлять[4] другими силою краснорѣчія[5]. — Сорокъ лѣтъ тому назадъ, греки были рабами турокъ. — Лучше просить милостыню[6], чѣмъ воровать.

1 être inquiet; 2 obtenir; 3 le blé; 4 commander à qn.; 5 éloquence; 6 mendier.

79.

Какова сегодня погода? — Вы думаете, что завтра будетъ хорошая погода? — Вчера, когда мы возвращались (p. ind.) домой, была прекрасная лунная ночь (clair de lune). — Скажите мнѣ, пожалуйста, который часъ? — Еще только четверть восьмаго, а между тѣмъ (cependant) уже ночь. — Что сдѣлается (devenir) съ этими дѣтьми, когда не будетъ болѣе ихъ родителей, чтобы заботиться о нихъ[1]. — Какъ далеко отъ Петербурга до Москвы? Будетъ (fut.) болѣе шестисотъ верстъ. — Вы давно уже оставили (p. ind.) свое отечество? — Да, скоро будетъ двадцать лѣтъ. — Нравится вамъ въ Россіи? Да, мнѣ здѣсь очень нравится, хотя здѣшній климатъ гораздо холоднѣе (Mode?) нежели климатъ моего отечества. — Сколько снѣгу выпало въ эту зиму! такъ много, что трудно отыскать дорогу. Въ иныхъ[2] мѣстахъ снѣгъ выше (il y a) пяти футовъ. — Какой прекрасный зимній вечеръ! Какой великолѣпный лунный свѣтъ! Не прогуляемся-ли мы нѣсколько? Мнѣ кажется, что уже не такъ холодно, какъ было сегодня утромъ. Воздухъ пріятенъ, и уже не такъ вѣтрено. Какъ пріятно такъ гулять! — Что это тамъ на полѣ, покрытомъ снѣгомъ? Это вороны[3], которыя ищутъ въ снѣгу своей пищи. — Нравится вамъ ваша новая деревня[4]? Есть тамъ луга, лѣса, рощи, гдѣ бы можно было гулять (Mode?)? — Правда-ли, что въ лѣсахъ находятся медвѣди, волки? Были вы на охотѣ? Удалось-ли вамъ убить медвѣдя? — Здѣсь, въ городѣ, ежедневно прекрасный солнечный свѣтъ; жаль (malheureusement), что, вслѣдствіе[5] оттепели[6], чрезвычайно грязно на улицахъ.

1 prendre soin de qn.; 2 certain; 3 la corneille; 4 la campagne, la terre; 5 par suite, à la suite de; 6 le dégel.

## Exercice de conversation.

| | |
|---|---|
| Où vas-tu, Louise, par ce vilain temps? | Il me faut aller chercher du papier de poste. |
| A qui te faut-il encore écrire? | Il faut que j'écrive encore à notre cousine. |

| | |
|---|---|
| A quelle heure faut-il que nos lettres soient à la poste? | Il faut qu'elles y soient au plus tard à 2 heures. |
| Dans ce cas il faut nous hâter, car il vient de sonner une heure et demie. | Cachette ta lettre, donne-la-moi, car il n'y a plus qu'un quart d'heure pour l'envoyer. |
| Croyez-vous qu'il fasse assez beau pour qu'on puisse faire une promenade aujourd'hui? | Il vaut mieux rester à la maison que de s'exposer à la pluie. |
| Il y a longtemps qu'il n'a plu; il a fait sec tout l'été. | Il va pleuvoir; il tombe déjà des gouttes; il fait des éclairs; rentrons avant que l'orage éclate. |

*Autres questions*: a) A qui appartient-il de faire de grandes choses? — Quel empire Charlemagne a-t-il gouverné? etc. b) De quoi se plaignent beaucoup de gens? — Que s'est-il passé sous le règne de Louis XIV? — Qu'arrivait-il chez les Romains, lorsque la patrie était en danger? — c) Que se trouve-t-il en Russie? — Quel temps fit-il le jour de la fête? etc. — d) Est-il tombé beaucoup de neige cet hiver? — Quand fait-il bon se promener? — Parlez-moi de votre maison de campagne.

## § 54. VERBES IRRÉGULIERS.

1. On nomme verbes *irréguliers*:

   1) Ceux dont le *radical* varie, mais qui prennent les terminaisons qui correspondent à la terminaison de leur infinitif. Ex.: *Boire*. Présent de l'indicatif: Je *bois*, tu *bois*, il *boit*, nous *buvons*, vous *buvez*, ils *boivent* (¹).

   2) Ceux dont le radical est *invariable*, mais qui prennent d'autres terminaisons que celles qui correspondent à la terminaison de leur infinitif: Ex: *Cueillir*. Présent de l'indicatif: Je *cueill*E, tu *cueill*ES, il *cueill*E, nous *cueill*ONS, vous *cueill*EZ, ils *cueill*ENT. Futur: Je *cueill*ERAI.

   3) Ceux qui présentent les deux anomalies à la fois. Ex: *Mourir*. Présent de l'indicatif. Je *meurs*, tu *meurs*, il *meurt*, nous *mourons*, vous *mourez*, ils *meurent*.

2. Quant aux irrégularités du radical, il faut remarquer les points suivants:

   1) Certains verbes ont plusieurs radicaux de racines tout à fait différentes: ALL*er*. *Je* VA*is*. *J'*IRai.

   2) Les changements que peut subir le radical consistent:

      a) dans la *modification* de la voyelle: *Mourir*, je *MEURS*; faire, je FIS; *voir*, je *VIS*; *SAVOIR*, je SUS, etc. (Verbes *forts*).

(¹) Ces verbes sont aussi nommés verbes *forts* ou *à conjugaison forte*, par opposition à ceux qui ne forment leur conjugaison qu'au moyen des terminaisons, et qui sont appelés verbes *faibles* ou *à conjugaison faible*.

b) dans la *suppression* d'une ou de plusieurs lettres: Ex: *Sortir*, je *sors; dormir*, je *dors; recevoir*, je *reçois*, etc.

c) dans *l'intercalation* d'une lettre. Ex: *Écrire*, nous *écrivons; venir*, je *viendrai*, etc.

*Rem.* Rien ne facilite plus la connaissance si nécessaire des verbes irréguliers que l'application exacte des règles sur la formation des temps (§ 42). Dans le tableau suivant, l'on ne donnera que les temps primitifs et ceux des temps dérivés qui n'en sont pas régulièrement formés. Mais il faut remarquer:

1) Que si un temps primitif manque, les temps qui en dérivent manquent également. Il n'y a d'exception que pour les verbes impersonnels.

2) Que les verbes *composés* se conjuguent d'ordinaire comme les verbes simples dont ils sont formés. Ainsi *apprendre, comprendre*, etc., se conjuguent comme *prendre; promettre, permettre*, etc., comme *mettre*.

*Obs.* Il est de la plus grande importance de bien exercer les élèves à conjuguer les verbes irréguliers, et cela non-seulement affirmativement, mais encore négativement, interrogativement et interro-négativement. On fera faire pour chaque verbe, si possible, un tableau analogue au suivant.

| | I. *Infinitif.* | II. *Prés. de l'ind.* | III. *Passé défini.* | IV. *Part. passé.* |
|---|---|---|---|---|
| Temps primitifs. | Dormir. | Je dors,<br>tu dors,<br>il dort,<br>n. dormons,<br>v. dormez.<br>ils dorment. | Je dormis,<br>tu dormis,<br>il dormit,<br>n. dormîmes,<br>v. dormîtes,<br>ils dormirent. | Dormi. |
| Temps dérivés. | *Futur.*<br>Je dormirai,<br>tu dormiras,<br>il dormira,<br>n. dormirons,<br>v. dormirez,<br>ils dormiront.<br>*Conditionnel.*<br>Je dormirais,<br>tu dormirais,<br>il dormirait,<br>n. dormirions,<br>v. dormiriez,<br>ils dormiraient. | *Impératif.*<br>Dors, dormons,<br>dormez.<br>*Imparf. de l'ind.*<br>Je dormais,<br>tu dormais,<br>il dormait,<br>n. dormions,<br>v. dormiez,<br>ils dormaient.<br>*Prés. du subj.*<br>Que je dorme,<br>— tu dormes,<br>— il dorme,<br>— n. dormions,<br>— v. dormiez,<br>— ils dorment.<br>*Part. prés.*<br>Dormant. | *Imparf. du subj.*<br>Que je dormisse.<br>— tu dormisses,<br>— il dormît,<br>— n. dormissions,<br>— v. dormissiez,<br>— ils dormissent. | *Temps composés.*<br>Avoir dormi.<br>Ayant dormi.<br>J'ai dormi.<br>J'avais dormi.<br>J'eus dormi.<br>J'aurai dormi.<br>J'aurais dormi.<br>Que j'aie dormi.<br>Que j'eusse dormi. |

## TABLEAU DES VERBES IRRÉGULIERS.

*Rem.* 1) Ce tableau ne donne que les quatre temps primitifs, et ceux des temps dérivés qui n'en sont pas régulièrement formés.

2) Les composés non mentionnés se conjuguent comme les verbes simples dont ils dérivent.

| *Présent de l'infinitif.* | *Présent de l'indicatif.* | *Passé défini.* | *Participe passé.* |
|---|---|---|---|
| | **PREMIÈRE CONJUGAISON.** | | |
| **Aller**, идти. *Futur.* J'irai. *Condit.* J'irais. | Je vais, tu vas, il va, n. allons, v. allez, ils vont. *Impératif:* Va (vas), allons, allez. *Prés. du Subj* Que j'aille, que tu ailles, qu'il aille, que nous allions, que vous alliez, qu'ils aillent. | J'allai. | Allé, e. |
| S'en aller, уходить, уйти. *Fut.* Je m'en irai. *Cond.* Je m'en irais | Je m'en vais, tu t'en vas, il s'en va, nous nous en allons, vous vous en allez, ils s'en vont. *Impér.* Va-t'en, allons-nous-en, allez-vous-en. *Négat.* Ne t'en va pas. Ne nous en allons pas. Ne vous en allez pas. | Je m'en allai. | Je m'en suis allé. *Négat.* Je ne m'en suis pas allé. *Inter.* M'en suis-je allé? *Interro-nég.* Ne m'en suis-je pas allé? |
| **Envoyer**, посылать. *Fut.* J'enverrai. *Cond.* J'enverrais. | J'envoie, tu envoies, il envoie, nous envoyons, vous envoyez, ils envoient. | J'envoyai. | Envoyé, e. |
| | **DEUXIÈME CONJUGAISON.** | | |
| **Acquérir**, приобрѣтать. *Fut.* J'acquerrai. *Cond.* J'acquerrais. | J'acquiers, tu acquiers, il acquiert, nous acquérons, vous acquérez, ils acquièrent. *Prés. du Subj.* Que j'acquière, que tu acquières, qu'il acquière, que nous acquérions, que vous acquériez, qu'ils acquièrent. | J'acquis. | Acquis, e. |
| **Assaillir**, нападать. | J'assaille, nous assaillons. | J'assaillis. | Assailli, e. |
| **Bouillir**, кипѣть. | Je bous, nous bouillons. | Je bouillis. | Bouilli, e. |
| **Courir**, бѣгать. *Fut.* Je courrai. *Cond.* Je courrais. | Je cours, tu cours, il court, n. courons, v. courez, ils courent. | Je courus. | Couru. |
| **Cueillir**, собирать. *Fut.* Je cueillerai. *Cond.* Je cueillerais | Je cueille, nous cueillons. *Impératif:* Cueille (s). | Je cueillis. | Cueilli, e. |
| **Dormir**, спать., | Je dors, nous dormons. | Je dormis. | Dormi. |

| *Prés. de l'infinitif.* | *Présent de l'indicatif.* | *Pas. déf.* | *Part. passé* |
|---|---|---|---|
| **Faillir**, недоставать. | Je faux, nous faillons. | Je faillis. | Failli. |

Ce verbe n'est guère usité qu'au passé défini, aux temps composés et à l'infinitif: Je faillis (j'ai failli) tomber, j'ai été sur le point de tomber.

| *Prés. de l'infinitif.* | *Présent de l'indicatif.* | *Pas. déf.* | *Part. passé* |
|---|---|---|---|
| **Férir**, бить, ударять. | N'est d'usage que dans l'expression: *Sans coup férir*, безъ кровопролитія. | | |
| **Fuir**, бѣжать. | Je fuis, nous fuyons. | Je fuis. | Fui, e. |
| **Gésir**, лежать. | Il gît, ils gisent. *Imparf.* Il gisait. *Part. présent.* Gisant. | Ce verbe n'est d'usage qu'aux temps indiqués: *Ci-gît par qui tant d'autres gisent.* (Épitaphe d'un médecin.) | |
| **Issir**, происходить. | Ce verbe n'est d'usage qu'au participe passé: | | Issu, e, происшедшій. |
| **Mentir**, лгать. | Je mens, tu mens, il ment, n. mentons, v. mentez, ils mentent. | Je mentis. | Menti. |
| **Mourir**, умирать. *Fut.* Je mourrai. *Cond.* Je mourrais. | Je meurs, tu meurs, il meurt, n. mourons, v. mourez, ils meurent. | Je mourus. | Mort, e. |
| **Offrir**, предлагать. | j'offre, nous offrons. | J'offris. | Offert, e. |

De même: *souffrir*, страдать.

| *Prés. de l'infinitif.* | *Présent de l'indicatif.* | *Pas. déf.* | *Part. passé* |
|---|---|---|---|
| **Ouïr**, слушать. | | J'ouïs. | Ouï. |

Ce verbe n'est guère usité qu'aux temps composés, dans les locutions *ouïr dire*, *ouïr raconter*, *ouïr parler*, слушать, какъ говорятъ, разсказываютъ, разговариваютъ.

| *Prés. de l'infinitif.* | *Présent de l'indicatif.* | *Pas. déf.* | *Part. passé* |
|---|---|---|---|
| **Ouvrir**, открывать. | j'ouvre, nous ouvrons. | J'ouvris. | Ouvert, e. |

De même: *couvrir*, крыть, *recouvrir*, покрывать, *découvrir*, открывать.

| *Prés. de l'infinitif.* | *Présent de l'indicatif.* | *Pas. déf.* | *Part. passé* |
|---|---|---|---|
| **Partir**, уѣзжать. | Je pars, il part, n. partons. | Je partis. | Parti, e. |

De même: *Repartir*, вновь уѣхать, возразить. Mais *répartir*, дѣлить, est régulier: *Répartissez cette somme.*

| *Prés. de l'infinitif.* | *Présent de l'indicatif.* | *Pas. déf.* | *Part. passé* |
|---|---|---|---|
| **Querir**, добыть, привесть. | Ce verbe n'est d'usage qu'à l'infinitif, et seulement après les verbes *aller*, *venir*, *envoyer*, *faire*: *Je vais* QUERIR *le médecin*, я иду за докторомъ. | | |
| **Repentir** (se), каяться. | Je me repens, n. n. repentons. | Je me repentis. | Repenti, e. |
| **Saillir**, торчать. | Il saille, ils saillent. *Part. présent.* Saillant. | Il saillit. | Sailli. |

Ce verbe n'est usité qu'aux troisièmes personnes. *Saillir* ne s'emploie de même qu'aux troisièmes personnes, et est régulier. *Le sang saillit, saillissait (jaillissait).*

| *Prés. de l'infinitif.* | *Présent de l'indicatif.* | *Pas. déf.* | *Part. passé* |
|---|---|---|---|
| **Sentir**, чувствовать. | Je sens, nous sentons. | Je sentis. | Senti, e. |
| **Sortir**, выходить. | Je sors, nous sortons. | Je sortis. | Sorti, e. |

De même: **Ressortir**, *sortir de nouveau.* Mais *ressortir à*, *être du ressort*, est régulier: *Cette affaire ressortissait au ministère de l'intérieur.*

| *Prés. de l'infinitif.* | *Présent de l'indicatif.* | *Pas. déf.* | *Part. passé* |
|---|---|---|---|
| **Servir**, служить. | Je sers, nous servons. | Je servis. | Servi, e. |

| *Prés. de l'infinitif.* | *Présent de l'indicatif.* | *Pas. déf.* | *Part. passé.* |
|---|---|---|---|
| **Tenir,** держать. *Fut.* Je tiendrai. *Cond.* Je tiendrais. | Je tiens, tu tiens, il tient, n. tenons, v. tenez, ils tiennent. *Prés. du Subj.* Que je tienne, que tu tiennes, qu'il tienne, que n. tenions, que v. teniez, qu'ils tiennent. | Je tins. | Tenu, e. |
| **Tressaillir,** содрогаться, трепетать. | Je tressaille, nous tressaillons. | Je tressaillis. | Tressailli. |
| **Venir,** приходить *Fut.* Je viendrai. *Cond.* Je viendrais. | Je viens... nous venons... ils viennent. *Prés. du Subj.* Que je vienne... que n. venions... qu'ils viennent. | Je vins. | Venu, e. |
| **Vêtir,** одѣваться. | Je vêts, nous vêtons. On emploie aussi : Je vêtis, nous vêtissons. | Je vêtis. | Vêtu, e. |

TROISIÈME CONJUGAISON.

| | | | |
|---|---|---|---|
| **S'asseoir,** садиться. *Fut.* Je m'assiérai. *Cond.* Je m'assiérais *On emploie aussi*: Je m'asseyerai, je m'assoirai, etc., je m'asseyerais, je m'assoirais, etc. | Je m'assieds, tu t'assieds, il s'assied, n. n. asseyons, v. v. asseyez, ils s'asseient. On emploie aussi: Je m'assois, tu t'assois, il s'assoit, n. n. assoyons, etc. | Je m'assis. | Assis, e. |
| **Choir,** упадать. (*Fut.* Il cherra.) | Ce verbe n'est plus usité qu'à l'infinitif. | | |
| **Déchoir,** приходить въ упадокъ. *Fut.* Je décherrai. *Cond.* Je décherrais. | Je déchois, tu déchois, il déchoit, n. déchoyons, v. déchoyez, ils déchoient. | Je déchus. | Déchu, e. |
| **Échoir,** упадать. *Fut.* Il écherra. *Cond.* Il écherrait. | Il échoit, ils échoient, *ou* il échet, ils échéent. *Part. présent.* Échéant. | Il échut. | Échu, e. |
| **Falloir,** надобно. *Fut.* Il faudra. *Cond.* Il faudrait. | Il faut. *Imp. de l'ind.* Il fallait. *Prés. du Subj.* Qu'il faille. | Il fallut. | Fallu. |
| **Mouvoir,** двигаться. *Fut.* Je mouvrai. *Cond.* Je mouvrais. | Je meus, tu meus, il meut, n. mouvons, vous mouvez, ils meuvent. *Prés. du Subj.* Que je meuve... que nous mouvions... qu'ils meuvent. | Je mus. | Mû, mue. |
| **Pleuvoir,** идти дождю, дождить. *Fut.* Il pleuvra. *Cond* Il pleuvrait. | Il pleut. *Imp. de l'ind.* Il pleuvait. *Prés. du Subj.* Qu'il pleuve. | Il plut. | Plu. |

| *Prés. de l'infinitif.* | *Présent de l'indicatif.* | *Pas. déf.* | *Part. passé.* |
|---|---|---|---|
| **Pourvoir**, снабжать.<br>*Fut.* Je pourvoirai.<br>*Cond.* Je pourvoirais. | Je pourvois, nous pourvoyons. | Je pourvus. | Pourvu, e. |
| **Pouvoir**, мочь.<br>*Fut.* Je pourrai.<br>*Cond.* Je pourrais. | Je peux, tu peux, il peut, n. pouvons, v. pouvez, ils peuvent.<br>Interrog: Puis-je? (*et non* peux-je?)<br>*Prés. du Subj.* Que je puisse, que tu puisses, qu'il puisse, etc.<br>*Part. prés.* Pouvant. *Adj. verbal:* puissant. | Je pus. | Pu. |
| **Ravoir**, опять получать. | Ce verbe n'est usité qu'à l'infinitif. | | |
| **Savoir**, знать.<br>*Fut.* Je saurai.<br>*Cond.* Je saurais. | Je sais, tu sais, il sait, n. savons, v. savez, ils savent.<br>*Impér.* Sache, sachons, sachez.<br>*Prés. du Subj.* Que je sache, que tu saches, qu'il sache, que n. sachions, etc.<br>*Part. prés.* Sachant.<br>*Adj. verbal.* Savant, ученый. | Je sus. | Su, e. |
| **Seoir**, сидѣть.<br>*Fut.* Il siéra.<br>*Cond.* Il siérait. | Il sied, ils siéent.<br>*Imparf. de l'ind.* Il seyait.<br>*Prés. du Subj.* Qu'il siée, etc.<br>*Part. prés.* Seyant. Séant. | —<br>Dans le sens de *être situé*, ce verbe n'est d'usage qu'au participe passé: *sis, sise.* | Sis, sise. |
| | Dans le sens de *être convenable*, il ne s'emploie qu'à la troisième personne, et seulement aux temps indiqués. — Le participe *séant* ne s'emploie que comme subst. et adject. et dans les mots composés: *le séant, bienséant, malséant,* etc. | | |
| **Surseoir**, откладывать.<br>*Fut.* Je sursoirai.<br>*Cond.* Je sursoirais. | Je sursois, nous sursoyons.<br>*Prés. du Subj.* Que je sursoie, que nous sursoyions, etc. | Je sursis. | Sursis, e. |
| **Valoir**, стоить чего, годиться.<br>*Fut.* Je vaudrai.<br>*Cond.* Je vaudrais. | Je vaux, tu vaux, il vaut, n. valons, v. valez, ils valent.<br>*Prés. du Subj.* Que je vaille, que n. valions, que v. valiez, qu'ils vaillent. | Je valus.<br>Conjuguez de même: *équivaloir, revaloir.* | Valu, e. |
| **Prévaloir**, превозмогать, преимуществовать. | Fait au *prés. du Subj.* Que je prévale, que tu prévales, etc. | | |
| **Voir**, видѣть.<br>*Fut.* Je verrai.<br>*Cond.* Je verrais. | Je vois, tu vois, il voit, nous voyons, v. voyez, ils voient.<br>De même: *revoir, entrevoir.* | Je vis. | Vu, e. |
| **Prévoir**, предвидѣть.<br>*Fut.* Je prévoirai.<br>*Cond.* Je prévoirais. | Je prévois, n. prévoyons. | Je prévis. | Prévu, e. |

| *Prés. de l'infinitif.* | *Présent de l'indicatif.* | *Pas. déf.* | *Part. passé.* |
|---|---|---|---|
| **Vouloir**, хотѣть. *Fut.* Je voudrai. *Cond.* Je voudrais. | Je veux, tu veux, il veut, n. voulons, v. voulez, ils veulent. *Impér.* 1) Veuille, veuillez. 2) Veux, voulons, voulez. *Prés. du Subj.* Que je veuille, que n. voulions, que v. vouliez, qu'ils veuillent. | Je voulus. | Voulu, e. |

## QUATRIÈME CONJUGAISON.

| | | | |
|---|---|---|---|
| **Absoudre**, оправдывать. | J'absous, tu absous, il absout, nous absolvons, vous absolvez, ils absolvent. | J'absolus. | Absous, te. (*Absolu*, adj.) |

Conjuguez de même: *dissoudre*.

| | | | |
|---|---|---|---|
| **Battre**, бить. | Je bats, nous battons. | Je battis. | Battu, e. |
| **Boire**, пить. | Je bois, tu bois, il boit, nous buvons, v. buvez, ils boivent. *Prés. du Subj.*: Que je boive, que n. buvions, qu'ils boivent. | Je bus. | Bu, e. |
| **Braire**, ревѣть по ослиному. *Fut.* Il braira. *Cond.* Il brairait. | Il brait, ils braient. *Prés. du Subj.*: Qu'il braie. *Part. présent.* Brayant. | *Rem.* Les formes citées sont les seules usitées. | |
| **Bruire**, шумѣть. | Il bruit. *Imparf.* Il bruyait, ils bruyaient. *Part. prés.* Bruyant. | *Rem.* Les autres formes ne sont pas usitées. | |
| **Ceindre**, опоясывать. | Je ceins, nous ceignons. | Je ceignis. | Ceint, e. |
| **Clore**, запирать. | Je clos, tu clos, il clôt. (Point de pluriel.) | | Clos, e. |
| **Conclure**, заключать. | Je conclus, nous concluons. | Je conclus. | Conclu, e. |

De même: *exclure*.

| | | | |
|---|---|---|---|
| **Conduire**, вести. | Je conduis, nous conduisons. | Je conduisis. | Conduit, e. |

De même: *réduire*, *séduire*, *induire*, *produire*, etc.

| | | | |
|---|---|---|---|
| **Confire**, варить. | Je confis, nous confisons. | Je confis. | Confit, e. |
| **Connaître**, знать. | Je connais, nous connaissons. | Je connus. | Connu, e. |
| **Construire**, строить. | Je construis, nous construisons. | Je construisis. | Construit, e. |

De même: *détruire*, *instruire*, etc.

| | | | |
|---|---|---|---|
| **Coudre**, шить. | Je couds, (il coud), nous cousons. | Je cousis. | Cousu, e. |
| **Croire**, вѣрить. | Je crois, nous croyons. | Je crus. | Cru, e. |

| *Prés. de l'infinitif.* | *Présent de l'indicatif.* | *Pas. déf.* | *Part. passé.* |
|---|---|---|---|
| **Croître**, рости.<br>*Fut.* Je croîtrai.<br>*Cond.* Je croîtrais. | Je croîs, tu croîs, il croît, nous croissons, vous croissez, ils croissent. | Je crûs. | Crû, crue. |

Les participes *accru*, *décru*, s'écrivent sans circonflexe.

| | | | |
|---|---|---|---|
| **Cuire**, варить. | Je cuis, nous cuisons. | Je cuisis. | Cuit, e. |
| **Dire**, сказать, говорить. | Je dis, tu dis, il dit, nous disons, vous dites, ils disent. | Je dis. | Dit, e. |

On conjugue de même *redire*. Mais *contredire*, *dédire*, *interdire*, *prédire*, *médire*, font, à la 2e personne plurielle, *vous contredisez*, *vous médisez*, etc.

| | | | |
|---|---|---|---|
| **Éclore**, вылупаться изъ яйца, разцвѣтать.<br>*Fut.* Il éclora.<br>*Cond.* Il éclorait. | Il éclôt. Ils éclosent.<br>*Prés. du Subj.*: Qu'il éclose, qu'ils éclosent. | | Éclos, e. |
| **Écrire**, писать. | J'écris, nous écrivons. | J'écrivis. | Écrit, e. |

Conjuguez de même: *souscrire*, *inscrire*, *transcrire*, etc.

| | | | |
|---|---|---|---|
| **Faire**, дѣлать.<br>*Fut.* Je ferai.<br>*Cond.* Je ferais. | Je fais, tu fais, il fait, nous faisons, vous faites, ils font.<br>*Prés. du Subj.*: Que je fasse, que tu fasses, etc. | Je fis. | Fait, e. |
| **Frire**, пряжить.<br>*Fut.* Je frirai, n. frirons.<br>*Cond.* Je frirais, n. fririons. | Je fris, tu fris, il frit. (Point de pluriel.)<br>*Impératif*: Fris. | | Frit, e. |

Ce verbe n'est d'usage qu'aux formes indiquées. On supplée aux formes inusitées par l'expression *faire frire*: *Faisons frire*, *que nous fassions frire*, etc.

| | | | |
|---|---|---|---|
| **Lire**, читать. | Je lis, nous lisons. | Je lus. | Lu, e. |
| **Luire**, свѣтить. | Je luis, nous luisons. | | Lui. |
| **Maudire**, клясть. | Je maudis, nous maudissons. | Je maudis. | Maudit, e. |
| **Mettre**, класть. | Je mets, nous mettons. | Je mis. | Mis, e. |
| **Moudre**, молоть. | Je mouds, (il moud), nous moulons. | Je moulus. | Moulu, e. |
| **Naître**, родиться. | Je nais (il naît), nous naissons. | Je naquis. | Né, e. |
| **Nuire**, вредить. | Je nuis, nous nuisons. | Je nuisis. | Nui. |
| **Paître**, пасти. | Je pais, nous paissons. | | |

Le composé *repaître* a le participe passé *repu*.

| | | | |
|---|---|---|---|
| **Paraître**, казаться. | Je parais, nous paraissons. | Je parus. | Paru, e. |
| **Plaire**, нравиться. | Je plais (il plaît), nous plaisons. | Je plus. | Plu, (e.) |
| **Prendre**, брать. | Je prends, nous prenons, ils prennent.<br>*Prés. du Subj.*: Que je prenne, que n. prenions, qu'ils prennent. | Je pris. | Pris, e. |

| *Prés. de l'infinitif.* | *Présent de l'indicatif.* | *Pas. déf.* | *Part. passé.* |
|---|---|---|---|
| **Résoudre**, разлагать, рѣшать. | Je résous, nous résolvons. | Je résolus. | Résous.<br>Résolu, e. |

*Rem. Résous*, разложенный, est invariable. *Le soleil a résous le brouillard en pluie.* — *Résolu*, рѣшительный, рѣшенный. *Le problème est résolu. La guerre est résolue.*

| | | | |
|---|---|---|---|
| **Rire**, смѣяться. | Je ris, nous rions. | Je ris. | Ri. |
| **Rompre**, ломать. | Je romps, nous rompons. | Je rompis. | Rompu, e. |
| **Suffire**, быть довольнымъ. | Je suffis, nous suffisons. | Je suffis. | Suffi. |
| **Suivre**, слѣдовать. | Je suis, nous suivons. | Je suivis. | Suivi, e. |
| **Taire**, умалчивать, молчать. | Je tais, nous taisons. | Je tus. | Tu, e. |
| **Traire**, доить. | Je trais, nous trayons. | | Trait, e. |
| **Vaincre**, побѣждать. | Je vaincs, tu vaincs, il vainc, nous vainquons, vous vainquez, ils vainquent. | Je vainquis. | Vaincu, e. |

Dans toute la conjugaison de ce verbe, *c* se change en *qu* devant une voyelle.

| | | | |
|---|---|---|---|
| **Vivre**, жить. | Je vis, nous vivons.<br>Qui vive! кто идеть! | Je vécus. | Vécu. |

---

*Rem.* Comme exercice de répétition sur les conjugaisons, on adressera aux élèves les questions suivantes, ou d'autres, analogues :

Quelles sont les irrégularités des verbes *aller* et *envoyer?* — Qu'y a-t-il à remarquer sur l'impératif du verbe *aller?* — En quoi se distinguent les verbes irréguliers de la 2me conjugaison des verbes réguliers de la même conjugaison? — Quels verbes irréguliers ont au singulier du présent de l'indicatif et du passé défini la même forme? — Quels verbes en *ir* ont au futur *erai* au lieu de *irai?* — Quel composé de *sortir* est régulier? — Quelle différence de signification et de conjugaison y a-t-il entre *repartir* et *répartir?* — Quelle différence de sens y a-t-il entre *courons* et *courrons*, — *courais* et *courrais?* — Quels temps de *teindre* et de *tenir* ont le même son sans s'écrire de la même manière? — Quels temps de *peindre* et de *peigner* ont la même forme? — Quels verbes ont *es* au lieu de *ez* à la 2e personne du pluriel du présent de l'indicatif? — A quels temps *croître* et *croire* ont-ils la même forme? — Quels sont les verbes en *ir* qui se conjuguent au présent de l'indicatif comme les verbes en *er?* — A quels verbes appartiennent les formes *plut* et *plu?* — Quels sont les quatre verbes qui, à la 3me personne plurielle du présent de l'indicatif, se terminent en *ont* au lieu de *ent?* — Quels verbes ne forment pas leur présent du subjonctif du présent de l'indicatif? — Quels sont les quatre verbes qui se terminent aux deux pers. sing. du prés. de l'indic. en *x?* — Quels verbes ont plusieurs formes pour le *prés. de l'indic.*, l'*imparfait*, le *participe passé*, le *futur* et le *conditionnel?* — Dans quels verbes le part. prés. n'est-il pas dérivé de la 1re personne plur. du prés. de l'indicatif? —

Dans quels temps les verbes *recouvrir* et *recouvrer*, *moudre* et *mouler* ont-ils des formes identiques? — En quoi la conjugaison des verbes *prévoir* et *pourvoir* se distingue-t-elle de celle du verbe *voir*? — En quoi la conjugaison des verbes *dire* et *redire* diffère-t-elle de celle des verbes *interdire*, *médire*, *prédire*, *contredire*, *dédire*, — de celle de *maudire*? etc.

*Phrases à conjuguer*: Aller à la campagne et en repartir aussitôt. — Venir tard et s'en aller de bonne heure. — Cueillir une rose et l'offrir à sa mère. — L'écolier sait sa leçon, la récite, lit une page et s'en va. — Décacheter une lettre et l'ouvrir. — S'inquiéter quand on se sent malade. — Souffrir de la poitrine et s'en affliger. — Aller à la campagne, s'y divertir et en revenir aussitôt. — Convenir de sa faute et s'en repentir. — L'arbre pousse, fleurit et meurt. — Courir vite et faillir tomber. — Venir voir son ami et lui faire plaisir. — S'asseoir sous un arbre pour s'y reposer. — Voir des fleurs et vouloir les cueillir. — Se pourvoir d'argent et sortir de chez soi. — Savoir beaucoup de choses et ne pas s'en prévaloir. — S'instruire de ce qu'on ne sait pas. — Écrire une lettre et l'envoyer à la poste. — Se déplaire dans le monde et le fuir. — Les bestiaux paissent. — Le soleil se lève et luit. — Promettre quelque chose et ne pas le tenir. — Rire de ce qu'on fait. — Il faut que ma sœur s'en aille d'ici. — S'asseoir et se mettre à travailler. — Naître et mourir au même endroit. — Souffrir et prendre patience. — Cet arbre croît et s'élève. — Je crois ce que je dis. — L'enfant s'endort et se réveille.

*Autres exercices.* I. L'élève achèvera chacune des phrases suivantes sur le modèle de la première; il les mettra ensuite au pluriel.

1. L'homme va, vient, court, marche, saute, s'élance, monte, descend, gravit, glisse, nage, s'agenouille, s'incline.
2. O homme! toujours tu es allé......
3. Toujours tu iras......
4. Dès le commencement, tu allas.......
5. Dieu t'a dit: Va......
6. Dieu a dit à l'homme: Il faut que tu....., que.....
7. O homme! pourquoi vas-tu......?
8. Toujours on verra l'homme allant.......

II. L'élève achèvera de même chacune des phrases suivantes, sur le modèle de la 1re:

1. Dieu commande: le monde existe, le soleil brille, la lune luit, les étoiles étincellent, la terre tourne, l'homme naît, les quadrupèdes courent, les oiseaux volent, les poissons nagent, les plantes croissent, les sources jaillissent.

2. Dieu a commandé: le monde..... 3. Dieu commandera: le monde.... 4. Dieu commanda: le monde..... 5. Si Dieu commandait, le monde.... 6. Si Dieu avait commandé, le monde aurait existé..... 7. Il faut que Dieu commande, pour que le monde..... 8. Il fallait que Dieu commandât, pour que....., que. 9. Pourquoi, lorsque Dieu commande, le monde

n'existerait-il pas? ... 10. Pourquoi, lorsque Dieu a commandé, le monde n'aurait-il pas existé?

On fera traiter d'une manière analogue les phrases suivantes ou d'autres semblables:

III. Le soleil paraît: la nuit s'enfuit, les ténèbres s'effacent, les étoiles pâlissent, la nature se réveille, les campagnes se raniment, tout fait éclater la puissance de Dieu.

IV. Le soleil se lève et se couche, la lune croît et décroît, le ciel se couvre et s'obscurcit, les saisons se succèdent, le temps s'en va, la nature renaît, l'homme vieillit et meurt.

## § 55. GALLICISMES FORMÉS PAR DES VERBES IRRÉGULIERS.

*Rem.* Avant de passer à la traduction des thèmes suivants, il importe de remarquer les gallicismes suivants formés par certains verbes irréguliers.

1. *Aller.* 1) Aller dire, aller voir, пойти сказать, идти смотрѣть.
Allez porter cette lettre à la poste! пойдите и отнесите это письмо на почту!

2) Le soleil va se lever, солнце тотчасъ взойдетъ.
Le soleil allait se coucher, солнце только что хотѣло закатиться.

3) Les jours vont en croissant, дни постоянно прибываютъ.
La rue va en s'élargissant, улица постоянно расширяется.

4) Aller se promener, идти гулять.
Aller à pied, идти пѣшкомъ.
Aller en voiture, ѣхать.
Aller chercher, принести.
Aller à la rencontre, идти на встрѣчу.
Aller à cheval, ѣздить верхомъ.
Aller en traîneau, en bateau, etc.
Aller voir, aller trouver, посѣщать.
Envoyer chercher, послать за...

2. Venir voir, прійти посмотрѣть.
Venir *de* voir, только что видѣть.
Venir *à* voir, случайно увидѣть.

3. Il a failli tomber.
Il a manqué de tomber.
Il a pensé tomber.
= Il a été sur le point de tomber.
Il a couru risque de tomber.
Онъ едва не упалъ.

4. Aller et venir, ходить взадъ и впередъ.

5. Je ne saurais dire, я не могу сказать.
Être assis, сидѣть. Je suis assis, я сижу.
J'ai été assis, я сидѣлъ.

6. Faire la guerre, вести войну.
Faire le commerce, торговать.
Faire semblant, показывать видъ.
Faire un discours, говорить рѣчь.
Faire un cours, читать лекціи.
Faire le savant, ученаго играть.
Il s'est fait soldat, онъ пошелъ въ солдаты.

7. Prendre les armes, взяться за оружіе.
Prendre une ville, взять городъ. La prise d'une ville.
Conquérir un pays, покорить страну. La conquête d'un pays.

Prendre une résolution, un parti, рѣшиться на что.
Prendre un chemin, взять путь.
Aller, venir prendre qn., прійти за кѣмъ.
Prendre une tasse de thé, de café, de chocolat, выпить чашку чаю, кофе, шоколаду.
Prendre l'air, дышать свѣжимъ воздухомъ.
Prendre qn. pour un autre, принять кого нибудь за другаго.
Apprendre par cœur, выучить наизусть.

80.

Le soleil allait se coucher lorsque nous arrivâmes au sommet de la colline. — Les beaux jours s'en sont allés rapidement. — Le sang va, par des rameaux [1] innombrables, arroser et nourrir les chairs de toutes les parties du corps, de même que les rivières vont arroser et fertiliser toutes les campagnes. — La population de la Russie va en augmentant d'année en année. — Tant va la cruche à l'eau qu'à la fin elle se brise (Prov.). — Il n'y a pire eau que l'eau qui dort (Prov.). — Après la victoire les Grecs répartissaient le butin. — Au sortir du lit, il se trouva mal. — A partir d'aujourd'hui la poste arrivera tous les jours. — Cette affaire ne ressortit pas à notre tribunal. — Nous l'avons trouvé gisant dans son sang. — Il prit la ville sans coup férir. — Chaque fois que Pythagore avait découvert une nouvelle vérité, il offrait un sacrifice [2] aux muses. — Qui court deux lièvres à la fois, n'en prend aucun (Prov.). — Je viens de retenir une loge pour cette représentation. — Le lièvre dort ordinairement les yeux ouverts. — Il est rare qu'un parvenu [3] se souvienne de son origine. — Les envieux mourront, mais jamais l'envie [4]. — Il y a des qualités naturelles et des qualités acquises. — C'est là que gît le lièvre (Prov.). — Si ta faute venait à être découverte, tu serais sévèrement puni. — Le prisonnier s'est enfui (évadé) de sa prison, mais il a failli périr dans sa tentative [5]. — Un tiens vaut mieux que deux tu l'auras (Prov.). — Il faut battre le fer pendant qu'il est chaud (Prov.). — La religion chrétienne veut qu'on voie dans un malheur une épreuve [6] envoyée par Dieu. — Sachant que vous deviez sortir, je suis revenu à la hâte. — Veuillez regarder cette lettre. — Cet habit vous sied très-bien, monsieur. Ces couleurs ne vous siéront pas. Ce qu'il dit là est peu bienséant. — Ne contredisez pas pour le plaisir de contredire. — La chaleur fait éclore les vers à soie. — Ces fleurs sont écloses cette nuit. — Qui vivra verra (Prov.). — Racine, Molière et Boileau ont vécu à la cour de Louis XIV. — Quand nous passâmes, la sentinelle [7] cria: Qui vive!

1 развѣтвленіе; 2 принести благодарственную жертву; 3 выскочка, временщикъ; 4 зависть; 5 попытка; 6 испытаніе; 7 часовой.

81.

Promettre et tenir sont deux (Prov.). — On m'a promis monts et merveilles (Prov.). — Rentré de l'exil, Cicéron reprit sa place au sénat. — Cicéron fit quatre discours contre Catilina. — L'occasion fait le larron (Prov.). — Les écrivains de goût font, défont et refont un ouvrage plusieurs fois avant de le publier. — Le juge dit aux gendarmes: Qu'on fasse venir l'accusé! —

Laissez-le venir, je saurai lui répondre. — Diogène buvait dans le creux de sa main. — Mauvaise herbe croît toujours (Prov.). — Le chrétien croit à l'immortalité de l'âme. — Voici quelques belles pages que j'ai extraites de cet ouvrage. — Homère dépeint admirablement bien dans ses poèmes les combats des héros.—L'incendie est-il éteint? — On vient de l'éteindre. — Acquiers des vertus, et tu ne mourras pas tout entier. — Le sang saillissait abondamment de sa blessure. — Nous nous assiérons à l'ombre. — Il faudrait, pour le tirer d'affaire, qu'il lui échût quelque grande succession [1] de l'Inde ou de l'Amérique. — Il est fâcheux qu'il faille être malheureux pour connaître ses amis.— Je me mettrai en route, lors même qu'il pleuvrait des hallebardes. — Je ne crois pas que vos idées prévalent. — On appelait autrefois la Russie du nom de Moscovie; le nom de Russie a prévalu. — Nous faisons frire les carpes que nous prenons. — Que rien ne vous distraye de vos occupations! — En 332 avant J.-Christ, la ville de Tyr fut détruite par Alexandre le Grand. — Les premières machines à vapeur furent construites en Angleterre. — Montrez-moi un chemin qui conduise à cette ville. — Jéanne d'Arc est née à Domrémy en Lorraine.—La fable raconte que le phénix renaît de ses cendres [2]. — J.-J. Rousseau raconte qu'il s'exerça dans l'art d'écrire en traduisant Tacite. — Le soleil luit pour tout le monde. — La mémoire lui faillit tout à coup. — Nous faillîmes tous périr dans le port.

1 наслѣдство; 2 пепелъ.

82.

«Воины» (soldats), сказалъ Наполеонъ своей арміи, «вы будете (aller) сегодня сражаться съ властителями [1] Египта; помните, что съ высоты [2] этихъ памятниковъ смотрятъ [3] на васъ сорокъ вѣковъ!» — Между водою, которая постоянно течетъ (aller coulant), и прекрасными деревьями, которыя ростутъ все выше и выше, усопшіе (les morts) покоятся вѣчнымъ сномъ могилы. — Только что мы хотѣли ѣхать, какъ намъ сказали, что уже поздно. — Я давно-бы уже ушелъ, еслибы не просили меня остаться. — Не уходи, пока не (avant que) пробьетъ десяти часовъ. — Такъ какъ мнѣ воспрепятствовали [4] самому ѣхать въ Москву, я пошлю туда моего младшаго брата. — Пойди и отнеси обѣ эти газеты твоему отцу, и скажи ему, что я пришлю за нимъ сегодня послѣ обѣда, чтобы ѣхать съ нами гулять. — Антигона бросила горсть (un peu) песку на трупъ брата, лежавшій на землѣ. — Сонъ бѣжитъ убійцы. — Говорятъ, я слышалъ [5], что онъ принимаетъ мѣсто, которое предложили ему. — Вода кипитъ при (à) 80-ти градусахъ тепла [6]. — Лѣсъ и поля начинаютъ уже терять прекрасное украшеніе, которымъ они были покрыты (= одѣты); уже приближается время, когда природа мало по малу умираетъ. — Я каюсь теперь, что не послѣдовалъ (infin.) вашему совѣту. — Не засыпайте, не поручивъ вашей жизни покровительству Бога! — Съ высоты [7] Риги, глазъ путешественника открываетъ безчисленные горы, долины, озера и города. — Въ 1492 году была открыта Америка Христофоромъ Колумбомъ; въ 1498 году, Васко де Гама открылъ морской путь [8] въ Индію.—Волга протекаетъ большую часть Россійской имперіи.

1 le souverain; 2 du haut de; 3 contempler qn.; 4 être empêché; 5 ouïr dire; 6 chaleur, température; 7 du haut, du sommet de; 8 la route par mer, route maritime de.

83.

Петръ Великій родился (p. déf.) въ 1672 году; скончался въ 1725 году. — Каждый день приходилъ (Temps?) къ Дарію рабъ и говорилъ слѣдующія (ces) слова: «Государь (Seigneur)! вспомни объ аѳинянахъ»! — Наконецъ Ганнибалъ достигъ вершины Альпъ. — Нашъ дядя, у котораго прекрасная деревня, часто присылаетъ намъ яблоки, груши, персики и виноградъ. — Моя сестра еще не ушла; она желаетъ, чтобы мы шли всѣ вмѣстѣ. — Пойдемте всѣ, потому что уже полночь. — Есть красивые цвѣты, которые не хорошо (§ 58) пахнутъ. — Есть источники, которыхъ вода такъ горяча, какъ кипятокъ.—Сорвите эти розы, пока (avant que) онѣ еще не завяли[1].—Письмо Ксеркса къ Леониду заключало (въ себѣ) только слѣдующія слова: «Выдай мнѣ оружіе (pl.)» Леонидъ отвѣчалъ только (въ) слѣдующихъ словахъ: «Прійди и возьми (его)». Если бы власть[2] принадлежала красотѣ, а не силѣ[3], то павлинъ былъ бы царемъ птицъ. — Мы предвидѣли бы многое (bien des choses), если бы внимательнѣе разсматривали (observer) причины[4] и слѣдствія[5]. — Когда римляне услыхали, что Ганнибалъ взялъ Сагунтъ, то объявили войну кароагенянамъ. — Кто покоритъ когда-либо (jamais), въ столь короткое время, столько земель, какъ Александръ? — Когда въ Римѣ вели преступника[6] на мѣсто казни (le supplice), и случайно проходила мимо (venir à passer) весталка, его освобождали (absoudre, *passif*).—Въ Россіи мало образованныхъ[7] людей, которые не понимали-бы[8] по-французски. — Вы думаете, что стоитъ (труда)[9] прочесть эту книгу до конца? — Я не думаю. — Торговля этого города съ каждымъ днемъ упадаетъ болѣе и болѣе. — Медвѣдь живетъ въ лѣсахъ и на горахъ. — Людовикъ XIV пережилъ[10] своего сына и своего внука. — Часовые кричатъ: кто идетъ? когда ночью приближается къ нимъ кто-нибудь.

1 se flétrir; 2 l'empire, m.; 3 la force; 4 la cause; 5 l'effet; 6 le criminel; 7 instruit; 8 savoir, Mode? § 47, 3, b; 9 valoir la peine de; 10 survivre à qn.

84.

Въ битвѣ при Полтавѣ, въ 1709 году, Петръ Великій разбилъ Карла XII, короля шведскаго. — Когда Цезарь побѣдилъ (passé ant.) Фарнака, сына Митридата, онъ написалъ въ (à) сенатъ письмо, которое заключало (въ себѣ) только слѣдующія слова: «Пришелъ, увидѣлъ, побѣдилъ!» — Не только при письмѣ (gér.), но и при чтеніи, полезно держаться прямо, чтобы не ослаблять своего зрѣнія. — Какія пьесы[2] Мольера вы читали? — Я читалъ только (комедію) «Скупой».—Мы ежедневно читаемъ нѣсколько басенъ Лафонтена, и я заучиваю нѣкоторыя наизусть. — О чемъ смѣялись вы? Я смѣялся о томъ, что вы только что сказали мнѣ. — Эти розы разцвѣли во время ночи. — Въ своемъ путешествіи на (en) востокъ, Ламартинъ описываетъ развалины[3] древнихъ городовъ, которыя онъ видѣлъ. — Русскіе вели много войнъ. — Діогенъ, который обыкновенно пилъ изъ (dans) чаши[4] (черепка), увидя, что мальчикъ пилъ изъ горсти[5], бросилъ черепокъ (прочь) и съ того времени[6] началъ пить такимъ же способомъ. — Очень можетъ быть, что мы вскорѣ[7] опять поѣдемъ въ Италію, гдѣ намъ такъ понравилось; желательно бы было, чтобы вы совершили съ нами это путешествіе.

— Прибываетъ [8] или убываетъ мѣсяцъ? — Молодой человѣкъ долженъ молчать въ присутствіи старшихъ (лицъ). — Басни Лафонтена мнѣ болѣе (plus) нравятся, чѣмъ басни Флоріана. — «Аталія», трагедія Расина, появилась въ 1691 году. — «Кто будетъ собирать [9] плоды съ этого дерева?» спросилъ [10] однажды юноша у осьмидесятилѣтняго старца, который былъ занятъ сажаніемъ (à planter) деревьевъ въ своемъ саду. «Благодарные внуки», отвѣчалъ старецъ. — Сядьте противъ меня. — Мы сидѣли на берегу Невы.

1 la raison; 2 la pièce; 3 la ruine; 4 une écuelle; 5 le creux de la main; 6 dès lors, depuis ce moment-là; 7 bientôt, prochainement; 8 croître, décroître; 9 recueillir qch.; 10 demander qch. à qn.

85.

Сократъ отвѣтилъ одному изъ своихъ учениковъ, который жаловался на то, что учитель умираетъ невиннымъ: «развѣ ты желалъ-бы (voudrais-tu), чтобы я умеръ (Mode?) виновнымъ? — Знаете вы, кто рисовалъ эту мадонну? — Ее рисовалъ Рафаэль. — Этотъ художникъ рисуетъ только ландшафты. — Я боюсь, что мы не достигнемъ (Mode?) сегодня вершины горы. — Честный человѣкъ ничего не боится. — При (Lors de) изверженіи Везувія въ 79-мъ году, погибли (disparaître) два города. — Стада пасутся на (dans) лугахъ. — Корнель родился въ (sous) правленіе Генриха IV; Мольеръ и Расинъ — въ правленіе Людовика XIII. — Лафонтенъ, басни котораго извѣстны всякому, родился въ 1621 году, а умеръ въ 1695 году. — Крѣпкіе напитки [1] вредятъ здоровью. — Хорошо пишетъ это перо? — Пойдете вы пѣшкомъ или поѣдете? — Въ какое время вы ушли вчера отъ [2] нашего дяди? — Я ушелъ вслѣдъ за вами. — Какъ можете вы думать, чтобы мы ушли (Temps?), не (sans) извѣстивъ [3] о томъ нашихъ начальниковъ? [4]. — Пошлите за виномъ и за стаканами. — Мы пошлемъ сегодня слугу въ (à) библіотеку; онъ принесетъ книги, о которыхъ мы просили [5]. — Почему ты такъ рано ушла, сестра (моя)? — Я только тогда ушла, когда была окончена рѣчь. — Какъ только оканчивается лѣто, аисты улетаютъ, чтобы провести зиму въ менѣе холодной странѣ. — Я только что видѣлъ новую станцію (débarcadère, gare). — Велизарій отказался [6] отъ короны, которую предлагали ему готы. — Время проходитъ и не возвращается. — Кортецъ, во главѣ [7] шестисотъ искателей приключеній (aventurier), завоевалъ одно изъ наибольшихъ государствъ Америки. — Въ древнія времена цари одѣвались въ пурпуръ.

1 la boisson; 2 de chez; 3 informer qn. de qch.; 4 le supérieur; 5 demander qch.; 6 refuser qch.; 7 à la tête de.

86.

Отчего не садитесь вы, сударыня? — Я охотнѣе (aimer mieux) стою, чѣмъ сижу. — Геродотъ описываетъ въ своей исторіи нравы всѣхъ народовъ, которые онъ посѣтилъ во время своихъ путешествій. — Ликургъ оставилъ Спарту и никогда болѣе не возвращался въ отечество. — Все собраніе было живо тронуто. — Не садись на траву: она еще сыра, потому что (car) всю ночь шелъ дождь. — У древнихъ персовъ сынъ не садился въ (en) присутствіи своей матери. — Послѣ открытія морскаго пути въ Остъ-Индію, быстро упала (déchoir), торговля Венеціи и Генуи. — Музыка этой оперы восхитительна, но текстъ[1] никуда не годится. — Намъ нужно еще много денегъ для (pour) нашего путешествія. — Когда мы увидѣли его въ этомъ костюмѣ, мы смѣялись отъ души[2]. — Августъ пережилъ все свое семейство (dat.). — Въ Римѣ плѣнники слѣдовали за[3] колесницею тріумфатора. — Госпожа Сталь (de Staël) долгое время жила въ Лондонѣ. — Глупцы[4] выдумываютъ моды, а (et) умные подражаютъ (suivre qch.) имъ. — Россія и Китай заключили между собою торговый договоръ[5]. — Оракулъ въ (de) Дельфахъ предсказывалъ будущность. — Когда Колумбъ предпринялъ свое первое путешествіе, у него было только три корабля. — Въ Италіи, даже среди зимы, очень рѣдко (il est rare que) бываетъ холодно. — Ксерксъ приказалъ (faire) перебросить[6] мостъ черезъ Геллеспонтъ. — Арабы дозволяли христіанскимъ странникамъ спокойно приходить[7] въ Іерусалимъ, но турки дѣлали имъ, впослѣдствіи, много затрудненій. — Испанцы и итальянцы пьютъ большею частію (plus) шоколадъ вмѣсто чая и кофе; мы (nous autres), русскіе, не понимаемъ, какъ (que) можно обойтись[8] безъ чая.

1 le texte; 2 de bon cœur; 3 suivre qn., qch; 4 fou; 5 un traité de commerce; 6 jeter, construire qch.; 7 aller; 8 se passer de qch.

## 87. Мунго-Паркъ въ Африкѣ.

Мунго-Паркъ, европеецъ, во время (dans) путешествія своего по Африкѣ, заблудился[1] въ Бамбарѣ. Истомленный[2] голодомъ, жаждою и усталостію, онъ сѣлъ у подножія финиковаго дерева (dattier) и ожидалъ смерти. Кто опишетъ томленіе души[3] этого несчастнаго человѣка! Онъ впалъ въ лихорадочный[4] сонъ; отъ (par) ужасныхъ видѣній (songe) онъ ежеминутно пробуждался. — Такъ нашла его одна негритянка, возвращаясь съ полевой работы[5]. Она принесла ему воды изъ (à) источника, который билъ (jaillir) неподалеку оттуда, помогла ему встать и привела его въ свое жилище, небольшую хижину[6], въ которой нѣсколько женщинъ занималось пряденіемъ[7] хлопчатой бумаги. — Я полузаснулъ[8], разсказываетъ европеецъ, какъ вдругъ сладкая мелодія пробудила[9] меня отъ сна; я открылъ глаза и увидѣлъ дѣвушекъ, которыя все еще занимались пряденіемъ. Была уже поздняя[10] ночь (la nuit était...); онѣ, чтобы разсѣяться во время долгаго вечера, импровизировали[11] пѣсни[12], предметомъ которыхъ былъ я. Сначала пѣла одна женщина, потомъ присоединялись[13] къ ней другія и составляли хоръ (en chœur). «Ревутъ[14] вѣтры, перекатывается громъ, тигръ прокрадывается[15] изъ лѣсу, и усталый, бѣдный бѣлый человѣкъ лишенъ хижины! Что будетъ съ нимъ[16]? Будемъ имѣть (impér.) состраданіе къ (de) бѣлому человѣку! У него нѣтъ матери, чтобы доить его верблюдовъ; у него нѣтъ жены, чтобы смолоть его хлѣбъ. Рай принадлежитъ тѣмъ, которые кормятъ, во имя Бога, жрецовъ и сиротъ. Секоро (Sec-Koro) видѣлъ нужду бѣднаго бѣлаго человѣка и далъ ему чужую цыновку (рогожу)[17].

Будемъ имѣть состраданіе, и т. д.

Спи съ (en) миромъ, отдохни отъ твоихъ мученій (трудовъ)[18], не бойся ядовитаго[19] ужаленія[20] москита (mosquite). Мы бодрствуемъ[21] надъ тобою.

Будемъ имѣть состраданіе, и т. д.

Было бы трудно сказать, какъ глубоко я былъ тронутъ [22] добротою этихъ бѣдныхъ негритянокъ; я никакъ не могъ опять заснуть: такъ я былъ взволнованъ. Наконецъ показался (paraître) день; я уѣхалъ, оставивъ весьма малое доказательство моей благодарности.

1 s'égarer ; 2 épuisé de ; 3 les angoisses, f.; 4 fébrile ; 5 le travail des champs ; 6 cabane f. ; 7 прясть, filer qch. ; 8 s'assoupir ; 9 venir arracher qu. au sommeil ; 10 avancé ; 11 improviser qch.; 12 le chant ; 13 se joindre à ; 14 mugir ; 15 se glisser ; 16 aller devenir ; 17 la natte ; 18 les fatigues, f. ; 19 venimeux ; 20 la piqûre ; 21 veiller sur qu. ; 22 toucher.

88.

Звѣздочётъ [1]. Въ то время, какъ (pendant que) звѣздочётъ хвалился [2] на публичной площади, что онъ знаетъ (inf.) будущность, воръ украдкою [3] пробрался въ его домъ. Одинъ изъ зрителей, который видѣлъ, что случилось, сказалъ мнимому [4] гадателю [5]: «Любезный, какъ могу я повѣрить (= повѣрю, fut.), что ты предвидишь будущность, когда я собственными глазами вижу, что ты не знаешь даже настоящаго; потому что, еслибы ты зналъ его, то поспѣшилъ бы въ свой домъ, чтобы прогнать вора, который прокрался (se glisser) туда.

Коріолану сообщили (instruire qu.), что поѣздъ [6] римскихъ женщинъ приближается къ лагерю. Сначала онъ не хотѣлъ, чтобы онѣ явились передъ нимъ (Quel mode?). Но когда онъ узналъ мать свою и жену, гнѣвъ его исчезъ. Женщины были приведены къ нему; Коріоланъ протянулъ руки, чтобы обнять мать, но она воскликнула: «Могу-ли я признать (reconnaître) тебя (comme) моимъ сыномъ? Прежде [7] я должна знать, обнимаю я врага или сына».

Большая часть произведеній Пушкина и Лермонтова переведена на французскій языкъ. Въ обоихъ этихъ поэтахъ мнѣ нравится болѣе всего (Ce qui me...) способъ представлять характеръ русскаго народа и страны, по которымъ они путешествовали [8]. Они рисуютъ картины природы съ такою правдою и силою, что думаешь (condit.), что самъ ихъ видѣлъ. — Я охотно (aimer à) также читаю басни Крылова; я даже рѣшился нѣкоторыя изъ нихъ перевести на французскій языкъ. Но я боюсь, что это трудно разрѣшимая (à) задача.

1 Astrologue; 2 se vanter de ; 3 furtivement ; 4 prétendu ; 5 le devin ; 6 cortége ; 7 d'abord ; 8 parcourir une contrée.

# CHAPITRE VII.

## § 56. DE L'ADVERBE.

1. L'adverbe a pour fonction de modifier l'idée exprimée par le verbe et l'adjectif. Mais il peut aussi modifier le substantif et l'adverbe lui-même.

Il court **rapidement.** Il est **bien** généreux. Dès lors il fut **vraiment** roi. Il est **presque** toujours malade.

2. L'adverbe indique, seul et sans le secours d'aucun autre mot, les circonstances d'une idée, savoir le *lieu*, le *temps*, la *manière* et la *cause*.

| | | |
|---|---|---|
| 1) Ces enfants courent **partout.** (Où?) | Circonstance | de *lieu*. |
| 2) Mes amis viendront **demain.** (Quand?) | » | de *temps*. |
| 3) Ce cheval court **vite.** (Comment?) | » | de *manière*. |
| 4) Il fait cela **à dessein**. (Pourquoi?) | » | de *cause*. |

3. Quant à la *forme*, les adverbes se divisent en:

1) Adverbes *primitifs: Bien, mal, très, ici, hier, souvent*, etc.
2) Adverbes *dérivés: Modestement, ordinairement*, etc.
3) Adverbes *composés: Longtemps, ensuite, aujourd'hui*, etc.

*Obs.* 1) On peut compter au nombre des adverbes composés les *locutions adverbiales*, c'est-à-dire les locutions équivalant à un adverbe, et qui sont ordinairement formées par la réunion d'une préposition avec un substantif, et dont la forme a été consacrée par l'usage, sans qu'on les écrive en un seul mot. Tels sont: *A présent,* теперь; *tout à coup,* вдругъ; *en même temps,* въ (одно) то же время; *à l'envi,* наперерывъ, взапуски; *un jour,* однажды, etc.

2) Outre ces locutions consacrées par l'usage, nous considèrerons comme *locutions adverbiales* toutes les tournures qui, à défaut d'un mot simple, expriment l'idée d'un adverbe, et surtout les périphrases formées au moyen d'une préposition et de son régime:

Il parle *avec élégance* (= élégamment). Онъ изящно говоритъ.
Je partirai *dans trois jours*. Я ѣду черезъ три дня.
Il le fera *avec plaisir*. Онъ сдѣлаетъ это съ удовольствіемъ.
Il est arrivé *le cinq mars*. Онъ прибылъ 5-го марта.
Dieu créa l'homme *à son image*. Богъ создалъ человѣка по образу и подобію своему.

4. Quant à la *signification*, les adverbes se divisent en:

| | | |
|---|---|---|
| 1) Adverbes de **lieu,** | Нарѣчія | мѣста. |
| 2) Adverbes de **temps,** | » | времени. |
| 3) Adverbes de **cause,** | » | причины. |
| 4) Adverbes de **manière,** | » | образа (способа). |

*Obs.* On appelle adverbe *interrogatif* tout adverbe qui sert à former une question, à quelque classe qu'il appartienne d'ailleurs. Tels sont: *Où?* гдѣ? куда? *d'où?* откуда? *quand?* когда? *pourquoi?* зачѣмъ? *combien?* сколько? etc.

5. Liste des principaux adverbes.

1) Adverbes et locutions adverbiales de *lieu*.

Ces adverbes marquent le lieu, en réponse aux questions **où? d'où?** куда? откуда? etc.

a) Où? куда?
d'où? откуда?
par où? какимъ путемъ?
ici (ci), здѣсь, тутъ.
là, тамъ.
у, туда, тутъ, тамъ.
par ici, здѣсь, сюда.
par-ci, здѣсь.
par-là, тамъ, туда.
deçà, по сю сторону.
delà, по ту сторону.
quelque part, куда-нибудь, гдѣ-нибудь
nulle part, нигдѣ, никуда.
ailleurs, въ другомъ мѣстѣ.
partout, вездѣ.
çà et là, туда и сюда.
par-ci, par-là, здѣсь и тамъ, тамъ и симъ.
de ce côté-ci, сюда, здѣсь.
de ce côté-là, туда, тамъ.
de côté et d'autre, здѣсь и тамъ, туда [и сюда.
jusqu'ici, досюда.
jusque-là, дотуда.

*Obs.* **Ci,** pour **ici,** s'emploie joint à un adverbe suivant, auquel il est toujours réuni par un trait d'union: *ci-dessus, ci-dessous, ci-après*, etc. — **Là** s'emploie de même, seulement il n'est pas toujours joint au mot qui suit par un tiret: *là-haut, là-bas, là-dessus*, etc., *là dehors, là après*, etc. — Voir § 65.

b) Devant, впереди.
derrière, назади.
de front, спереди, рядомъ.
par devant, спереди.
par derrière, сзади.
en avant, впередъ.
en arrière, назадъ.
là-bas, тамъ, тутъ, внизу.
là-haut, наверхъ, наверху.
en-bas, внизу.
en-haut, вверхъ.
dessus, вверху.
dessous, внизу.
dedans, внутри.
dehors, внѣ, извнѣ.

En-deçà, по сю сторону.
au-delà, по ту сторону.
en face, vis-à-vis, } напротивъ, противъ.
alentour, кругомъ, вокругъ.
loin, далеко.
ici près, здѣсь вблизи.
de côté, вкось, бокомъ, наискось.
de travers, косо, криво.
tout droit, прямо, прямою дорогою.

2) Adverbes et locutions adverbiales de *temps*.

Ces adverbes expriment le *moment*, la *durée*, la *fréquence* de l'action, et répondent aux questions *quand? jusqu'à quand? depuis quand? combien de temps? combien de fois?*—Les plus usités sont:

Quand? когда?
jamais (avec *ne)*, никогда.
jamais (sans *ne)*, когда-либо.
toujours, всегда.
souvent, часто.
rarement, рѣдко.
quelquefois, иногда.
longtemps, долгое время, долго.
sans cesse, безпрерывно.
de temps en temps, de temps à autre, } отъ времени до времени.

Aujourd'hui, сегодня.
hier, вчера.
avant-hier, третьяго дня.
demain, завтра.
après-demain, послѣ завтра.
l'autre jour, недавно, на дняхъ.
autrefois, прежде.
à l'avenir, dorénavant, désormais, } впредь, отнынѣ.
à présent, maintenant, } теперь.
présentement, actuellement, } теперь, нынѣ, въ настоящее время.

jadis, древлѣ, встарину.
anciennement, встарину, издревле.
Encore, еще.
déjà, уже.
tôt, рано.
tard, поздно.
plus tôt, раньше.
plus tard, позже.
bientôt, скоро, вскорѣ.
tôt ou tard, рано или поздно.
de bon matin, } рано утромъ.
de grand matin, }
de bonne heure, рано.
de meilleure heure, раньше.

alors, тогда.
auparavant, прежде.
après, послѣ, потомъ.
depuis, послѣ того, съ тѣхъ поръ.
aussitôt, тотчасъ.
tout de suite, } сейчасъ, тотчасъ, вмигъ, въ минуту.
à l'instant, }
dans l'instant, }
sur le champ, тотчасъ.
incontinent, немедленно.
tout à l'heure, тотчасъ.
tantôt, вскорѣ, скоро, недавно.

On peut rattacher à ce groupe les adverbes exprimant l'*ordre*, le *rang*. Ex.:

a) Premièrement, } вопервыхъ.
en premier lieu, }
secondement, } вовторыхъ.
en second lieu, }
deuxièmement, }

troisièmement, } втретьихъ.
en troisième lieu, }
etc.

b) D'abord, сначала, сперва.
ensuite, потомъ, послѣ.
puis, потомъ, послѣ.
enfin, наконецъ.
de suite, } сряду, рядомъ.
l'un après l'autre, }
ensemble, вмѣстѣ.

à la fois, вдругъ, разомъ.
plutôt, скорѣе, лучше.
surtout, особенно.
avant tout, прежде всего.
principalement, преимущественно.
en général, вообще.
particulièrement, особливо, именно.

3) Adverbes et locutions adverbiales de *cause*.

Ces adverbes expriment la *cause*, le *motif*, l'*effet*, la *conséquence*, et répondent aux questions *pourquoi? pour quelle raison?* etc. Tels sont:

Pourquoi? почему? зачѣмъ?
pour cela, } потому.
à cause de cela, }
toutefois, однако, не смотря на то.
néanmoins, тѣмъ не менѣе.

à dessein, съ намѣреніемъ, нарочно.
par mégarde, безъ умысла, по ошибкѣ.
de joie, de tristesse, отъ радости, отъ грусти (печали).
conséquemment, слѣдственно, послѣдовательно.

4) Adverbes et locutions adverbiales de *manière*, désignant:

1) La *manière* proprement dite (образъ).

Comment? какъ?
de quelle manière? какимъ образомъ?

ainsi, такъ.
bien, хорошо (§ 14).

de cette manière, такимъ образомъ.
de même, равно.
comme, какъ.

mal, худо, дурно.
mieux, лучше.
pis, хуже.

Peu à peu, мало по малу.
par degrés, постепенно.
tout d'un coup, разомъ.
tout à coup, вдругъ.
à l'improviste, внезапно, нечаянно.
à la hâte, поспѣшно.
au hasard, наудачу, наугадъ.
par hasard, случайно.
à bon marché, дешево.

à dessein, } exprès, } нарочно, умышленно.
à regret, неохотно.
volontiers, охотно.
bon gré, mal gré, } de gré ou de force, } волею или неволею.
en vain, напрасно, тщетно.
à tort, несправедливо.
avec raison, справедливо.

2) La *quantité*, количество (§ 4, 3).

Combien, сколько.
que ! сколько !
beaucoup, } bien, } много.
peu, мало.
plus, } davantage, } болѣе, больше.

moins, менѣе, меньше.
tant, столько, такъ много.
autant, столько-же.
assez, довольно.
trop, слишкомъ много.
un peu, нѣсколько.
trop peu, слишкомъ мало.

3) L'*intensité*, le *degré*, степень.

Très, fort, } bien, } очень.
si (*devant l'adj.*), такъ, столь, столько.
aussi, также, еще, столь же.
infiniment, безконечно.
au moins, } du moins, } по крайней мѣрѣ.
au plus, } tout au plus, } много что, по большей мѣрѣ.
d'autant plus, тѣмъ болѣе.

d'autant moins, тѣмъ менѣе.
de plus, } en outre, } кромѣ того.
même, даже.
tout, tout à fait, совсѣмъ, совершенно.
presque, почти.
à peine, едва.
à peu près, } environ, } почти, около.
seulement, только.

4) On peut encore envisager comme adverbes de manière les adverbes exprimant la *possibilité*, la *nécessité*, tels que :

Peut-être, можетъ быть.
probablement, вѣроятно.
volontiers, охотно.

absolument, непремѣнно.
nécessairement, необходимо.
sans doute, несомнѣнно, безъ сомнѣнія.

5) De même aussi les adverbes *d'affirmation* et de *négation*.

a) Oui, да.
si, si fait, да, такъ.
vraiment, дѣйствительно.
certes, правда, истинно, вѣрно.

assurément, } certainement, } вѣрно, навѣрно, конечно.
soit, пусть, быть такъ.
c'est-à-dire, то есть, именно.

b) Non, не, нѣтъ.
ne — pas, } ne — point, } нѣтъ, не.

ne — personne, никто не.
ne — rien, ничего.
ne — jamais, никогда.

| | |
|---|---|
| ne — ni, — ni, не... ни... ни... | ne — que, только. |
| ne — pas un, ne — aucun, ne — nul, } никто, ни одного, никакой. | ne — plus que, только еще. |
| | ne — encore que, только. |
| | ne — guère que, не много (болѣе). |
| ne — nullement, ne — aucunement, } никакъ, никакимъ образомъ. | ne — guère, мало, рѣдко. |
| | ne — nulle part, нигдѣ. |
| ne — plus, болѣе не. | ne — pas non plus, также нѣтъ. |
| ne — goutte, (ровно) ничего, ни зги. | ne — mot, ни слова. |

## § 57. FORMATION DES ADVERBES DÉRIVÉS.

1. Un grand nombre d'adverbes se dérivent d'adjectifs au moyen de la syllabe **ment**, qui s'ajoute à l'adjectif d'après les règles suivantes :

1) Quand l'adjectif se termine par une *voyelle*, la syllabe **ment** s'ajoute sans aucun changement :

| | |
|---|---|
| Adjectif: Facile, легкій. | Adverbe: Facile**ment,** легко. |
| poli, вѣжливый. | poli**ment,** вѣжливо. |
| vrai, истинный. | vrai**ment,** истинно. |
| aisé, легкій. | aisé**ment,** легко. |

*Rem.* Impuni, безнаказанный, fait impun**ément,** безнаказанно.

2) Quand l'adjectif se termine par une *consonne*, la syllabe **ment** s'ajoute à la forme du féminin.

| | |
|---|---|
| Adj. Vif, vive, живой. | Adv. Vive-**ment,** живо. |
| doux, douce, тихій. | douce-**ment,** тихо. |
| heureux, -se, счастливый. | heureuse-**ment,** счастливо. |
| léger, légère, легкій. | légère-**ment,** легко. |
| franc, franche, чистосердечный. | franche-**ment,** чистосердечно, откровенно. |
| De même: fou, folle, безумный. | folle-**ment,** безумно. |
| nouveau, nouvelle, новый. | nouvelle-**ment,** недавно, ново. |

Excepté: Gentil, милый, любезный, qui fait genti**ment,** мило, любезно, parce que l'*l* de *gentil* ne se prononce pas.

3) Les adjectifs terminés en **ant** et **ent** changent cette finale en **amment** et en **emment:**

| | |
|---|---|
| Constant, постоянный. | const**amment,** постоянно. |
| patient, терпѣливый. | pati**emment,** терпѣливо. |

Excepté: Lent, медленный, qui fait lente**ment,** медленно; présent, нынѣшній, теперешній, présente**ment,** нынѣ, теперь, et véhément, пылкій, сильный, véhémente**ment,** пылко, сильно.

4) *Rem.* 1) Dans les adverbes suivants, l'*e* muet de l'adjectif se change, par raison d'euphonie, en *é* fermé :

| | |
|---|---|
| Aveugle, слѣпой. | Aveugl*é*ment, слѣпо. |
| commode, удобный. | commod*é*ment, удобно. |
| incommode, неудобный. | incommod*é*ment, неудобно. |

| | |
|---|---|
| conforme, сообразный. | conformément, сообразно. |
| énorme, огромный, чрезмѣрный. | énormément, чрезмѣрно. |
| immense, неизмѣримый. | immensément, неизмѣримо. |
| opiniâtre, упрямый, упорный. | opiniâtrément, упрямо, упорно. |
| uniforme, единообразный. | uniformément, единообразно. |
| Commun, общій. | communément, вообще, обыкновенно. |
| confus, сбивчивый, смутный, не- | confusément, сбивчиво, несвязно. |
| diffus, многорѣчивый. [ясный. | diffusément, многорѣчиво. |
| exprès, нарочный. | expressément, нарочно, ясно, строго. |
| importun, докучливый, неснос- | importunément, докучливо, несносно. |
| obscur, темный. [ный. | obscurément, темно. |
| précis, точный, опредѣленный. | précisément, точно, опредѣленно. |
| profond, глубокій. | profondément, глубоко. |
| profus, расточительный, щедрый. | profusément, расточительно, щедро. |

*Rem.* 2) Dans les adjectifs suivants, l'accent circonflexe remplace l'*e* muet de la finale de l'adjectif:

| | |
|---|---|
| Assidu, прилежный, рачитель- | assidûment, прилежно, рачительно. |
| continu, непрерывный. [ный. | continûment, непрерывно. |
| cru, сырой, грубый. | crûment, сыро, грубо. |
| dû (due), должный, принадлежа- | dûment, достодолжно. |
| gai, веселый. [щій. | gaîment, весело. |
| ingénu, простодушный. | ingénûment, простодушно. |
| résolu, рѣшительный. | résolûment, рѣшительно, смѣло. |

*Rem.* 3) Les adverbes suivants sont formés d'une manière irrégulière:

| | |
|---|---|
| Prodigue, расточительный. | prodig*alement*, расточительно |
| traître, предательскій. | traîtr*eusement*, предательски. |
| bon, хорошій. | bien, хорошо. |
| mauvais, худой. | mal, худо. |

L'adverbe *bonnement* signifie *naïvement*, *avec simplicité*, добросердечно, просто, простодушно.

*Rem.* 4) Les adverbes *notamment*, именно, особливо; *nuitamment*, ночью, ночнымъ временемъ; *sciemment*, умышленно, завѣдомо, et *précipitamment*, стремительно, sont formés d'adjectifs inusités maintenant.

*Rem.* 5) Tous les adjectifs ne sont pas susceptibles d'être changés en adverbes. Pour les uns, c'est la signification qui s'y oppose; tels sont: *noir*, черный, *rouge*, красный, ainsi que les autres adjectifs désignant les couleurs; *jeune*, молодой, юный, *vieux*, старый, *fertile*, плодоносный, *célèbre*, знаменитый, etc.—Pour les autres, tels que *zélé*, ревностный, *affable*, привѣтливый, ласковый, *aimable*, любезный, *redoutable*, страшный, грозный, etc., c'est l'usage qui leur refuse la forme adverbiale. On y supplée au moyen des substantifs *manière*, *façon*, образъ, *air*, видъ, ou bien d'un substantif correspondant à l'adjectif et précédé d'une préposition: *Il étudie* AVEC ZÈLE, онъ ревностно занимается. *Il nous a accueillis* D'UNE FAÇON TRÈS-AIMABLE, онъ принялъ насъ привѣтливо, радушно. *Il me regarda d'*UN AIR REDOUTABLE, онъ страшно (грозно) посмотрѣлъ на меня.

*Rem.* 6) En général l'adverbe peut se rendre par un substantif précédé d'une préposition. Ainsi *sagement=avec sagesse*, *vite=avec vitesse*, etc.

## § 58. ADJECTIFS EMPLOYÉS COMME ADVERBES.

1. Il y a quelques adjectifs qui s'emploient comme adverbes sans changer de forme, et qui, dans ce cas, restent par conséquent *invariables*. Ils se joignent d'ordinaire aux verbes qui expriment une action *matérielle* et perceptible aux *sens*, tandis que les adverbes qui en dérivent s'emploient avec les verbes qui expriment une activité intellectuelle ou morale. Ex.:

Parler **bas, haut,** говорить тихо, громко. Penser et agir **bassement,** низко думать и дѣйствовать. Parler **hautement** de ses droits.

Sentir **bon, mauvais,** пахнуть хорошо, худо. Sentir **bien** la vérité d'un reproche, глубоко чувствовать справедливость упрека.

Voir, entendre, parler **clair,** ясно видѣть, слышать, говорить. Voir **clairement** où quelqu'un en veut venir, ясно видѣть, къ чему кто-либо стремится.

Manger, boire **chaud, froid,** теплымъ (ое), холоднымъ (ое) ѣсть, пить. Poursuivre **chaudement** une affaire, ревностно слѣдить за дѣломъ.

Coûter, acheter, vendre, payer **cher,** дорого стоить, покупать, etc. Conserver **chèrement** le souvenir de quelqu'un, свято хранить память о комъ-нибудь. Vendre **chèrement** sa vie (Sens figuré).

Il faut remarquer encore:

Rester, demeurer *court,* запинаться, смѣшаться.
chanter *juste,* пѣть вѣрно.
chanter *faux,* пѣть фальшиво.
deviner *juste,* вѣрно угадывать.
entendre *dur,* туго слышать.
tenir *ferme,* } обороняться, не
tenir *bon,* } поддаваться.
se faire *fort,* довѣрять себѣ.
faire *exprès,* дѣлать съ умысломъ.
venir *exprès,* прійти нарочно.
marcher *droit,* идти прямо.
trouver *bon,* одобрять.
trouver *mauvais,* находить дурнымъ, охуждать.
voir *double,* видѣть вдвойнѣ.
voir *trouble,* видѣть въ туманѣ.
parler *russe, français.*

2. Il y a un certain nombre de verbes qui, à l'instar du verbe *être*, sont accompagnés de véritables adjectifs et non d'adverbes. Tels sont:

Croire, думать, считать; devenir, дѣлаться; rester, оставаться; paraître, sembler, казаться; rendre, дѣлать кого чѣмъ; conserver, сохранять; se dire, выдавать себя; se montrer, показываться; se faire, дѣлаться; trouver, находить; estimer, почитать, etc.

| | |
|---|---|
| Je le crois *honnête* et *bon.* | Я считаю его добрымъ и честнымъ человѣкомъ. |
| Elle est devenue *raisonnable* et *sensée.* | Она сдѣлалась благоразумною и разсудительною женщиною. |
| Ne restez pas *oisifs.* | Не оставайтесь праздны. |

Vous me paraissez *inquiet* et *troublé.* Il me semble *malade.* Cet homme se disait *savant* et *habile,* je l'ai trouvé *ignorant* et *maladroit.* La religion nous rend *meilleurs.* Il s'estime *heureux.* Il se fait plus *pauvre* qu'il n'est.

3. Avec certains verbes on emploie l'adjectif, si l'on veut qualifier le sujet ou le régime, et non modifier le verbe :

> Unis dès leurs jeunes ans
> D'une amitié fraternelle,
> Un lapin, une sarcelle
> Vivaient **heureux** et **contents**. FLORIAN.

Mais : Il vit **gaîment** dans un endroit écarté de l'île, où il cultive son champ de ses propres mains. FÉNELON.

4. Lorsque les adverbes tels que *où*, *combien*, *pourquoi*, *comment*, etc., jouent le *rôle* de conjonctions, ils prennent le nom d'*adverbes relatifs : Je sais* où *il demeure. Savez-vous* POURQUOI *il n'est pas venu* ?

## § 59. Degrés DE SIGNIFICATION DE L'ADVERBE.

Un grand nombre d'adverbes ont, comme l'adjectif, trois degrés de signification, et les expriment de la même manière. Voir § 14.

## § 60. Répétition DE L'ADVERBE.

Les adverbes *si*, *aussi*, *plus*, *autant*, *très*, *fort*, *bien*, et autres de même nature, doivent se répéter devant chaque adjectif, chaque verbe et chaque adverbe qu'ils modifient.

Il est **si** sage, **si** bon qu'il n'a pas son pareil. L'âne est de son naturel **aussi** humble, **aussi** patient, **aussi** tranquille que le cheval est fier, ardent, impétueux. BUFFON. — Il est **plus** fort et **plus** agile que son frère.

## § 61. Place DE L'ADVERBE.

1. L'adverbe se place ordinairement après le verbe, quand celui-ci est à un temps simple, et entre l'auxiliaire et le participe passé, quand le verbe est à un temps composé.

Il parle **bien**. Il a **bien** travaillé. Il travaille **beaucoup**. Il a **beaucoup** travaillé. Je me promenais **souvent** au bord de la mer. — Il est **toujours** environné de l'odeur du carnage. CHAT.

2. *Hier*, *aujourd'hui*, *demain*, *le lendemain*, *matin*, *tôt*, *tard*, *autrefois*, *ici*, *là*, en général les adverbes de *temps*, de *lieu*, font exception à cette règle, et suivent le participe, ainsi que l'infinitif :

Je l'ai rencontré **hier**. Il est arrivé **aujourd'hui**. Il a passé **ici**. Vous êtes sorti bien **tard**. Nous sommes repartis **le lendemain**. Il a passé **par là**. Il est venu nous voir **hier**.

S'il est nécessaire de mettre ces adverbes en relief, ils se mettent au commencement de la phrase :

**Hier** j'ai été au spectacle, et **aujourd'hui** j'irai au concert.

3. Les adverbes qui modifient un *adjectif* ou un *adverbe*, le précèdent régulièrement: *Achevons l'œuvre* GLORIEUSEMENT *commencée. C'est un homme* BIEN *heureux. Il est arrivé* ASSEZ *tard. Un homme* BIEN *pensant.* Mais: *Un homme pensant* BIEN (= qui pense bien).

89.

De même que la terre ne produit pas toujours et partout des roses et des lis, de même le monde ne nous procure pas constamment des plaisirs. — Tous les maux sont depuis longtemps hors de la boîte de Pandore, mais l'espérance est encore dedans. — Ici périt Cicéron, là fut assassiné César. — Dieu est un cercle dont le centre est partout et la circonférence [1] nulle part. — Depuis l'invention de la poudre, les batailles sont beaucoup moins sanglantes qu'elles ne l'étaient autrefois, parce qu'il n'y a presque plus de mêlée [2]. — On ne trouve nulle part autant d'or qu'en Californie et en Australie. — Mieux vaut tard que jamais (Prov.). — Il faut habituer les jeunes gens à raisonner juste. — La vie des oisifs [3] est la seule qui coûte cher. BALZAC. — Il songeait seulement à vendre chèrement sa vie. ST. LAMBERT. — Sa mémoire me sera toujours chère. — Une personne parfaitement prudente ne hasarde pas un mot sans en avoir soigneusement calculé la portée [4]. — Cette fleur-ci sent bon, mais celle-là sent mauvais. — Je sens bien maintenant que j'ai eu tort. — Je ne vois pas clair dans cette affaire. A présent je vois clairement qu'on nous a trompés. — Rien ne rappelle plus vivement au voyageur la distance immense de sa patrie que l'aspect d'un ciel nouveau. A. HUMBOLDT. — Nos soldats commencèrent un feu très-vif sur l'ennemi, qui riposta énergiquement. MÉRIMÉE. — La conversation était aussi douce et aussi innocente que ces festins. B. DE ST. PIERRE. — Rire haut en société est souvent une sottise. — S'entretenir avec son ami, c'est penser tout haut. — Les Romains pensaient hautement et agissaient avec modération. — Alexandre donna à Porus un royaume plus grand que celui qu'il avait auparavant. — Elle chante faux.... et de ce côté-là du moins, il y a de l'harmonie dans le ménage! SCRIBE. — J'ai sur le champ songé à ma pétition ou plutôt à la vôtre. SCRIBE.

1 кругъ, окружность; 2 схватка, стычка, рукопашный бой; 3 праздные люди; 4 дальность выстрѣла, значеніе.

90.

Не говорите такъ скоро, если вы хотите, чтобы я васъ понялъ (Subj.). — Четыре человѣка могутъ удобно сидѣть въ этой каретѣ. — Теперь я вижу ясно, что я ошибся. — Эти цвѣты не пахнутъ уже хорошо; они завяли [1]. — Я никогда не видѣлъ болѣе дурнаго представленія, какъ вчерашнее: актеры говорили тихо и дурно; ежеминутно [2] запинались; пѣвицы пѣли фальшиво; два часа выносили [3] мы эту пытку (tourment), но наконецъ потеряли терпѣніе и оставили залъ, (вышли изъ театра). — Говорите постоянно по-французски съ тѣми, которые знаютъ французскій языкъ; тогда вы въ скоромъ (peu) времени будете бѣгло говорить на этомъ языкѣ. — Онъ очень сбивчиво разсказалъ мнѣ о томъ, что случилось (pl. parf.). — Жизнь въ Лондонѣ стоитъ [4] дороже, чѣмъ въ Парижѣ. — Тюльпанъ красинѣе фіалки, но онъ не (хорошо) пахнетъ; онъ есть изображеніе прекрасной женщины, которая не имѣетъ другихъ достоинствъ[5], кромѣ (que) красоты. — Чтобы наслаждаться прекраснымъ видомъ[6], не должно ни приближаться (être trop près) слишкомъ, ни удаляться значительно (être — loin). — Не все должно дѣлать, что можно дѣлать безнаказанно. — Мы отправились[7] изъ Петербурга третьяго дня, въ 12 часовъ, по желѣзной дорогѣ, и благополучно прибыли въ Москву вчера, въ половинѣ одиннадцатаго. — Этого человѣка несправедливо обвинили. — Ольга не такъ кротка, мила (gentil), послушна и скромна, какъ ея двоюродная сестра. — Марія столь же жива и рѣзва[8], какъ сестра ея тиха и спокойна. — Идите, дѣти, тихо и спокойно. — Правленіе Нерона началось хорошо, а кончилось худо.

1 être flétri, fané; 2 à tout moment; 3 supporter; 4 coûter; 5 avantage; 6 vue; 7 partir par (en); 8 espiègle.

91.

Эти офицеры храбры[1]; они храбро защищали наше отечество. — Этотъ министръ былъ вѣренъ своему государю; онъ вѣрно исполнялъ всѣ свои обязанности. — Твоя сестра разсудительнѣе[2] нашей; она говоритъ и поступаетъ всегда разсудительно. — Мы спокойно жили въ отдаленной[3] мѣстности острова. — При (à) приближеніи[4] опасности, онъ благоразумно[5] удалился. — Этотъ господинъ свободно (= бѣгло) говоритъ на трехъ языкахъ. — Праздники ваши, о городскіе (des villes) жители! великолѣпны; но мы (nous autres), сельскіе обыватели, весело и просто справляемъ (célébrer) наши; вы наслаждаетесь ими внѣшнимъ и поверхностнымъ[6] образомъ, между тѣмъ какъ наши радости глубоки[7] и истинны. — Лучше-ли, хотя нѣсколько (un peu), сегодня больной? Нѣтъ, она сильно нездорова, ея положеніе (état) хуже вчерашняго (= чѣмъ было вчера). — Звѣзды[8] постоянно слѣдуютъ (acc.) по пути, который имъ предписанъ[9]. — Чѣмъ необразованнѣе (ignorant) человѣкъ, тѣмъ менѣе старается онъ образовать себя (s'instruire). — Онъ наказанъ по заслугамъ (adj. dû). — Тише, сказалъ мой другъ, говори спокойнѣе и будь скромнѣе. — Не говорите такъ громко, вы мѣшаете мнѣ работать. — Не ясно-ли[10] сказано (= запрещено) вамъ было, чтобы вы не выходили (inf.)? — Согласно[11] приказанію маршала, генералъ быстро пошелъ, двинулся впередъ[12] и ударилъ (aller, marcher) прямо на врага, который поспѣшно отступилъ. — Онъ работаетъ медленно, но настойчиво, даже упорно преслѣдуетъ свою цѣль[13]. — Жизнь первыхъ людей была несравненно продолжительнѣе (= длиннѣе) нашей. — Небольшая толпа[14] Леонида храбро отражала всѣ нападенія персовъ. — Въ Москвѣ болѣе 350,000 жителей.

1 vaillant, brave; 2 raisonnable; 3 écarté; 4 l'approche, f.; 5 prudent, adj.; 6 superficiel, adj.; 7 profond; 8 les astres, m.; 9 tracer qch.; 10 exprès, adj.; 11 conforme ... à, adj.; 12 se mettre en marche; 13 le but; 14 la troupe.

## Exercice de conversation.

| | |
|---|---|
| Ce cheval est-il bon? | Oui, monsieur, il court très-bien. |
| Cet enfant est-il docile? | Oui, il obéit docilement à tout ce qu'on lui dit. |

Ces marchandises sont-elles encore si chères ? — Elles se vendent un peu moins cher que précédemment.
Vous a-t-il reçus avec affabilité? — Il nous a reçus de la façon la plus aimable.
Ces écoliers se montrent-ils zélés et assidus ? — Oui, monsieur, ils travaillent assidûment et avec beaucoup de zèle.
Buvez-vous chaud ou froid ? — Je ne bois que froid, en été surtout.
N'est-ce pas madame N. à qui vous venez de parler ? — C'est elle en effet, vous avez deviné juste.
L'oiseau est-il dans la cage ? — Oui, il est encore dedans.
Puis-je m'asseoir sur le gazon? — Non, voilà un banc, asseyez-vous dessus.
Où se trouve actuellement votre ami B. ? — Il est de retour dans son pays, où il vit tranquille et heureux.

*Autres questions:* Depuis quand les batailles sont-elles moins sanglantes?— et pourquoi ? — Qui était Pandore ? — Que resta-t-il dans sa boîte ? — Où trouve-t-on beaucoup d'or ?—Que fait une personne sage et prudente ? — Avez-vous été satisfait de la représentation d'hier ? — Que dites-vous de la tulipe?— Que dit-on d'Olga ? — Quelle différence de sens y a-t-il entre *parler haut* et *parler hautement?* — *sentir bon* et *sentir bien?* etc.

# CHAPITRE VIII.

## § 62. PRÉPOSITION.

1. La préposition est un mot qui ne s'emploie que joint à un substantif (ou au remplaçant du substantif), pour exprimer les circonstances d'une action ou d'une qualité.

2. Les circonstances que la préposition peut exprimer sont essentiellement de quatre espèces, savoir : (§ 52, 2).

   1) le **lieu:** Le poisson vit **dans** l'eau. (Où ?)
   2) le **temps:** il arrivera **dans** un mois. (Quand ?)
   3) la **manière**: il travaille **avec** zèle. (Comment ?)
   4) la **cause**, le **motif**, le **but:** Il voyage **pour** s'instruire. (Pourquoi ?)

3. La préposition peut aussi former avec le mot qui la suit:

   1) Un **déterminatif:** L'amour *de la patrie*. La rose *à cent feuilles*. Le vin *de France*. Un homme *en colère*. (II P. § 4).

   2) Un **régime indirect**, dépendant d'un verbe ou d'un adjectif:

      a) Il se souvient *de cette journée*. Il pense *à ses parents*. Il s'emporta *contre son domestique*.

      b) C'est un pauvre homme, faible *de corps* et *d'esprit*. La Sibérie est riche *en métaux* et *en fourrures*.

4. Quant à la forme, les prépositions françaises sont *simples* ou *composées.* Les prépositions simples sont celles qui s'expriment en un seul mot, comme *à*, *de*, *pour*, *contre*, etc. Les prépositions *composées*, nommées aussi *locutions prépositives*, sont celles qui s'expriment en plusieurs mots, comme *vis-à-vis, à côté de*, *à cause de*, etc.

5. Quant à la manière dont les prépositions se joignent à leur régime, il y a trois cas à observer:

1) Les unes sont immédiatement suivies de leur régime :

**Sans** argent, **avec** plaisir, **contre** nous.

2) D'autres sont jointes à leur régime au moyen de la préposition *de:*

Près **de** moi, подлѣ меня; autour **de** la maison, вокругъ дома.

3) D'autres enfin au moyen de la préposition *à :*

Quant **à** moi, что до меня; jusqu'**à** Moscou, до Москвы.

6. Prépositions qui régissent le nom sans le secours d'une autre préposition :

à, къ, въ, на.
de, изъ, отъ, о, объ, съ.
après, послѣ, по, за.
d'après, selon, suivant, } по, согласно съ, по мѣрѣ, смотря на, съ.
avant, предъ, прежде (о времени).
devant, передъ (мѣсто).
avec, съ.
chez, у, къ (только о лицахъ).
contre, противъ, вопреки (враждебно).
envers, къ, противъ (дружественно).
vers, къ, на, около.
dans, en, } въ, во, по.
depuis, съ, отъ.
dès, отъ, съ, изъ.
deçà, par deçà, по сю сторону.
delà, par delà, по ту сторону.
derrière, за, позади.
entre, между, промежъ.
parmi, посреди, среди, между.
devers, къ, близъ.
hors (de), hormis, excepté, } внѣ, кромѣ, исключая.
outre, сверхъ, кромѣ, за.
sauf, исключая.
sans, безъ; sans voir, не видя.
malgré, не смотря, поневолѣ, противъ воли.
nonobstant, не смотря, не взирая на то.
par, черезъ, сквозь, въ.
pour, для; *devant l'inf.* : чтобы.
pendant, durant, } во время, въ продолженіе.
sous, подъ.
sur, на, надъ.
à travers, сквозь, черезъ.
voici, voilà, вотъ здѣсь, вотъ тамъ ;

auxquelles il faut joindre les participes suivants, qui s'emploient accidentellement comme prépositions, (ainsi que *excepté*, *pendant*, *durant*, *suivant*, *nonobstant* déjà cités) :

attendu, vu, } по разсмотрѣніи, въ уваженіе, по, ради.
supposé, полагая.
moyennant, посредствомъ.
concernant, touchant, } касательно, смотря на, въ отношеніи къ.

7. Prépositions qui veulent être suivies de la préposition **de**:

| | |
|---|---|
| à cause de, ради, по причинѣ. | ensuite, послѣ, вслѣдъ. |
| à côté de, возлѣ, подлѣ. | ensuite de quoi, вслѣдъ за чѣмъ. |
| auprès de, у, близъ, при. | ensuite de cela, вслѣдъ за этимъ. |
| autour de, около, вокругъ. | près de, proche de, } близъ, подлѣ. |
| en deçà de, по сю сторону. | en face de, vis-à-vis de, à l'opposite de, } противъ, насупротивъ. |
| au dedans de, внутри. | faute de, manque de, } за неимѣніемъ чего. |
| hors de, au dehors de } внѣ, снаружи. | à force de, посредствомъ. |
| au-dessus de, надъ, выше, сверхъ. | à l'insu de, безъ вѣдома. |
| au-dessous de, ниже, подъ. | au lieu de, вмѣсто. |
| au-delà de, по ту сторону, за. | le long de, вдоль. |
| en dépit de, вопреки, не смотря на. | lors de, во время. |
| au devant de, à la rencontre de, } на встрѣчу. | au travers de, сквозь, чрезъ [чего. |
| loin de, далеко отъ. Loin des yeux, loin du cœur, изъ глазъ, изъ сердца. | en vertu de, въ силу, по силѣ, по праву |
| à moins de, ниже, не безъ. | à fleur de, наравнѣ съ чѣмъ. |
| au milieu de, среди, посреди, между. | au prix de, въ сравненіи съ чѣмъ. |
| au moyen de, посредствомъ. | à l'égard de, что касается до. |
| | à l'aide de, при помощи чего. |
| | etc. |

8. Prépositions qui demandent la préposition **à**:

| | |
|---|---|
| jusqu'à, (jusqu'en), } до. | par rapport à, въ отношеніи къ. |
| quant à, что касается до. | attenant à, смежно, близко, близъ. |

9. Outre les expressions déjà citées, il faut remarquer les combinaisons suivantes formées au moyen des prépositions **de** et **par**: *d'avec, de chez, d'entre, de par, de derrière, de devant, de dessus, de dessous, d'en, par en, par-dessus, par-dessous, par deçà, par delà,* etc.

| | |
|---|---|
| Discerner le bien **d'avec** le mal. | Отличать добро отъ зла. |
| Il sort **de chez** moi. | Онъ только что вышелъ отъ меня. |
| Quelques-uns **d'entre** eux. | Нѣкоторые изъ нихъ. |
| **De par** le roi. Acad. | Во имя (= именемъ) короля. |
| Peindre **d'après** nature. | Рисовать (писать) съ натуры. |
| J'ai passé **par chez** vous. | Я прошелъ мимо васъ (вашего дома). |
| *De même encore*: Il grimpa **jusque sur** le toit. | Онъ вскарабкался до крыши. |

10. *Observation*. Les remarques suivantes faciliteront l'emploi des prépositions:

1) Il n'y a que quatre prépositions qui demandent la préposition **à**.

2) Toutes les prépositions simples sont immédiatement suivies du substantif, à l'exception des *dix* suivantes: *auprès, autour, en-*

*suite*, *faute*, *hors*, *loin*, *lors*, *manque*, *près* et *proche*, qui demandent la préposition **de**.

3) Les locutions prépositives demandent toutes la préposition **de**, excepté quand **de** et **par** forment le premier mot de la locution, comme c'est le cas pour *d'après*, *de-dessus*, *par-dessus*, etc. Ces dernières, ainsi que *à travers*, sont suivies du substantif sans préposition.

11. Un certain nombre de prépositions peuvent avoir un infinitif pour régime. Ce sont: *à*, *de*, *après*, *par*, *pour*, *sans*, *avant de*, *loin de*, *faute de*, *à force de*, *à moins de*, *auprès de*, *sauf à*, *jusqu'à*:

**Loin de** me devancer, vous pourriez bien me suivre. V. HUGO.
Ils laissent derrière eux le bonheur, **faute de le** connaître. FÉN.

12. Il va sans dire que l'on ne peut donner le même régime à des prépositions qui exigent des régimes différents. Ainsi l'on ne dira pas: *Notre maison de campagne se trouve derrière et tout près* DE LA FORÊT, car on dit: *derrière* LA *forêt*, et *près* DE LA *forêt*.

13. Voir, sur l'emploi des prépositions, les §§ consacrés à l'article (I P. § 3); au régime des adjectifs (II P. § 47), au régime des verbes (II P. § 61), et à l'infinitif (II P. § 76). Voir encore, II P. § 95.

14. Certaines prépositions comme *devant*, *derrière*, *après*, *auprès*, *depuis*, etc., peuvent aussi s'employer sans régime et devenir ainsi adverbes. Ainsi dans *Je ne l'ai plus revu* DEPUIS *ce jour-là*, съ этого дня, *depuis* est préposition; tandis que dans: *Je ne l'ai plus revu depuis*, послѣ того, *depuis* est adverbe. Il y a la même différence entre *Ne restez pas* AUPRÈS *de ce mur*, et *Ce mur menace de s'écrouler*, *ne restez pas* AUPRÈS. De même: *Nous en parlerons* APRÈS, *Vous irez* DEVANT *et lui* APRÈS. *Je n'ai rien à dire* CONTRE. ACAD. *Je l'ai laissé bien loin* DERRIÈRE. *Il était* VIS-A-VIS, EN FACE. *C'est* SELON, смотря по обстоятельствамъ.

Réciproquement un adverbe devient préposition, lorsque, incomplet par lui-même, il a besoin d'un régime; tels sont: *différemment*, различно; *dépendamment*, зависимо; *indépendamment*, независимо, qui demandent la préposition **de**, et *conformément*, сообразно, *préférablement*, преимущественно, *proportionnément*, *proportionnellement*, соразмѣрно, *antérieurement*, ранѣе, до, передъ, etc., qui demandent **à**.

Les hommes d'esprit agissent *différemment des sots*. J'ai agi *conformément à* vos ordres (= selon, d'après vos ordres). Antérieurement *au* déluge, передъ потопомъ. Parler convenablement *au* sujet, сообразно съ предметомъ.

*Obs.* Un grand nombre de prépositions se transforment en conjonctions par l'addition de *que*; telles sont: *avant*, *avant que*; *après*, *après que*, etc.

15. La préposition *durant*, во время, впродолженіе, est la seule qui puisse se placer *après* son régime. *Il fut malade l'hiver* DURANT.

16. **Répétition** *des prépositions.*

1) Les trois prépositions *de, à* et *en* se répètent devant chaque régime (substantif, pronom ou infinitif) :

Il ne cesse **de** lire et **d**'écrire.
Je m'adresse **à** vous et **à** votre frère.
L'Espagne est riche **en** vin et **en** fruits.

*Obs.* Cependant ces trois prépositions se suppriment entre les noms de nombre liés par la conjonction *ou* : *Votre congé* **de** *cinq ou six jours est expiré.* — *Nous fîmes la traversée* **en** *huit ou dix heures.* — *Il arriva à l'heure fixe,* **à** *deux ou trois minutes près.* — L'Académie dit aussi : *Perdre son temps* **en** *allées et venues,* терять (свое) время въ хожденіи взадъ и впередъ.

2) Les autres prépositions peuvent se répéter ou se supprimer devant plusieurs régimes énumérés :

Il parle **avec** clarté et franchise; *ou bien*: Il parle **avec** clarté et **avec** franchise.

En général les prépositions ne se répètent pas lorsque les régimes sont à peu près synonymes, tandis qu'on les répète si les régimes ont entre eux un sens opposé ou seulement différent. On dira donc :

**Dans** la ville et **dans** la campagne.
Remplissez vos devoirs **envers** Dieu, **envers** vos parents et **envers** la patrie.
Chaque peuple à son tour, a brillé sur la terre,
**Par** les lois, **par** les arts, et surtout **par** la guerre. VOLT.

Mais on dira sans répétition :

Passer sa vie **dans** la mollesse et l'oisiveté.
Elle charme tout le monde **par** sa bonté et sa douceur.

92.

Le grand-maître Jacques Molay, brûlé à Paris avec plus de soixante chevaliers, protesta [1] jusqu'au bout de son innocence, et ajourna [2] le roi et le pape à comparaître devant Dieu avant une année. La prédiction s'accomplit (1314). J. MICHELET. — Euripide jugeait ses ouvrages avec la sévérité d'un rival, et les soignait avec la tendresse d'un père. BARTH. — Les habitudes deviennent par le temps, dans l'homme, de véritables incrustations [3]. — Au dessus de nous on distinguait les collines et la plupart des monuments d'Athènes. CHAT. — Les corneilles qui nichent autour de la citadelle planaient au-dessous de nous. CH. — La nature a creusé des baies le long des côtes. — J'ai vu du haut de l'Acropolis le soleil se lever entre les deux cimes du mont Hymette. CH. — On présenta un enfant au missionnaire, qui le baptisa parmi des jasmins en fleurs, au bord d'une source. CH. — La condamnation [4] de Verrès fut celle de l'aristocratie. Tous les nobles étaient ses amis. Plusieurs d'entre eux avaient trempé [5] dans les crimes dont il était convaincu. MICHELET. — Vous croirez peut-être, mon cher ami, d'après cette description, qu'il n'y a rien de plus affreux que les campagnes romaines. CH. — La cheminée était large et haute, suivant l'usage ancien, mais travaillée avec art et assez richement ornée. NODIER. — Une foule de grands de Rome avaient connaissance de la conjuration de Catilina. César n'y était pas étranger. — Crassus, selon toute apparence [6], l'encouragea et la dénonça [7]. MICHELET. — Ils avaient cherché un refuge contre l'orage. E. LEGOUVÉ. — Je ne peindrai point la reconnaissance d'Élisabeth envers ce bon gouverneur. Me COTTIN. — C'est le ciel sans doute qui m'a dirigé vers cette cabane. E. LEG. — Quel plaisir de s'instruire et d'agrandir son âme pour un écu, sans sortir de chez soi! — VOLT. — Où l'as-tu vu hier? Près du glacier de la Maledetta. E. LEG. — Napoléon m'ordonna de demeurer auprès de lui. SALVANDY. — Dès qu'il fut hors de la cabane, il examina l'arme avec l'attention d'un vieux chasseur. E. LEG. — Alexandre le Grand alla au-devant de la mère et de l'épouse de Darius.

1 увѣрять ; 2 вызывать (къ суду) ; 3 инкрустація ; 4 осужденіе, обвиненіе; 5 (принимать участіе) участвовать ; 6 вѣроятность, наружность ; 7 объявить, донести на кого.

93.

Китъ разсѣкаетъ [1] волны [2] моря съ невѣроятною [3] быстротою. — Праздность — язва для тѣла и для души. — Трудъ (работа) лучшее средство противъ скуки, чѣмъ удовольствіе. — Будьте строже къ самимъ себѣ и снисходительны [4] къ другимъ. — Если человѣкъ несчастливъ на землѣ, онъ обращаетъ глаза свои къ небу. — Посредствомъ (à force) чтенія, письма и разговора изучиваешь иностранный языкъ. Съ завтрашняго же дня начинайте говорить со мною по-французски. Продолжайте это упражненіе въ теченіи полугода, дѣлайте ежедневно переводы, при помощи (à l'aide. . .) словаря и грамматики, и, повѣрьте мнѣ, вы вскорѣ увидите плоды своего старанія (прилежанія). — Вы живете въ (à) первомъ этажѣ? Кто живетъ подъ вами и кто надъ вами? — Подъ нами только магазины; надъ нами живетъ одно нѣмецкое семейство, которое уже съ мѣсяцъ въ Москвѣ. — Его другъ долго былъ въ Италіи и во Франціи, и черезъ нѣсколько недѣль поѣдетъ [5] въ Америку. — Лѣтомъ мы ходимъ гулять по (= въ) полямъ, въ лѣса; зимою ѣздимъ (катаемся) въ (en) саняхъ. — Наши родители проводятъ зиму въ городѣ, а лѣто на дачѣ. — Во время зимы природа какъ-бы (comme) въ траурѣ [6].

1 fendre qch.; 2 le flot; 3 incroyable; 4 indulgent; 5 partir pour; 6 deuil.

94.

Во время прогулки нашей вдоль Невы, мы видѣли много пароходовъ. — Среди сада стояло (= росло, было) большое дерево, подъ которымъ сидѣло (la) небольшое семейство. — Во время грозы опасно становиться подъ дерево. — Этотъ молодой человѣкъ получилъ мѣсто при (auprès) герцогѣ, и теперь живетъ у него. — Его племянникъ сидѣлъ со (возлѣ) мной въ каретѣ [1]. — Мой сынъ ѣхалъ возлѣ насъ верхомъ. — Вчера вечеромъ онъ былъ у меня, и мы играли съ нимъ въ шахматы. — Купецъ любитъ миръ по причинѣ безопасности (sûreté) торговли. — Моряки измѣряютъ глубину моря посредствомъ лота [2]. — Русскіе солдаты храбро шли (déf.) на встрѣчу смерти. Знаешь ты названія (= имена) странъ, лежащихъ по ту сторону Пиренейскихъ горъ[3]? — Живете вы по эту или по ту сторону Невы? — Вашъ другъ живетъ за (внѣ) городомъ, довольно далеко отсюда. — Я думаю, вы ошибаетесь; онъ живетъ среди города, недалеко отъ театра, напротивъ публичной библіотеки. — Дома ваша маменька? Да, я только что отъ нея. — Каждый (есть) господинъ въ своемъ домѣ (chez...)—Парижъ лежитъ[4] на Сенѣ, Вѣна — на Дунаѣ, С.-Петербургъ — на Невѣ, Москва — на [рѣкѣ] Москвѣ. — Можете вы назвать мнѣ губернскіе города, которые лежатъ на Волгѣ? — Надъ нами блестятъ звѣзды. — Собака пролѣзла[5] подъ дверьми. — Моя сестра скоро начнетъ рисовать цвѣты съ натуры.

1 la voiture; 2 la sonde; 3 les Pyrénées; 4 être situé; 5 passer.

### Exercice de conversation.

| | |
|---|---|
| Où sont vos frères? | Ils se promènent dans le parc. |
| Quand rentreront-ils? | Dans une demi-heure. |
| Y a-t-il longtemps qu'ils sont sortis? | Ils sont sortis il y a un quart d'heure. |
| N'irons-nous pas nous promener aussi? | Avec plaisir, si vous voulez bien m'accompagner. |
| Où est situé le château impérial? | Il est situé au milieu du parc, derrière ces grands arbres. |
| Quelle est cette belle maison que nous voyons là-bas au pied de la colline? | C'est la maison de campagne du prince N.; la maison de notre oncle est à côté, tout près. |
| Descendons au bord de la mer, et promenons-nous le long du rivage. | Allons; et si vous le désirez, nous pourrions faire une promenade en bateau jusqu'à l'île que nous voyons vis-à-vis de nous. |
| Comment retournerons-nous en ville, par terre ou par mer? | Nous retournerons chez nous par le bateau à vapeur qui fait le service entre notre petite ville et la capitale. |

*Autres questions*: a) Comment Euripide jugeait-il ses ouvrages? — Que savez-vous du grand-maître Jacques Molay? — Où est-ce que le missionnaire baptisa l'enfant? — Que savez-vous de la condamnation de Verrès? — de la conjuration de Catilina? — Que fit Alexandre le Grand après sa victoire sur Darius? — b) Quel est le meilleur remède contre l'ennui? — Où est situé le Louvre? Comment peut-on apprendre une langue étrangère? — Où se promène-t-on en été? etc. — c) Ce jeune homme a-t-il une place? — Où demeurez-vous? — Où est situé le Palais d'hiver? — Où s'élève la colonne d'Alexandre? — la statue équestre de Pierre le Grand? — l'église d'Isaac? etc.

## CHAPITRE IX.

### § 63. DE LA CONJONCTION.

1. La conjonction sert à lier deux propositions, en indiquant le rapport qui existe entre elles:

Vous ne le trouverez pas chez lui, **car** je viens de le voir dans la rue. Je ne sais **quand** il viendra. — Je suis content, **si** tu l'es. — Je désire **que** vous veniez. — Rentrez **avant qu**'il pleuve. — L'aigle **et** le condor sont des oiseaux de proie.

*Obs.* Dans ce dernier exemple la conjonction *et* semble ne joindre que les deux mots *aigle* et *condor*; mais en réalité elle joint deux propositions, savoir: *L'aigle est un oiseau de proie, le condor est un oiseau de proie.* Ces deux propositions ayant un attribut commun, on ne l'exprime qu'une fois, et les sujets différents sont joints par la conjonction *et*. De cette manière les deux propositions se trouvent *contractées* en une seule (II P. § 9). La conjonction peut de même réunir deux *attributs*: *Cette ville est grande* **et** *belle*; — deux *régimes*: *Cet enfant apprend à lire* **et** *à écrire*; — deux *déterminatifs*: *Ce riche* **et** *beau pays*; — ou deux *circonstanciels*: *Je l'ai vu à Rome* **et** *à Naples*. — *J'irai aujourd'hui* **ou (et)** *demain*.

2. Les rapports que la conjonction peut exprimer sont, comme pour l'adverbe et la préposition:

1) Le rapport de *lieu*: Où *que* vous soyez, pensez à moi.
2) » de *temps*: Nous viendrons *quand* nous pourrons.
3) » de *cause* ou de *motif*: Il crie *parce qu*'il a peur.
4) » de *manière*: Il parle *de manière que* personne ne l'entend.

3. Quant à la forme, les conjonctions peuvent être divisées en:

1) Conjonctions *simples*: *et*, *ou*, *car*, *que*, *comme*, etc.

2) Conjonctions *composées*, qui s'écrivent en un mot, comme *quoique*, хотя, хотя-бы, *puisque*, такъ какъ, *lorsque*, когда, *cependant*, *toutefois*, однако, etc., ou en plusieurs mots, telles que *parce que*, потому что, *afin que*, чтобы; *jusqu'à ce que*, пока, etc. — Celles qui s'écrivent ainsi en plusieurs mots sont aussi nommées *locutions conjonctives*.

4. La conjonction peut joindre: 1) deux propositions (ou deux termes) de même nature, 2) une proposition subordonnée ou dépendante à une proposition principale. Dans le premier cas, la conjonction lie les deux propositions en les *coordonnant*; dans le second cas, en les *subordonnant* l'une à l'autre. De là deux grandes classes de conjonctions, les conjonctions **coordinatives** et les conjonctions **subordinatives.**

*Obs.* Une proposition coordonnée à une autre garde sa signification propre et reste ce qu'elle était avant d'être liée à la proposition qui la précède; la proposition subordonnée au contraire devient un terme, une partie intégrante de la proposition à laquelle elle se rattache. Ainsi, par exemple, dans la phrase: *Cette fleur est belle*, **mais** *le parfum en est dangereux*, la conjonction *mais* coordonne deux propositions principales, dont chacune a sa signification propre indépendamment de l'autre. Au contraire dans: *Je désire* **que** *vous veniez. Il faut travailler* **quand** *on est jeune*, les conjonctions *que* et *quand* subordonnent les propositions secondaires *vous veniez* et *on est jeune* aux propositions principales *je désire* et *il faut travailler*. La proposition subordonnée *vous veniez* est régime direct de *désire*, et *quand on est jeune* complément circonstanciel de *il faut travailler*.

Deux propositions subordonnées peuvent être coordonnées: *Je désire que vous veniez* **et** *que vous ameniez aussi votre sœur*. De même pour les propositions relatives: *La poire qui est tombée* **et** *que j'ai ramassée, était excellente.*

5. Les conjonctions **coordinatives** peuvent être:

a) *copulatives* (exprimant la réunion, l'addition):

| | |
|---|---|
| Et, и, а. | plus — plus, чѣмъ болѣе... тѣмъ болѣе. |
| et — et, и... и. | non-seulement... mais (encore), не только... но и. |
| ni — ni, ни... ни. | outre cela, en outre, } сверхъ того, притомъ. |
| tant — que, какъ... такъ и. | d'ailleurs, сверхъ того, впрочемъ. |
| aussi, да и. | du reste, au reste, } впрочемъ. |
| encore, еще, притомъ. | |
| de plus, къ тому, сверхъ того. | |
| enfin, наконецъ, словомъ. | |
| tantôt — tantôt, то... то. | |

b) *adversatives* (exprimant le contraste, l'opposition):

| | |
|---|---|
| Ou, ou bien, или, либо. | mais, но. |
| ou — ou, или... или. | or, а, же. |
| soit — soit, либо... либо, ли... или. | pourtant, cependant, toutefois, } однакоже, все таки. |
| soit, — ou, ли... или. | néanmoins, тѣмъ не менѣе. |
| autrement, sinon, sans quoi, sans cela, } иначе же, безъ того. | toujours, все таки. |

c) *causales* (exprimant la cause, le motif, le but, la conséquence, etc.):

| | |
|---|---|
| Car, ибо. | c'est pourquoi, voilà pourquoi, } вотъ почему. |
| donc, и такъ, слѣдовательно, же. | de là, оттого. |
| ainsi, и такъ. | aussi, оттого и, потому и. |
| c'est que, потому что. | c'est-à-dire, savoir, } то есть, а именно. |
| par conséquent, partant, } слѣдовательно. | |

6. Conjonctions **subordinatives**.—On peut les diviser en trois groupes, d'après le mode qu'elles exigent pour le verbe de la proposition subordonnée.

1) Conjonctions qui exigent *l'indicatif* ou le *conditionnel*.

| | |
|---|---|
| a) Lorsque, quand, } когда. | aussitôt que, sitôt que, dès que, } какъ скоро, лишь только. |

depuis que, съ тѣхъ поръ, какъ.
après que, послѣ того, какъ.
à peine — que, едва.

pendant que, tandis que, } между тѣмъ, какъ.
tant que, покуда, пока.
toutes les fois que, всегда какъ, всякій разъ, какъ.

b) Comme, puisque, attendu que, vu que, } такъ какъ.

parce que, à cause que, } потому что.

c) Ainsi que, comme, de même que, } какъ и.
excepté que, hors que, } кромѣ того что.
si bien que, такъ что.
à ce que, какъ.

si, если, если бы.
à mesure que, по мѣрѣ того, какъ.
selon que, suivant que, } смотря потому, какъ.
outre que, кромѣ того, что.
à condition que, съ условіемъ, что.

2) Conjonctions exigeant le *subjonctif*.

Afin que, pour que, } чтобъ, чтобы.
quoique, bien que, encore que, } хотя, хотя бы.
sans que, безъ того что.
à moins que — ne, развѣ не, если не.
de crainte que — ne, de peur que — ne, } чтобы не.
pourvu que, ежели только.
supposé que, предполагая, что.
pour peu que, si peu que, } если только.

au cas que, en cas que, } въ случаѣ, если.
avant que, прежде чѣмъ.
en attendant que, между тѣмъ, какъ, пока.
soit que... soit que, или... или.
non que, non pas que, } не для того что, не потому что.
loin que, bien loin que, } вовсе не для того, чтобъ.
si tant est que, ежели только.
ce n'est pas que, не то чтобъ.
où que, гдѣ бы ни, куда бы ни.
si — que, какъ бы ни;

et *que*, lorsqu'il est mis pour *si*, *avant que*, *sans que*, *afin que* et *jusqu'à ce que*.

3) Conjonctions qui exigent tantôt le *subjonctif*, tantôt un autre mode.

Que, что; si, если.
de façon que, de manière que, de (en) sorte que, } такъ что, такимъ образомъ что.

sinon que, si ce n'est que, } развѣ только что.
jusqu'à ce que, пока, до тѣхъ поръ.
au lieu que, вмѣсто того что.

7. La conjonction est souvent remplacée par une préposition équivalente, suivie de l'infinitif: *Je marche rapidement* AFIN D'ARRIVER *de bonne heure*, au lieu de: AFIN QUE J'ARRIVE *de bonne heure*.

8. Quelques mots figurent tantôt comme adverbes, tantôt comme conjonctions, mais dans des significations différentes; tels sont:

*Adv.* Ainsi, такъ; *Conj.* Ainsi, слѣдовательно.

| | |
|---|---|
| aussi, также, и. | aussi, потому и, оттого и. |
| comme, какъ и. | comme, такъ какъ. |
| toujours, всегда. | toujours, все таки. |

*Rem.* Les adverbes interrogatifs *quand*, *comment*, *où*, *pourquoi*, *combien* remplissent également le rôle de conjonctions, quand ils rattachent une question indirecte à une proposition principale: *Savez-vous* COMBIEN *il a perdu? Je ne sais* POURQUOI *il est venu.*

9. **Place** des conjonctions. — La place des conjonctions varie beaucoup selon la nature des propositions qu'elles commencent: *Je viendrai* QUAND *j'aurai le temps*, ou: QUAND *j'aurai le temps, je viendrai.*

La conjonction *comme*, signifiant *vu que*, *attendu que*, такъ какъ, est la seule conjonction qui se place toujours au commencement de la phrase:

COMME *il ne comprend rien, un sot fronde sans cesse.* VOLT.

10. **Répétition** des conjonctions.

1) Quand plusieurs propositions subordonnées dépendent d'une seule et même conjonction, la conjonction se répète devant chacune de ces propositions: *Ils croyaient* QU'*Apollon chassait les maladies*, QUE *Minerve présidait aux travaux*, QUE *Jupiter était le souverain des cieux et Mars l'arbitre de la guerre.*

Cependant la conjonction *que* peut se supprimer devant une proposition de peu d'étendue et ayant le même sujet que la précédente: *Je crois* QUE *le ministre vous recevra et vous accordera sa protection.*

2) Toutefois, au lieu de répéter les conjonctions composées formées au moyen de *que*, on ne répète d'ordinaire que la conjonction *que*, qui dans ce cas exige le même mode que la conjonction entière qu'elle remplace: *Écrivez à votre frère*, AFIN QU'*il ait le temps de faire ses préparatifs et* QUE *son départ ne soit pas retardé.* — La même chose a lieu pour les trois conjonctions *lorsque*, *quoique*, *puisque*, où *que* ne forme qu'un mot avec la première partie de la conjonction. LORSQUE *je suis à la campagne et* QUE *je me promène dans les bois.* — Le même usage s'est étendu à quelques autres conjonctions, telles que *comme*, *quand*, *lorsque*, *si*, dont *que* ne fait point partie: QUAND *on est jeune et* QU'*on se porte bien*, когда молодъ и здоровъ (человѣкъ). SI *vous êtes indisposé, et* QUE *vous* *n*'AYEZ *pas envie de sortir, je resterai auprès de vous pour vous tenir compagnie.* — **Que,** remplaçant la conjonction **si,** demande toujours le subjonctif.

95.

Neptune, lorsqu'il élève son trident[1] et qu'il menace les flots soulevés, apaise soudainement la mer. FÉN. — Si je meurs ou que je tombe malade, que deviendront ma femme et mes enfants? LAMENNAIS. — Les dispositions étaient à peine achevées que l'on vit l'armée de Xerxès se répandre dans la plaine. SÉGUR. — A mesure que les soldats espagnols s'avançaient dans l'intérieur du Mexique, ils étaient étonnés de la hardiesse de leur entreprise. — Puisqu'on vous en prie et que rien ne s'y oppose, n'hésitez pas à faire ce qu'on vous demande. — Soit qu'on le punisse ou qu'on lui pardonne, on n'obtient jamais rien de lui. — Comme l'été a été fort mauvais et que l'automne est très-beau, il est probable que nous prolongerons notre séjour à la campagne. — Le jeu est un gouffre[2] qui n'a ni fond ni rivage; dès qu'on est embarqué sur cette mer orageuse et qu'on a perdu la terre de vue, il est rare qu'on la revoie. — Je pourrais décider, car ce droit m'appartient. LA FONT. — Frosine, elle ne répond mot, et ne témoigne, ce me semble, aucune joie de me voir. — C'est qu'elle est encore toute surprise. MOL. — Partons pendant que mes parents dorment encore. M^me COTTIN. — Nous continuâmes ainsi à marcher dans un grand silence. ALF. DE VIGNY. — J'ai vu depuis bien des hommes raisonner ainsi. ALF. DE V. — Si l'empire appartenait à la beauté et non à la force, le paon serait, sans contredit, le roi des oiseaux. BUFFON. — Cicéron avoue qu'il y avait dans l'amitié de Catilina une irrésistible[3] séduction, qu'il fut lui-même près d'y céder[4]. MICHELET. — Je craignais que ma franchise n'excitât la colère de mon compagnon, et ne m'attirât quelque désagréable repartie[5]. LE SAGE. — Pendant que nos soldats luttaient encore, Napoléon s'était éveillé à la double clarté du jour et des flammes. SÉGUR.

1 трезубецъ; 2 пучина; 3 непреодолимый; 4 покоряться; 5 возраженіе.

96.

Намъ кажется, что солнце движется, потому что мы ежедневно, вмѣстѣ съ землею, обращаемся вокругъ ея оси. И такъ, когда мы говоримъ: солнце восходитъ и заходитъ, мы судимъ, слѣдовательно, только по виду (apparence). Но такъ какъ мы привыкли такъ говорить, и такъ какъ каждый человѣкъ понимаетъ значеніе этого, то и излишне (superflu) измѣнять этотъ способъ выраженія[1]. — Мы возвратились домой, когда онъ окончилъ свою рѣчь. — Гораздо болѣе встрѣтишь (il y a) критиковъ[2], чѣмъ художниковъ, потому что искусство труднѣе оцѣнки. — Едва только Колумбъ открылъ (p. ant.) Америку и вѣсть объ этомъ распространилась въ Европѣ, какъ враги его начали утверждать[3], что эта часть свѣта давно уже была извѣстна древнимъ. — Богъ видитъ все, слѣдовательно мы не можемъ обмануть Его. — Древніе думали, что лебедь поетъ мелодическую пѣснь, когда онъ готовится (être près) умереть. — Должно сберегать[4] (деньги), когда молодъ, чтобы въ старости жить спокойно. — Я не пойду сегодня со двора, потому что я не совсѣмъ здоровъ. — Если бы воздухъ былъ гуще, то онъ задушилъ[5] бы насъ. — Въ то время, какъ крестоносцы[6] стояли[7] передъ этою крѣпостью, прибыло (= получили) къ нимъ посольство отъ Алексѣя. — Мы сидѣли еще подъ деревомъ, какъ вдругъ загремѣлъ[8] громъ. — По мѣрѣ того, какъ успѣваешь[9] въ наукахъ, дѣлаешься скромнѣе.

1 manière de parler; 2 le critique; оцѣнка, la critique; 3 prétendre qch.; 4 économiser; 5 étouffer qn.; 6 les croisés; 7 être arrêté; 8 gronder; 9 avancer.

97.

Когда ханъ татарскій отобѣдаетъ (dîner p. ind.), глашатаи[1] возвѣщаютъ, что всѣ прочіе земные государи могутъ также садиться обѣдать. — Пока астрономъ объяснялъ намъ движенія планетъ, погода поправилась, и стало опять ясно[2]. — Теперь думаютъ, что кометы также небесныя тѣла[3], между тѣмъ какъ (tandis que) прежде принимали ихъ за вѣстницъ (знаки[4]) небеснаго гнѣва. — Мы отправились въ деревню, чтобы провести тамъ нѣсколько дней; мы возвратились, не испытавъ ея[5] удовольствій, потому что всѣ эти дни постоянно шелъ дождь. — Сонъ человѣка довольнаго (судьбою) не тревожатъ (passif) ни заботы, ни честолюбіе. — Добродѣтель приноситъ свои плоды: она будетъ вознаграждена, если не въ этой жизни, то въ той. — Мы видѣли тамъ какъ отца вашего, такъ и мать. — Еслибы зависть[6] была болѣзнь, то почти каждый былъ бы боленъ. — Мы не знаемъ, населена-ли луна, или нѣтъ. — Какъ только пріѣхалъ онъ и поздоровался со своими родителями и друзьями, тотчасъ-же началъ разсказывать о своихъ приключеніяхъ[7]. — Память[8] Петра Великаго будетъ всегда дорога для русскихъ, не потому только, что онъ былъ знаменитымъ героемъ, но преимущественно[9] потому, что онъ постоянно стремился осчастливить[10] свой народъ. — Твой отецъ будетъ наказывать тебя до тѣхъ поръ, пока [ты] не излечишься отъ твоей лѣности[11]. — Въ случаѣ, если моего друга нѣтъ въ Парижѣ, передайте письмо это его супругѣ.

1 le héraut; 2 s'éclaircir; 3 un corps céleste; 4 le signe; 5 (§ 29, 4, 6); 6 envie; 7 aventure, f.; 8 la mémoire, le souvenir; 9 surtout; 10 rendre heureux; 11 paresse, nonchalance.

## Exercice de conversation.

| | |
|---|---|
| Quand viendrez-vous me voir? | Je viendrai demain, dans l'après-midi, si je puis. |
| Ne sauriez-vous point si mon ami est arrivé? | Je crois qu'il est arrivé hier, mais qu'il est reparti aussitôt pour ses terres. |
| Pourquoi est-il reparti si promptement? | Parce qu'on lui a fait savoir que sa mère était très-malade. |
| Puisque sa mère est si malade, je crains que nous ne le revoyions pas de longtemps. | Je le crains; car il est à supposer qu'il ne quittera pas la campagne avant que sa mère soit rétablie. |
| Vous ne sauriez peut-être pas m'indiquer son adresse, que je puisse lui écrire. | La voici. Écrivez-lui dès que vous en aurez le temps. |
| Comme il commence à pleuvoir et que je suis forcé de rentrer tout de suite, je vais lui écrire. | Votre lettre lui arrivera après-demain, à moins qu'il n'y ait un retard à la poste. |

*Autres questions*: a) Quel sentiment éprouvaient les soldats espagnols? — Resterez-vous encore longtemps à la campagne? — A quoi peut-on comparer le jeu? — Que dit Buffon du paon? — b) Est-il exact de dire que le soleil se lève et se couche? — Pourquoi y a-t-il plus de critiques que d'artistes? — Qu'arriva-t-il lorsque le bruit de la découverte de l'Amérique se répandit en Europe? — Qu'est-ce que les anciens croyaient concernant le cygne? — c) Qu'est-ce que Montesquieu raconte du Khan de Tartarie? — Que sait-on des comètes? — Pourquoi le souvenir de Pierre le Grand sera-t-il toujours cher à la nation russe? etc.

# CHAPITRE X.

## § 64. DES INTERJECTIONS.

1. L'interjection ou exclamation est un mot isolé dans le discours, dont on se sert soit pour peindre un mouvement subit de l'âme, soit pour imiter des sons: HÉLAS ! *sans la santé, que m'importe un royaume!* Ахъ ! что мнѣ въ королевствѣ, безъ здоровья ! — PAF ! *le voilà dans l'eau!* Бухъ! онъ уже въ водѣ!

*Obs.* L'interjection n'appartient à aucun des termes de la proposition (II P. § 7, 4) ; elle peut être considérée comme ayant à elle seule le sens d'une proposition tout entière.

2. Quant à la forme, on peut les diviser en deux classes:

1) Les *interjections proprement dites*, qui expriment:

a) la douleur, l'affliction: *Ah! ахъ! hélas! увы! ахъ! aïe, ahi! aye! ай! ouf! ой! уфъ! увы!* — *Tout passe donc,* HÉLAS ! FONTANES. — AHI ! AHI ! AHI ! *vous ne m'aviez pas dit que les coups en seraient.* MOLIÈRE. — AÏE ! *je me suis blessé.* AH ! *quel malheur !*

b) la joie, le désir: AH ! *quel bonheur !* AH ! *s'il venait !*

c) la crainte: *Ah! hé!* — *Ah! que je crains son retour !*

d) l'aversion, le mépris, le dégoût: *Fi! fi donc! pouah! фу! тфу! bah! ба!* FI! *le vilain!* — FI *de la bonne chère! quand il y a contrainte.* ACAD. BAH ! *je m'en moque.*

e) la dérision: *Oh! hé!* — *Oh! que c'est charmant!*

f) l'admiration: *O! oh! O que c'est beau! O surprise! ô terreur!* VOLTAIRE. OH ! *cessez, disait-il, d'outrager la nature!*

g) la surprise, l'étonnement: *ho! oh! ho! oho! ouais! тфу пропасть!* — *Ho! ho! comme vous y allez!* — *Ho! ho! Monsieur est Persan; c'est une chose bien extraordinaire.* MONTESQUIEU.

h) qui servent à encourager: *Ça! oh ça!*

i) qui servent à avertir, à appeler: *Holà! hé! hem! hé bien! Ну! ну-же!* — *Holà! quelqu'un!* RACINE. HEM ! *viens ça!* — *Gare! Берегись! посторонись!*

k) qui servent à interroger: *Hein!* — HEIN ! *qu'en dis-tu, ma fille?* COLIN D'HARLEVILLE.

l) qui servent à imposer silence: *Chut! st! motus!* — *Chut! chut! parlez donc bas!* COLIN D'HARLEVILLE. *St! st! un mot.* BOURSAULT.

2) Les *locutions exclamatives*, que l'on emprunte à d'autres parties

du discours, et dont la plupart doivent être considérées comme des propositions elliptiques. (II P. § 7). Les plus usitées sont:

Au secours! на помощь, караулъ!
au feu! пожаръ!
courage! смѣлѣе! небось!
tout bas! постой! тише!
allons! маршъ!
silence! paix! тише! тишина!
miséricorde! Боже мой! ради Бога! сохрани Боже!
en avant! впередъ!
en arrière! назадъ!
peste! ахти! бѣда!
malheur à toi! горе тебѣ!
arrête! arrêtez! стой! стойте!

98.

Праведное небо! что я слышу? — Ба! что вы говорите! «Онъ умеръ! о небо! можетъ-ли это быть?» — Ну! что съ вами? почему вы въ постели? — Впередъ, друзья мои! мужайтесь! побѣда наша (à nous)! — Горе дѣтямъ, которыя неблагодарны къ своимъ родителямъ и учителямъ! — Ай! мнѣ больно! вы слишкомъ сильно бьете! — Ага! вы уже дома, любезные друзья мои! — Ахъ, какое счастіе! я вижу васъ опять. — Тише! (тсъ!) я слышу, кто-то идетъ. — Ахъ! мы скоро должны будемъ разстаться! — Эй! любезный! покажите намъ дорогу въ городъ. — Караулъ! караулъ! насъ рѣжутъ (assassiner)! — Съ Богомъ, впередъ! грянемъ на враговъ! — Фи! какая скверность! — Тфу пропасть! какъ онъ говоритъ! — Прочь, берегись! карета ѣдетъ. — Ахъ, это вы господинъ Л.; потрудитесь войти (se donner la peine d'entrer).

## § 65. DES SIGNES ORTHOGRAPHIQUES.

Les signes orthographiques sont: les *accents*, l'*apostrophe*, le *tréma*, la *cédille*, et le *tiret*, ou *trait-d'union*.

### I. *Des accents.*

1. Il y a en français trois accents: l'accent *aigu* (´), l'accent *grave* (`) et l'accent *circonflexe* (^).

2. L'accent *aigu* se met sur tous les *é* fermés qui terminent la syllabe. *Bon-*TÉ, É*-*TÉ, SÉ*-*VÉ*-ri-*TÉ, *assembl*É*-e*.

Il ne peut être suivi d'une consonne appartenant à la même syllabe, excepté à la fin d'un mot employé au pluriel: *les bon-t*ÉS, *les pr*ÉS *émaill*ÉS.

Ainsi, quoique l'*é* soit fermé dans *parl*ER, *parl*EZ, NEZ, *pi*ED, *berg*ER, il s'écrit sans accent, parce qu'il ne termine pas la syllabe.

3. L'accent *grave* se place sur les *è* ouverts qui terminent la syllabe, ce qui a lieu quand un *e* est suivi d'une consonne précédant un *e* muet: *M*È*-re*, *fi-d*È*-le*, il *m*È*-ne*, *proph*È*-te*.

Mais on écrira sans accent: *t*ER*-re*, *j*ET*-te*, *r*ES*-te*, *rap-p*EL*-le*, parce que l'*e* ouvert est suivi d'une consonne qui appartient à la même syllabe.

L'*e* des mots terminés en *ès* fait exception à cette règle: *prÈs*, *auprÈs*, *aprÈs*, *trÈs*, *accès*, *procès*, *succès*, *progrès*, etc.

*Obs.* L'accent grave sert à distinguer *dès*, préposition, de *des*, article; *là*, adverbe, de *la*, article et pronom; *où*, adverbe, de *ou*, conjonction; et *à*, préposition, de *a* verbe. On le place aussi sur l'*a* des mots *çà*, *deçà*, *déjà*, *voilà*, *au-delà*. — L'*e* qui précède *x*, quoiqu'il soit ouvert, ne prend jamais l'accent grave, parce que l'*x* équivaut à deux consonnes: EX*ercer*, *complE*x*e* (= *eg-zer-cer*, *complec-se*).

4. L'accent *circonflexe* se place:

1) Sur certaines voyelles *longues*: *tÊ-te*, *bÊ-te*, *fenÊ-tre*, *â-ne*, *gî-te*, *épître*, *â-ge*, etc. — L'accent circonflexe indique presque toujours une lettre ou une syllabe supprimée par l'usage: en effet, on écrivait autrefois: *tes-te*, *bes-te*, *fenes-tre*, *as-ne*, *gis-te*, *épistre*, *aa-ge*, etc. — On le met également sur l'avant-dernier *e* des mots en *ême*, comme *extrême* (extresme), *blême* (blesme), *même* (mesme), etc.; — sur l'*o* qui précède les finales *le*, *me*, *ne*: *pôle*, *rôle*, *dôme*, *trône*, *fantôme*, etc.

On met aussi l'accent circonflexe sur certaines formes du verbe: *Nous allâmes*, *vous allâtes* (passé défini); — *qu'il vînt*, *qu'il fît* (imparfait du subjonctif). — L'**i** des verbes en *aître* et en *oître* prend l'accent dans tous les cas où *i* est suivi de *t*: *Il paraît*, *il naîtra*, *il croît*, etc. (§ 54).

*Obs.* L'accent circonflexe ne sert dans certains cas qu'à indiquer une distinction grammaticale: *du* de *de le* et *dû* de *devoir*; *tu*, pronom, et *tû* de *taire*; *sur*, préposition, et *sûr*, adjectif; *mur*, substantif, et *mûr*, adjectif; *cru*, adjectif et participe de *croire*, et *crû*, participe de *croître*.

## II. *De l'apostrophe.*

1. L'*apostrophe* (') sert à marquer la suppression ou *élision* des voyelles **a, e, i,** devant une voyelle ou une *h* muette.

1) *A* ne se supprime que dans *la*: *L'amitié, je ne* L'*ai point trahie!*

2) *E* se supprime:

a) dans *je*, *me*, *te*, *se*, *ce*, *le*, *ne*, *que*, *de*: *Il* T'*aime*. *Il vient* D'*Italie*. *C'est moi*. — Mais on écrit: *Est-*CE *un conte? Menez-*LA *au spectacle*.

b) dans *quelque*, devant les mots *un*, *une*, et dans *lorsque*, *puisque*, *quoique*, devant *il*, *elle*, *on*, *un*, *une*: *Lors*QU'*il fait beau temps*. *Quel*QU'*un est sorti*. *Demandez-le à quel*QU'*une de ces dames*. *Quoi*QU'*on le gronde, il rit*.

c) dans *jusque* placé devant *à* (*au*, *aux*), *alors*, *ici*: *Jus*QU'*à la mer*. *Jus*QU'*au bois*. *Jus*QU'*ici*.

d) dans les mots composés *presqu'île*, *entr'acte*, *s'entr'aider*, et autres semblables.

e) dans les mots *grand'mère*, *grand'tante*, *la grand'messe*, ainsi que dans les expressions *grand' peur*, *grand' peine*, *grand' chose*, *grand' chère*, *grand' envie*, *grand' pitié*, *grand' route*, et quelques autres semblables, quand elles ne sont pas précédées de l'article : *J'ai* GRAND' ENVIE *d'y aller. Ce n'est pas* GRAND' CHOSE. ACAD. *La grand'mère*, (en langage populaire *la mère-grand*). — Mais on dira : *La* GRANDE *envie*, *une* GRANDE *peine*.

3) *I* ne s'élide que dans la conjonction *si*, devant les pronoms *il*, *ils* : *S'il vient*, *s'ils viennent*.

*Obs.* On dit : *Le oui* (§ 9, 2, 5), *le onze* (§ 18, B, 4), *la ouate*.

### III. *Du tréma.*

Le *tréma* (¨) est un double point que l'on place sur une voyelle pour indiquer qu'elle doit se prononcer séparément de celle qui la précède : *Haïr*, *Saül*, *aiguë*, *aïeul*, *païen*, *laïque*, etc. Mais on écrit: *poète*, *poème*, *théière*, etc.

### IV. *De la cédille* (5).

Ce petit signe se place sous le *c* devant *a*, *o*, *u*, pour lui donner le son de l'*s*: *çà*, *façon*, *reçu*, *effaça* (§ 48, 1).

### V. *Du trait d'union* (-).

Ce signe sert à indiquer la liaison intime de deux ou de plusieurs mots. On l'emploie:

1) Entre le verbe et les pronoms *sujets* ou *régimes*, quand ces pronoms sont placés après le verbe : *Où suis-je? Allons-nous-en. Force-les au silence.* CORNEILLE.

*Obs:* Mais on écrira sans trait d'union : *Ose le dire. Allez en voir le succès*, parce que *le* et *en* sont régimes, non de l'impératif, mais de l'infinitif qui suit.

2) Avant et après le *t* euphonique : *Où va-t-il?* (§ 41, 2, 3).

3) Entre les mots *ci* et *là* et les mots auxquels ils sont joints: *Celui-ci*, *cet homme-là*, *ci-devant*, *là-dessus*, etc. (§ 30, § 56, 5).

4) Pour remplacer la conjonction *et* dans l'énonciation des nombres, essentiellement entre les dizaines et les unités: *Dix-sept*, *vingt-deux*, *soixante-dix-neuf*.—*Quatre-vingts* prend aussi le trait d'union. (§ 17, 2, 7).

5) Pour lier les diverses parties des mots composés: *Jean-Jacques*, *Tite-Live*, *chou-fleur*, *arc-en-ciel*.

## § 66. DES LETTRES MAJUSCULES.

On écrit avec une lettre majuscule :

1. Tout mot qui commence une phrase ou un vers:

*Le latin contient les racines, et par conséquent la raison du français.* VINET. *De ta tige détachée, Pauvre feuille desséchée, Où vas-tu?* ARNAULT.

2. Après deux points, mais seulement quand ils indiquent une citation: *Il tire son épée, et jetant le fourreau loin de lui : « Mes amis, dit-il, je ne la remettrai dans le fourreau que quand vous serez libres et heureux.“* VOLT.

3. Après le point interrogatif et exclamatif, lorsque la phrase suivante n'est pas étroitement liée quant au sens à celle qui la précède: *Quel est ce langage étranger ! Que signifient ces statues, ces tableaux, ces édifices ? Insensés, qu'avez-vous fait ?* J. J. ROUSSEAU. Mais : *Un moine de St. Just disait à Charles-Quint: Sacrée Majesté, n'êtes-vous pas lasse d'avoir troublé le monde? faut-il encore désoler un pauvre moine dans sa cellule ?* VOLT. *Vous mourez, Épaminondas! si du moins vous laissiez des enfants ! — Je laisse, répondit-il, en expirant, deux filles immortelles : la victoire de Leuctres et celle de Mantinée.* BARTHÉLEMY.

4. Le mot *Dieu* et tous ceux qui le représentent, comme *l'Éternel, le Créateur, le Seigneur, le Tout-Puissant, le Ciel, la Providence.* — Le mot *dieu* s'écrit avec une petite lettre quand il s'agit d'une divinité païenne. *J'adore le Seigneur; on m'explique sa loi.* RACINE. *Les dieux de l'Inde.*

5. Les noms propres de famille et les prénoms: *C'est André Chénier et non Marie Joseph Chénier, qui a écrit la Jeune Captive.* — On écrit de même avec une lettre majuscule, les adjectifs, les participes, etc., employés comme surnoms: *Scipion l'Africain. Pierre le Grand.*

6. Les noms abstraits personnifiés : *Sur les ailes du Temps la tristesse s'envole.* LA FONT.

7. Les noms géographiques de continents, de pays, de provinces, de villes, de villages, de volcans, de mers, de fleuves, de lacs, etc. *L'Europe. La Russie. La Livonie. Moscou. Le Vésuve. Le Volga. Le lac Ladoga. Les États-Unis.*

8. Les noms de peuples employés comme substantifs : *Les Russes, les Allemands, les Français. Cette dame est Russe.* Mais: *La langue russe, la langue française.*

9. Les mots *Monseigneur, Monsieur, Madame, Mademoiselle*, etc., quand le titre s'adresse à la personne à qui l'on parle: *Agréez, Monsieur, l'assurance*, etc., — mais: *Avez-vous écrit à monsieur Dangeau?*

10. Tout mot qui sert de titre à un ouvrage : *L'Avare, comédie de Molière. Fable des deux Pigeons. Les Méditations de Lamartine. L'École des Vieillards, comédie de Casimir Delavigne.*

§ 67.

1. **Accent tonique.** On appelle ainsi l'élévation de la voix sur une syllabe d'un mot. Le français, quoi qu'on en ait dit, a un accent très-marqué, dit M. Littré, auquel nous empruntons la règle suivante : „*L'accent, en chaque mot, se trouve sur la dernière syllabe, si elle n'est pas terminée par un* E *muet, et sur l'avant-dernière syllabe, si la dernière est terminée par un* E *muet.*" Ex.: *Mar*CHER, *don*NER, *ai*MER, *a*MOUR, *fran*ÇAIS, *majes*TÉ, *majestu*EUX; MAR*che*, DON*ne*, AI*me*, FRAN*ce*, TER*re*, FER*me*, *heu*REU*se*, *recomman*DA*ble*.

*Obs.* 1) Dans le parler, dit M. Littré, les mots non accentués s'appuient sur les mots accentués et ne forment qu'un avec eux. Ainsi dans ce vers tout monosyllabique de Racine : «*Le jour n'est pas plus pur que le fond de mon cœur*», il y a *cinq* accents : un sur *jour*, un sur *pas*, un sur *pur*, un sur *fond*, et un cinquième sur *cœur*, de sorte que pour l'oreille il n'y a réellement que cinq mots. Le vers français, comme le vers italien, anglais ou allemand, est fondé sur l'accent aussi bien que sur le nombre des syllabes. (Dict. de la langue franç.)

*Obs.* 2) Il ne faut pas confondre l'accent dont nous venons de parler, avec l'*accent* ORATOIRE ou PATHÉTIQUE. On nomme ainsi l'inflexion de la voix par rapport aux sentiments ou aux pensées de celui qui parle.

2. **Liaison** des mots dans le discours et dans la lecture.—Voici sur ce point les règles essentielles :

1) Une consonne finale se lie d'ordinaire avec le mot suivant qui commence par une voyelle ou une *h* muette : *Mes amis. Il faut aller. Ces habits. Trois oiseaux.*

2) Dans les mots tels que *vers, tort, part, alors, toujours, abord,* terminés par une consonne muette précédée d'une **r** que l'on entend dans la prononciation, la liaison se fait d'ordinaire avec **r** : *Ve*RS *un arbre. Saluez-le de ma pa*RT *aussi. Il est toujou*RS *avec lui. Un abo*RD *agréable.*

*Obs.* Au pluriel la prononciation de l'**s** est douteuse. La prononciation moderne et affectée, dit M. Littré, tend à la faire sentir : *Des abords agréables (abor-zagréables).* Mais la prononciation ancienne et meilleure ne fait pas sentir l'**s**: *Des abo*RD*s agréables (abor agréables).*

3) Dans la liaison *s* et *x* s'adoucissent et prennent le son du **z**: *Tu as été, deux amis* ; lisez: *tu a zété, deu zamis.*

4) Les consonnes **d** et **g**, au contraire, se lient avec le son dur de *t* et de *k*: *Un grand homme, un long hiver*, lisez: *granT homme, lonK hiver.*

5) La consonne finale *n* ne se lie avec le mot suivant que dans les adjectifs, et dans les mots *mon, ton, son, en, on, rien, bien*, et cela seulement quand les mots sont étroitement liés quant au sens. On dira donc en liant l'**n**: *Un bon enfant. Un ancien ami. Mon ami. Il est en Amérique. Vous êtes bien aimable. On est entré. Je n'ai rien à faire.* — Mais on prononcera, sans lier l'n: *Il est bon | et juste. Le mien | est aussi perdu. Donnez-en | aux pauvres. Il a du bien | en province. Est-on | entré?*

6) Le *p* final ne se lie que dans les mots *beaucoup* et *trop: J'ai beaucoup à faire. Il est trop heureux.*

7) La consonne finale *r*, dans les mots terminés en *er*, ne se lie guère que dans les infinitifs, et même alors, seulement dans le discours soutenu. Ainsi on lira sans liaison: *Un cocher | adroit. Un berger | heureux*, et dans le discours familier: *Il a voulu parler | aussi.* Mais dans le discours soutenu, et surtout dans les vers, on fera la liaison disant: *Je veux parler aussi.* — Cependant l'**r** des adjectifs se lie: *Cher ami. Un premier essai, un dernier adieu*, et au pluriel, en liant avec l's: *chers amis, les derniers adieux.*

8) Le **t** de **et** ne se lie jamais: *Et il partit.*

*Rem.* Dans le langage ordinaire, il y aurait affectation à n'omettre aucune liaison: cela donnerait au discours quelque chose de recherché et de prétentieux, dont il faut se garder. Dans le discours soutenu et dans les vers, par contre, la liaison des mots entre eux est un élément essentiel de l'harmonie du langage.

# EXERCICES GÉNÉRAUX.

## 1. Мальчикъ (le garçon), пчела, собака, птица и лошадь.

Былъ (imparf.) одинъ маленькій мальчикъ; (son) папенька и маменька послали (plus q. parf.) его въ училище. Утро было прекрасно; солнце свѣтило ярко [1], птички весело распѣвали [2]; мальчику не хотѣлось [3] учиться [4], ему лучше хотѣлось бы [5] поиграть. Онъ былъ еще глупенькій [6] малютка (= маленькое дитя). Оглядываясь [7] вокругъ, онъ увидѣлъ пчелку, которая летала съ цвѣтка на (en) цвѣтокъ. — «Пчелка», сказалъ онъ, «поиграй немножко со мною!» — «Нѣтъ,» отвѣчала пчела, «мнѣ играть некогда (= у меня времени нѣтъ играть); мнѣ надобно (§ 53, 6, 1) собирать [8] медъ.»

Пройдя нѣсколько шаговъ (= нѣсколько шаговъ далѣе), мальчикъ встрѣтилъ собаку и сказалъ ей: «собака, поиграй немножко со мною!» — «Нѣтъ», отвѣчала собака, «мнѣ играть некогда; мнѣ надобно идти стеречь [9] дворъ моего хозяина [10], чтобы [11] не зашелъ [12] воръ.»

Далѣе, мальчикъ увидѣлъ птичку, которая таскала [13] носикомъ [14] своимъ клочки [15] сѣна. — «Птичка», сказалъ онъ ей, «поиграй немножко со мною!» — «Нѣтъ», отвѣчала птичка, «мнѣ играть некогда; мнѣ надобно собрать сѣна, мху [16], шерсти, чтобъ свить [17] гнѣздышко (мое)».

Потомъ мальчикъ увидѣлъ лошадь и сказалъ ей: «лошадка, поиграй немножко со мною!» — «Нѣтъ», отвѣчала лошадь, «мнѣ играть некогда; мнѣ надобно пахать [18] землю, на которой (= гдѣ) будутъ сѣять [19] хлѣбъ. Если я не стану пахать (prés.), то негдѣ будетъ сѣять хлѣбъ; а (= и) если хлѣбъ не будетъ посѣянъ (forme active), (то) нечего будетъ (à) ѣсть». — Никто не хочетъ играть, подумалъ (se dire, penser) мальчикъ; видно и мнѣ не должно лѣниться (= и мнѣ должно работать, il me faut donc bien...). — Онъ пошелъ въ училище, учился прилежно [20], учитель похвалилъ [21] его, и ему было весело (= и онъ былъ счастливъ и веселъ). (Паульсонъ.)

1 être brillant, briller; 2 chanter; 3 n'avoir aucune envie; 4 aller à l'école, apprendre à lire et à écrire, étudier; 5 aimer mieux; 6 ignorant; 7 regarder; 8 recueillir; 9 garder qch.; 10 maître; 11 de crainte que—ne; 12 entrer, pénétrer; 13 traîner qch.; 14 le bec; 15 le brin, un peu; 16 la mousse; 17 faire, construire; 18 labourer; 19 semer; 20 travailler avec zèle; 21 louer l'application.

## 2. Скука [1].

*Андрей.* Что ты вчера дѣлалъ, Коля? — *Коля.* Я ужасно скучалъ (§ 51, 8). — *Андрей.* Скучалъ? но какъ же можно скучать? — *Коля.* Я былъ совершенно одинъ. — *Андрей.* Значитъ [2] — ты самъ виноватъ [3], что тебя мучитъ [4] скука, когда остаешься одинъ на (à) одинъ съ собой. — *Коля.* Что же мнѣ дѣлать (= что же хочешь, чтобы я дѣлалъ), чтобы убить [5] время, когда я остаюсь одинъ? — *Андрей.* Зачѣмъ убивать время, драгоцѣнное время? Вмѣстѣ съ временемъ (en tuant le temps) убивается и жизнь. Время, поэтому (donc), слѣдуетъ (falloir) не убивать, а употреблять [6], какъ можно благоразумнѣе[7]. Жизнь наша и безъ того коротка. — *Коля.* Да, но иногда время тянется (passer, s'écouler) слишкомъ (bien) медленно. — *Андрей.* Такъ, конечно[8]; но это оттого[9], что мы не умѣемъ употреблять его на дѣло (= полезнымъ образомъ). — *Коля.* Но скажи, пожалуйста (je t'en prie), что мнѣ дѣлать, когда я одинъ сижу дома и ни къ чему не расположенъ[10]? — *Андрей.* Займись[11] какою нибудь работою. — *Коля.* Такъ, (bien, très-bien); но если у меня нѣтъ охоты заниматься? — *Андрей.* Все зависитъ (dépendre) отъ начала; начни только какъ можно бодрѣе[12], какъ будто (comme si) тебѣ непремѣнно нужно сдѣлать извѣстную (§ 35) работу. Сначала, конечнѣ[13], она пойдетъ не лучше игры (morceau de musique) на разстроенномъ[14] инструментѣ. Но это ничего (= не дѣлаетъ ничего)! Не теряй только бодрости! Чѣмъ дальше (§ 14, 7, 3) будешь трудиться[15], тѣмъ легче будетъ казаться твоя работа, и тѣмъ успѣшнѣе[16] будетъ она совершаться[17]; время пролетитъ[18] быстро и незамѣтно[19] для тебя, и душа твоя снова просвѣтится и прояснѣетъ[20]. — *Коля.* Попробую послѣдовать твоему совѣту (acc.). — *Андрей.* Скука, это — злой духъ[21], подобный тому, который нѣкогда мучилъ царя (= короля) Саула. Его можно прогнать только трудомъ (= работою) и прилежаніемъ. (Паульсонъ.)

1 l'ennui, m.; 2 cela veut dire; 3 être cause que; 4 tourmenter, affliger; 5 tuer; 6 employer qch.; 7 raisonnablement, d'une manière raisonnable; 8 en effet; 9 cela vient de; 10 être disposé à, 11 s'occuper à; 12 бодро, avec courage; 13 à la vérité; 14 discord; 15 travailler, se donner de la peine; 16 vite, rapidement; 17 se faire, aller; 18 s'envoler; 19 s'apercevoir de, sans que...; 20 recouvrer sa gaieté, sa bonne humeur; 21 mauvais esprit.

## 3. Двѣ яблони.

У одного садовника было два сына, почти однолѣтки[1]. Въ маѣ мѣсяцѣ подарилъ онъ имъ по[2] яблонѣ. Деревья эти были одинаковаго роста, и хотя (§ 63, 6, 2) стояли на разныхъ концахъ (extrémité) сада, но оба роскошно расцвѣли[3] въ одно время. «Дѣти мои», сказалъ садовникъ, «дарю вамъ эти деревья; отъ васъ будетъ зависѣть[4] содержать[5] ихъ въ одинаковомъ (même) порядкѣ[6]; но предупреждаю[7] (васъ), что много предстоитъ[8] вамъ труда и заботы». Старшій сынъ, прилежный и благоразумный мальчикъ, обрадованный (= счастливый) отцовскимъ (= который дѣлалъ отецъ) подаркомъ, принялся за него съ должнымъ стараніемъ[9]. Очистивъ (inf. passé) деревцо отъ гусеницъ[10], онъ привязалъ его къ шесту[11], взрыхлилъ[12] вокругъ землю, чтобы влага (humidité) удобнѣе доходила (parvenir) до корней, однимъ словомъ, употребилъ всѣ мѣры (= средства) для его воспитанія. Меньшой же (au contraire), лѣнивый и невнимательный, совершенно позабылъ о (acc.) своей яблонѣ, и вспомнилъ о ней только въ сентябрѣ, когда всюду въ садахъ начали собирать яблоки. Прибѣжавъ къ деревцу, онъ не нашелъ на немъ (§ 28, 7. Rem.) ни одного яблочка; одну часть плодовъ гусеницы съѣли еще въ зародышѣ[13], другую обило[14] вѣтромъ. Опечаленный (triste), пошелъ онъ посмотрѣть на яблоню брата, и остановился въ (frappé de) недоумѣніи. Деревцо значительно выросло, а (et) прекрасныя, большія яблоки виднѣлись издалека. Видъ этотъ огорчилъ его, возбудилъ[15] зависть, и мальчикъ побѣжалъ жаловаться отцу. «Папенька», сказалъ онъ, «зачѣмъ вы подарили брату хорошее и плодовитое дерево, а (et) мнѣ гадкое и безплодное?» —

«Обоимъ вамъ я подарилъ [по] одинаковой (= самой) яблонѣ; но братъ твой умѣлъ ходить за своею[17], а ты лѣнился[18] и не обращалъ на свою вниманія[19]. Каковъ трудъ, таково и вознагражденіе (§ 37, 4). Подобные примѣры случаются часто и въ жизни человѣка. Родители даютъ дѣтямъ одинаковое воспитаніе, одинаковое имѣніе, но дѣти и тѣмъ, и другимъ пользуются не одинаково. Кто же этому причиною? (§ 33, 3, 2). (Паульсонъ.)

1 du même âge; 2 à chacun; 3 fleurir; être en fleur; 4 отъ меня зависитъ, c'est à moi de; 5 maintenir; 6 état, m.; 7 prévenir; 8 il faut s'attendre à; 9 consacrer tous ses soins à; 10 la chenille; 11 tuteur; 12 remuer; 13 le germe; 14 abattre; 15 affliger; 16 éveiller; 17 prendre soin de; 18 être paresseux; 19 faire attention à, se soucier de, s'inquiéter de.

## 4. Теплокровныя[1] и холоднокровныя животныя.

У всѣхъ животныхъ есть кровь, только у однихъ[2] она красная, у другихъ бѣлая или желтоватая. Ты знаешь, что у человѣка, у скота pl. (§ 6, 6), у птицъ, и у рыбъ (avoir le) кровь красная. Но надрѣжь[3] жука[4], или бабочку, или червяка какого, потечетъ сокъ[5] бѣловатый или желтоватый; этотъ сокъ (c'est ce...) и есть ихъ кровь.

Красная кровь у однихъ животныхъ бываетъ теплая, у другихъ холодная. У человѣка, у домашняго скота, у звѣрей и у птицъ кровь теплая. У лягушекъ, у рыбъ кровь хоть[6] и красная, но холодная. Бѣлая кровь всегда бываетъ холодная.

Животныя, у которыхъ кровь теплая, могутъ жить и на морозѣ[7]; только одни живутъ долѣе, а другія не долго могутъ сносить[8] морозъ. Ты знаешь, что зимою у насъ не бываетъ ни (sans article) ласточекъ, ни соловьевъ, ни журавлей[9], ни цаплей[10]; всѣ эти птицы не любятъ холода (aucun de ces...), и потому онѣ на зиму улетаютъ отъ насъ (§ 62, 9) въ теплые края (= страны) гдѣ не бываетъ сильныхъ морозовъ (où le froid n'est jamais bien rigoureux). А есть и такія птицы, для которыхъ и наши морозы нипочемъ (= которыя очень хорошо сносятъ наши морозы température, climat); вотъ[11] напримѣръ, вороны, галки[12], воробьи, рябчики[13], тетерева[14], глухари[15].

Тѣ (les) животныя, у которыхъ хоть и красная, но холодная кровь, не могутъ жить на морозѣ; напримѣръ: змѣи, лягушки. Эти животныя на (à l'approche de) зиму ложатся въ землю, куда нибудь подъ камень или въ нору (trou), и окоченѣваютъ[16]. А когда наступитъ (revenir) весеннее тепло, они снова оживаютъ[17].

Рыба хоть и живетъ зимою, но въ водѣ; а въ водѣ подъ льдомъ всегда есть тепло, хоть и не много. Вынь (sortir) рыбу изъ воды на морозѣ, она тотчасъ замерзнетъ и умретъ.

Животныя съ бѣлою кровью къ зимѣ почти всѣ умираютъ. Пчелы, конечно, переносятъ зиму, но только тогда, когда ихъ ставятъ во мшаникъ[18] или закутываютъ[19] хорошо ульи[20], чтобъ въ нихъ держалось тепло (faire chaud). Если же въ улей войдетъ холодъ, то всѣ пчелы замерзнутъ. Но большая часть всѣхъ другихъ животныхъ съ бѣлою и холодною кровью (tels que): мухи, комары, бабочки, къ зимѣ умираютъ.

Откуда же они берутся[21] на другой (= слѣдующій) годъ? (А) вотъ откуда: многія изъ этихъ маленькихъ тварей[22] передъ смертію кладутъ (pondre) яица въ уютныя[23] мѣста (endroit, lieu), подъ каменья, подъ кору дерева, или зарываютъ (enfouir) въ землю; а (et) весною изъ этихъ яицъ (и) выходятъ новыя животныя. (Паульсонъ.)

1 à sang chaud; 2 les uns; 3 découper, faire une incision à; 4 le scarabée; 5 le liquide, le suc; 6 à la vérité; 7 température de la glace; 8 supporter; 9 la grue; 10 le héron; 11 tels sont; 12 le choucas; 13 la gelinotte; 14 coq des bois; 15 coq de bruyère; 16 s'engourdir, tomber dans l'engourdissement; 17 se ranimer; 18 endroit, hangar abrité contre les froids de l'hiver; 19 envelopper, recouvrir de; 20 la ruche; 21 provenir de; 22 la créature; 23 convenable.

## 5. Роза и крапива (ortie).

Случилось, что роза и крапива росли вмѣстѣ; [и вотъ] послѣдняя говоритъ своей прекрасной сосѣдкѣ: «смотри, пожалуйста, какъ эта пчела около тебя увивается[1]: тебѣ ни на минуту нѣтъ отъ ней покоя[2]. Я удивляюсь твоему терпѣнію (acc.). Величественная царица цвѣтовъ, вооруженная иглами, ты не мѣшаешь[3] этому маленькому уроду[4] дышать[5] твоимъ благоуханіемъ и похищать[6] часть твоихъ соковъ (nectar, au sing.)!» — «Я и не должна мѣшать ей (= зачѣмъ я бы мѣшала (condit.)» отвѣчала роза: она соки эти превращаетъ[7] въ медъ.» (Никитенко.)

1 tourner, tourbillonner; 2 laisser du repos; 3 empêcher qn. de qch., interdire qch. à qn.; 4 monstre; 5 respirer; 6 ravir; 7 transformer.

## 6. Волкъ и лисица.

«Что за чудовище[1]?» сказалъ волкъ, увидѣвъ (= увидя) ежа[2], который лежалъ, свернувшись клубомъ[3], обставленный (hérissé) отвсюду[4] иглами, какъ штыками: «на немъ нѣтъ (= онъ не имѣетъ...) образа живаго существа[5]! Это мерзость[6] и позоръ[7] лѣса.» — «А онъ благословляетъ (bénir) свое безобразіе[8],» сказала лисица: «оно спасаетъ[9] его отъ твоихъ зубовъ.» (Никитенко.)

1 le monstre; 2 le hérisson; 3 roulé en boule; 4 de toutes parts, de tous côtés; 5 un être; 6 abomination, opprobre; 7 la honte; 8 difformité; 9 mettre à l'abri de.

## 7. Бабочка и муха.

Эфирная[1] хорошенькая (joli) бабочка, беззаботно (sans souci), порхая[2] съ цвѣтка на цвѣтокъ, повстрѣчалась однажды (съ) мухою и сказала ей: «ахъ, сестра, ты очень несчастлива. Знаешь-ли какъ люди тебя ненавидятъ[3]? И не мудрено (= и это очень (bien) естественно). Зачѣмъ ты вооружаешь ихъ противъ себя, безпрестанно то кусая[4] ихъ, то жужжа[5] имъ въ (à) уши? Того и гляди (= берегись)[6] что попадешься (inf.) въ ихъ руки, и тогда (ужъ) не ожидай себѣ пощады[7]?» — «Что же дѣлать, моя милая (ma chère, ma bonne)!» отвѣчала муха: «но берегись — [вѣдь и] твоя доля[8] не лучше моей. Меня они задавятъ[9] для своей защиты (= чтобы защититься[10]), а тебя замучатъ[11] для забавы (= чтобы позабавиться).» (Никитенко.)

1 léger comme le zéphyr; 2 voler; 3 haïr; 4 piquer; 5 murmurer; 6 prendre garde; 7 la grâce, la merci; 8 le sort; 9 écraser; 10 se défendre; 11 torturer.

### 8. Соперничество [1] домашнихъ животныхъ.

Корова, лошадь и овца паслись вмѣстѣ на лугу и затѣяли споръ [2], кто изъ нихъ приноситъ болѣе пользы [3] своему господину. Корова говорила: «я даю ему вкусное (excellent) молоко, сыръ и масло.» — «А я вожу [4] для него огромныя тяжести [5] и работаю на полѣ (pl.),» сказала лошадь. — «А я терплю для него холодъ, снимая съ себя [6] шерсть, чтобы одѣть его», заключила (= прибавила) овца. [Между тѣмъ къ нимъ] подошла (survenir) собака. Онѣ смотрѣли [на] нее съ презрѣніемъ [7], какъ на самое безполезное животное. Вскорѣ (= скоро потомъ) пришелъ и господинъ; онъ ласково (d'une voix affectueuse) позвалъ собаку, началъ (se mettre à) гладить [8] ее и играть съ нею. Видя это, другія животныя стали [9] роптать. Наконецъ лошадь не вытерпѣла [10] и сказала: «ты обижаешь насъ, хозяинъ (maître); мы больше заслуживаемъ любви твоей, нежели этотъ безполезный товарищъ». Но господинъ еще ласковѣе погладилъ [11] собаку и сказалъ: «вы всѣ полезны мнѣ, вы хорошо служите мнѣ, и я васъ хвалю [12]; но собака эта спасла отъ смерти [13] моего единственнаго и любимаго сына: она вытащила его изъ воды. Могу-ли я забыть эту услугу (condit.)?» (Паульсонъ.)

1 rivalité entre; 2 une querelle s'engage sur la question de savoir qui; 3 rendre service; 4 transporter; 5 fardeau; 6 se dépouiller de; 7 dédain; 8 caresser; 9 se mettre à; 10 perdre patience; 11 redoubler de caresses envers; 12 je vous en fais mes éloges; 13 sauver la vie à qn.

### 9. Утреннія занятія Петра Великаго.

Петръ Великій ложился спать [1] (Quel temps?) въ 10 часовъ вечера, и вставалъ, лѣтомъ и зимою, въ три часа утра. Вставши (inf. passé), онъ часъ ходилъ по (= въ) комнатѣ, читая санктпетербургскія газеты, или пересматривая [въ] рукописи (acc.) переводы (gén.) [книгъ], сдѣланные по его повелѣнію [2]. Ни одна книга не выходила изъ печати [3], не бывъ (sans... inf.) пересмотрѣна самимъ государемъ. Въ 4 или въ 5 часовъ, Петръ, безъ (sans... inf. pas.) чаю и кофе, выпивъ [4] рюмку анисовой водки [5], отправлялся, (съ) тростью въ одной рукѣ и (съ) записной книжкой [6] въ другой, смотрѣть производившіяся [7] работы.

Однажды онъ назначилъ [8] бранденбургскому посланнику фонъ-Принцу пріемную аудіенцію въ 4 часа утра. Посланникъ, не полагая, что государь встаетъ такъ рано, думалъ, что не опоздаетъ [9], явившись во дворецъ въ пять; но онъ не засталъ (= нашелъ) Петра, который уже работалъ на марсѣ [10] военнаго корабля. Фонъ-Принцъ, имѣвшій важныя порученія [11] и не могшій вступить въ переговоры [12] съ русскими министрами, не видавъ царя, принужденъ былъ отправиться [13] въ адмиралтейство. Когда Петру доложили [14] о пріѣздѣ посланника, онъ сказалъ: пусть (que...) побезпокоится прійти сюда, если не умѣлъ застать меня во дворцѣ. Посланникъ принужденъ былъ по вантамъ [15] взбираться [16] на гротъ-мачту, и государь, сѣвъ на бревно, принялъ отъ него вѣрющую грамату [17] и выслушалъ обыкновенныя (d'usage) привѣтствія [18]. (Паульсонъ.)

1 se coucher; 2 ordre, m.; 3 s'imprimer; 4 prendre; 5 anisette, f.; 6 un agenda; 7 en voie d'exécution; 8 fixer l'audience d'un ambassadeur à telle ou telle heure; 9 arriver trop tard; 10 la hune, le hunier; 11 être chargé d'affaires importantes; 12 négociation; 13 se rendre; 14 annoncer qch.; 15 les haubans, m.; 16 grimper; 17 lettres de créance; 18 recevoir les compliments.

### 10. Августъ сильный и кузнецъ.

Августъ II, курфирстъ саксонскій [1] и король польскій, отличался необыкновенною тѣлесною силою. Однажды [2], во время прогулки верхомъ, лошадь его потеряла подкову; [поэтому] онъ заѣхалъ [3] въ ближнюю деревню къ кузнецу. Когда тотъ принесъ подкову, чтобы подковать [4] лошадь, [то] курфирстъ захотѣлъ (хотѣлъ) прежде испробовать, довольно ли крѣпко она сдѣлана. Онъ взялъ ее обѣими руками и переломилъ, какъ морковь [5]. «Эта подкова никуда не (= совсѣмъ не) годится», сказалъ онъ кузнецу, который вслѣдъ за тѣмъ [6] принесъ нѣсколько другихъ. Но курфирстъ переламывалъ одну за другою. Кузнецъ призадумался [7], а товарищи его съ изумленіемъ поглядывали другъ на друга. Наконецъ курфирстъ сдѣлалъ видъ [8], что нашелъ (infin.) одну подкову, которая была довольно крѣпка. Лошадь была подкована, и когда кузнецъ кончилъ свое дѣло [9], то курфирстъ далъ ему талеръ; но кузнецъ, взявъ его, согнулъ [10] (его) между пальцами. — «Этотъ талеръ не годится, ваше высочество», сказалъ кузнецъ, — «онъ гнется между пальцами». Курфирстъ подавалъ ему еще нѣсколько талеровъ сряду, но онъ сгибалъ ихъ одинъ за другимъ». «Такъ вотъ луидоръ», сказалъ наконецъ курфирстъ, «этотъ (ужъ) долженъ быть хорошъ.» Кузнецъ остался доволенъ [11]; а курфирстъ радовался, что нашелъ (infin.) человѣка равнаго себѣ по (en) силѣ (= который былъ (subj.) равенъ ему).

1 électeur de Saxe ; 2 un jour que (se promener) ; 3 entrer ; 4 ferrer ; 5 carotte, f. ; 6 ensuite, aussitôt ; 7 être pensif, déconcerté ; 8 faire semblant de ; 9 ouvrage ; 10 ployer ; 11 se montrer satisfait.

FIN DE LA PREMIÈRE PARTIE.

# TABLE DES MATIÈRES.

## Première partie.

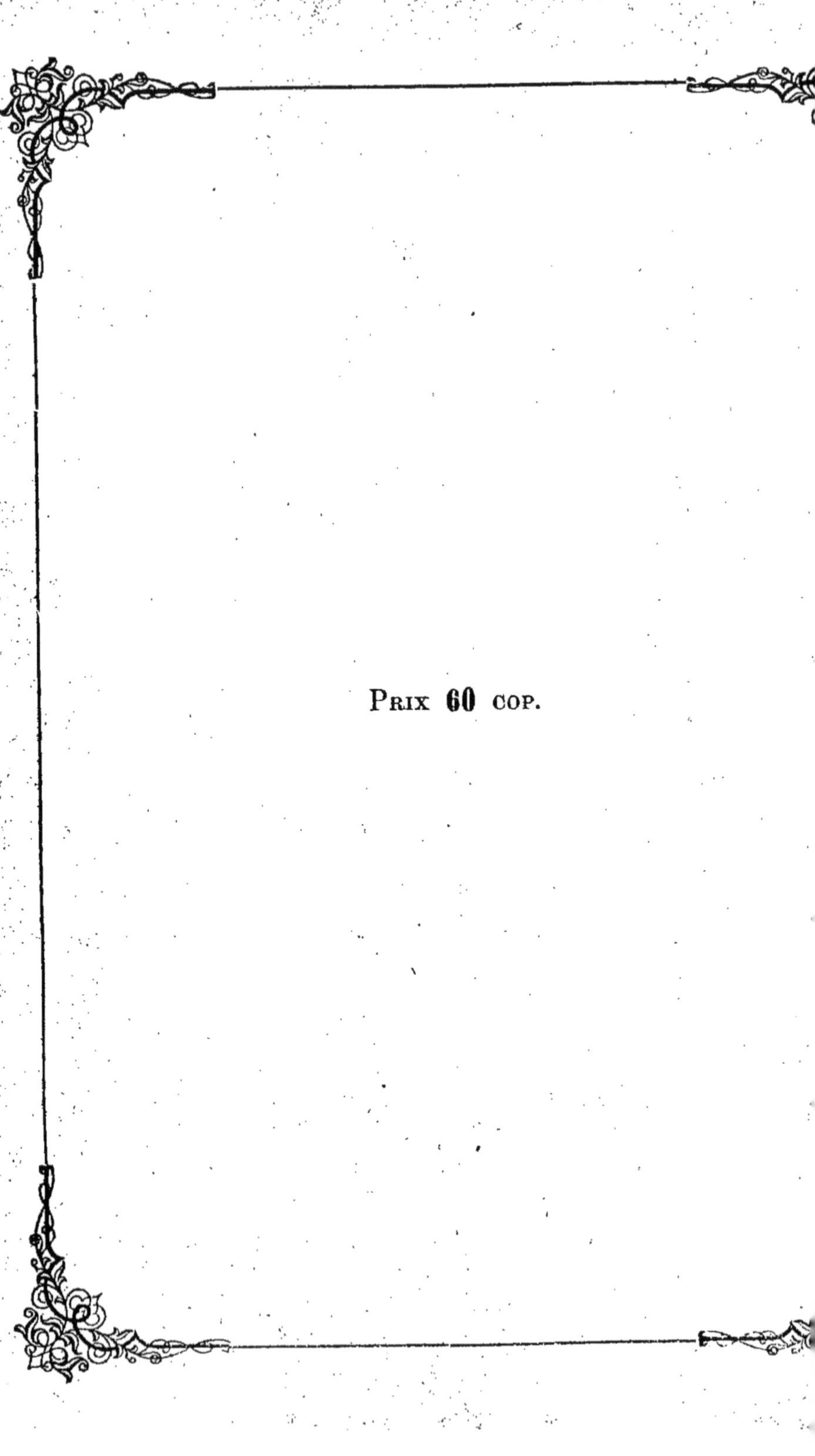

PRIX **60** COP.

www.ingramcontent.com/pod-product-compliance
Ingram Content Group UK Ltd.
Pitfield, Milton Keynes, MK11 3LW, UK
UKHW022059260726
13993UKWH00001B/216